후츠파

**창조와 혁신은
어디서 만들어지는가**

후츠파

—

2020년 11월 11일 초판 1쇄 발행
2022년 4월 29일 초판 8쇄 발행

—

지은이 인발 아리엘리
옮긴이 김한슬기
펴낸이 김정수, 강준규

—

책임편집 유형일
마케팅 추영대
마케팅지원 배진경, 임혜솔, 송지유

—

펴낸곳 (주)로크미디어
출판등록 2003년 3월 24일
주소 서울시 마포구 성암로 330 DMC첨단산업센터 318호
전화 번호 02-3273-5135
팩스 번호 02-3273-5134
편집 070-7863-0333
홈페이지 http://rokmedia.com
이메일 rokmedia@empas.com

—

ISBN 979-11-354-9079-8 (03320)
책값은 표지 뒷면에 적혀 있습니다.

• 안드로메디안은 로크미디어의 실용, 자기계발 도서 브랜드입니다.
• 잘못 만들어진 책은 구입하신 서점에서 교환해 드립니다.

CHUTZ PAH

창조와
혁신은
어디서
만들어
지는가

후츠파

인발 아리엘리 지음 | 김한슬기 옮김

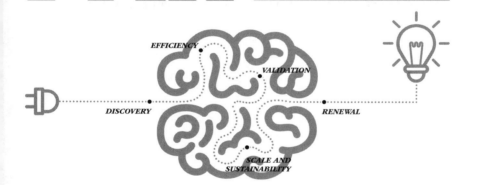

EFFICIENCY

VALIDATION

DISCOVERY

RENEWAL

SCALE AND
SUSTAINABILITY

Andromedian

사랑하는 아들 요나탄, 다니엘, 야든에게 바칩니다.

어린이들은 무엇을 생각할지가 아닌
어떻게 생각할지를 배워야 한다.

- 마거릿 미드Margaret Mead

저자 역자 소개

인발 아리엘리Inbal Arieli

인발 아리엘리는 이스라엘에서 태어나 후무스를 먹으며 후츠파 정신을 함양했다. 미국국가안전보장국과 같은 역할을 수행하는 이스라엘 방위군 엘리트 정보부대 유닛 8200에서 장교로 복무하면서 기업가로서의 능력을 키워 나갔다.

군 복무를 마치고 현재까지 20년 동안 인발 아리엘리는 빠르게 성장하는 이스라엘 기술 산업에서 경영진으로 활약하는 한편 혁신가들을 위한 프로그램을 다수 구상했다. 그녀는 리더십 평가 개발 및 인재 발굴 기업인 신디시스Synthesis에서 최고경영자를 역임하며 이스라엘 방위군 출신 전문가와 기업 임원 코치들과 함께 제품 및 서비스를 개발하고 있다. 이뿐 아니라 스타트업 네이션 센트럴Start-Up Nation Central, 벌스라이트 이스라엘 엑셀Birthright Israel Excel, 바이츠만과학연구소 산하 바이츠만학

생기업가클럽WISe of Weizmann Institute of Science, 스타트업 포괄 학습Startup Comprehensive Learning SCOLA, 유닛8200 기업가정신 및 혁신 지원 프로그램 등 여러 단체의 이사 겸 고문으로 활동하는 중이다.

인발 아리엘리는 이스라엘 첨단 기술 산업 내 가장 영향력 있는 100인으로 꼽혔으며, 기술 경영 분야에서 가장 뛰어난 여성 연설가 100인 중 한명으로 선정됐다. 그녀는 전 세계 기업의 임원 및 고위 정부 관계자를 대상으로 이스라엘이 이루어 낸 혁신과 스타트업 생태계를 주제로 강연을 하고 있다. 그 중 이스라엘 문화가 어떻게 어린이의 기업가정신을 이끌어 내는지 분석한 '기업가정신의 근원' 강의와 이스라엘 방위군 특수부대원의 사고방식이 기업 경영에 어떻게 적용되는지 논하는 '특수부대에서 임원 회의실까지' 강의는 큰 인기를 끌었다.

인발 아리엘리는 텔아비브대학교에서 법학 및 경제학 학사 학위를 취득한 후 동대학원에서 기업가정신 및 전략 MBA를 취득했다. 현재 인발 아리엘리는 텔아비브에서 남편과 세 아들과 함께 살고 있다.

김한슬기

성균관대학교 글로벌경제학과를 졸업하고 바른번역에서 전문번역가로 활동하고 있다. 주요 역서로는 《태평양 이야기》, 《마르크스 2020》이 있다.

"그건 불가능해요!"

어려운 요구를 받으면 시도조차 해보지 않고 포기하는 사람이 대부분이다. 하지만 이스라엘 사람에게 "불가능한" 목표를 주면 어떤 일이 생길까? 이스라엘 사람들은 불가능해 보이는 과제가 주어지면 기쁜 마음으로 목표 달성을 위해 열과 성을 다한다. 그리고 목표에 완벽히 부합하지 않더라도 충분히 만족할 만한 결과를 만들어 낸다. 오히려 원래 바랐던 목표보다 좋은 성과가 나올 때도 많다.

이런 태도의 바탕에는 '후츠파Chutzpah' 정신이 자리하고 있다. 후츠파는 삶을 대하는 확고한 자세로, 이런저런 사정을 고려하지 않고 목표를 향해 똑바로 나아간다는 점에서 고집이 세고 무례하다고 느껴질 수 있으나 한편으로는 긍정적이라 생각할 수 있다. 적절한 후츠파 정신과 함께라면 이 세상에 불가능한 일은 없다. 일곱 살짜리 어린아이가 가족이 한데 모인 저녁식사 자리에서 자신의 의견을 설득할 때부터, 산전수전 다 겪은 베테랑 기업가가 중요한 사업 미팅에서 이전에 없었던 창의적인 거래 방식을 제안하기까지, 후츠파는 언제 어디서나 빛을 발한다. 당당하고, 용감하고, 무엇이든 할 수 있다는 낙관적인 태도가 후츠파의 진정한 힘이다.

이스라엘 사람들의 삶 곳곳에서 후츠파를 발견할 수 있다. 이스라엘이 세계적으로 내로라하는 기술 강국으로 우뚝 선 데는 후츠파의 역할이 컸다. 다들 이스라엘이 '스타트업 국가'로 불린다는 사실은 이미 알 것이다. 아주 딱 맞는 표현이다. 이스라엘은 전 세계에서 인구 대비 스타트업 기업이 가장 많은 나라인 동시에 미국 다음으로 글로벌 기업가정신의 중심지 역할을 수행하는 나라이기도 하다.

사람들은 나에게 이렇게 묻는다. "이스라엘이 혁신을 이뤄 낼 수 있었던 원동력이 무엇이라고 생각하세요?" "이스라엘 사람들이 끊임없이 새로운 동기를 추구하면서 부지런히 살아가는 비결이 도대체 뭘까요?" 여기에는 다양한 설명이 있다. 누군가는 진보한 이스라엘 군수기술 덕분이라고 이야기하고, 누군가는 늘 질문하고 고민하는 유대인의 오랜 전통이 스타트업 국가를 만들었다고 주장한다. 물론 이런 부분이 국가 발전에 도움이 되긴 했지만, 이스라엘의 혁신을 설명하기에는 부족하다. 나는 이스라엘 사람들이 성장하는 환경, 즉 어린 시절부터 하나의 부족과 같은 공동체에서 다양한 위험을 마주하고 극복하는 경험이 기업가정신의 뿌리를 형성한다고 생각한다. 앞으로 우리는 이스라엘의 양육 문화와 후츠파 정신을 자세히 알아볼 예정이다.

나는 지난 20년 동안 이스라엘의 기업 생태계를 면밀히 관찰하면서 온갖 통계와 사례를 수집해 왔다. 수많은 기업가와 함께 일했으며, 놀라운 잠재력을 지닌 젊은이들을 양성했다. 나는 이스라엘 정보부대 유닛 8200에 복무하면서, 엑셀러레이터(미국 실리콘밸리의 스타트업 기업 성장을 돕는 지원 단체—옮긴이)를 비롯한 여러 단체에서 일하면서, 세계적인 기술 기업의 임원으로 근무하면서, 호기심 왕성한 아들 세 명을 양육하면서 다양한 경험을 했다.

수년에 걸쳐 이스라엘 기업가정신의 뿌리가 깊어지는 과정을 지켜보며 무엇이 이스라엘 어린이들을 기업가로 키우는지 고민했다. 그리고 이 모든 경험을 통해 혁신과 기업가정신은 어느 순간 마법같이 싹을 틔우지 않는다는 확신을 가지게 됐다. '혁신적인 유전자'를 타고나는 축복받은 인물은 역사상 몇 명 안 된다. 우리는 아주 어린 시절부터 훌륭한 기업가가 갖춰야 하는 덕목을 하나씩 학습해 나간다.

이스라엘에서 아이를 셋이나 키운 어머니로 살아가는 입장에서 완벽히 객관적인 태도를 유지할 수는 없겠지만, 이스라엘이 혁신과 기업가정신의 중심지로 우뚝 선 데는 이스라엘 사람들의 양육 방식이 굉장히 중요한 역할을 했다고 생각한다.

이스라엘의 부모는 아이들이 스스로 머리를 가눌 수 있는 시기부터 이 세상을 겁 없이 자유롭게 탐험하도록 응원한다. 말이야 쉽지만 실제로 소중한 딸과 아들이 험한 세상과 부딪치는 모습을 보고도 나서지 않기는 무척이나 어렵다! 나는 첫 아들 요나탄Yonatan을 낳고 도무지 걱정을 멈출 수 없었다. 하지만 불안과 두려움은 오롯이 나의 몫이니 아들에게 그 짐을 지우면 안 된다는 사실을 깨달았다. 다행히 나와 같은 선택을 한 수많은 어머니들이 주변에서 큰 힘이 돼 주었다. 부모의 역할은 아이를 보호하고 가르치는 데 그치지 않는다. 올바른 부모라면 아이가 자립심을 기를 수 있도록 도와줘야 한다.

내 아들 요나탄은 그렇게 자신의 길을 개척하는 방법을 배웠다. 아이는 예상치 못한 장애물을 마주하고 넘어지기도 했지만 다시 일어나 탐험을 계속했다. 나는 그 곁에 가만히 서서 아이가 경험 속에서 의미를 찾을 수 있도록 적절한 순간에 한 번씩 도움의 손길을 내밀었다. 한 가지 명심해야 할 점은 아이의 자립에 조건이 붙어서는 안 된다는 것이다. 어렵겠지만 부모는 조력자로 머물러야 한다.

아이가 성장할수록 자유의 범위도 넓어진다. 이런 문화는 이스라엘의 단체에 내재돼 있다. 뒤에서 함께 살펴보겠지만, 이스라엘은 위험 회피 성향이 특별히 높은 나라는 아니다. 이스라엘 사람들은 실수를 두려워하지 않는다. 이스라엘 어린이들은 실수를 저지르고 극복하는 과정에서 창의력을 기르고, 결국에는 멋진 창안을 선보인다.

워런 버핏Warren Buffett은 이런 말을 했다. "석유를 찾아 중동으로 간다면 이스라엘은 들를 필요가 없다. 인재를 찾아 중동으로 간다면 이스라엘 외에는 들를 필요가 없다. 이스라엘은 에너지가 없는 대신 그를 상쇄할 만큼 많은 인재를 지녔다."[1]

이스라엘의 스타트업은 2,000명당 한 개 꼴로, 전 세계에서 인구 대비 스타트업 기업이 가장 많은 나라이다. 면적이 미시간 호수의 절반밖에 안 되는 인구 800만의 작은 나라에 스타트업만 5,000개 이상이며 규모가 꽤 큰 기술 기업도 수천에 이른다.

이스라엘은 세계경제포럼World Economic Forum 혁신국가 138개국 중 3위를 차지하고 있다. 체리토마토부터 점적관개까지, 소형 내시경부터 온라인 채팅을 위한 소프트웨어까지, USB 저장장치부터 스마트폰에 사용되는 GPS 기반 내비게이션 웨이즈Waze까지 혁신의 종류도 다양하다. 이외에도 이스라엘이 이룬 혁신은 굉장히 많다.

또한 이스라엘은 국내총생산 대비 연구개발비 지출이 가장 큰 나라인 동시에 경제협력개발기구 가입국 중 과학자와 연구자가 가장 많은 나라이다. 이스라엘은 1966년 이후로 노벨화학상, 노벨경제학상, 노벨문학상, 노벨평화상 등 다양한 분야에서 노벨상 수상자를 12명이나 배출했다. 바이츠만과학연구소Weizmann Institute of Science의 아다 요나스Ada Yonath 교수는 벤카트라만 라마크리슈난 Venkatraman Ramakrishnan, 토머스 스타이츠Thomas Steitz 박사와 힘을 합쳐 세포 내 단백질 합성을 담당하는 부위인 리보솜의 구조와 기능을 연구했고 이는 백혈병, 녹내장, HIV, 우울증 치료제 개발에 실마리를 제공했다. 2009년, 세 사람은 노벨화학상을 수상했다. 아다 요나스 교수의 노벨상 수상은 여러 가지 면에서 특별하다. 요나스 교수는 이스라엘 최초의 여성 노벨상 수상자이자, 중동 최초로 국제 과학상을 수상한 여성 과학자인 동시에, 무려 45년 만에 나온 여성 노벨화학상 수상자였다.

작은 거인 이스라엘은 고작 몇 십 년 만에 기술 및 기업 분야에서 엄청난 쾌거를 이룩했다. 이스라엘의 인구 대비 벤처캐피털 수는 전 세계 1위로, 유럽의 강호는 물론 미국과 캐나다까지 넘어섰다. 여러모로 불안한 지정학적 환경에도 불구하고 투자자들은 이스라엘 첨단 기업에 미국 다음으로 높은 신뢰를 보여 준다. 현재 이스라엘에 설립된 100개 이상의 벤처캐피털과 사모펀드가 적극적인 투자 활동을 펼치고 있다. 이스라엘이 유치한 투자의 85퍼센트 이상이 해외에서 유입된 자금으로, 대부분이 미국에서 들어왔으나 최근 들어 아시아 투자자가 점차 늘고 있는 추세이다. 또한 2018년 기준으로 이스라엘은 세계 최강국인 미국과 중국에 이어 세 번째로 많은 나스닥 상장기업을 보유하고 있다. 이뿐 아니라 이스라엘의 인재를 활용하기 위해 애플, 인텔, 페이스북, 구글, 드롭박스, 페이팔 등 300개가 넘는 초국가 기업이 이스라엘에 연구개발센터를 설립했다.

뛰어난 기술 혁신으로 기업 경영에 적합한 생태계를 조성하는 데 성공한 이스라엘은 미국과 더불어 혁신의 세계적 중심지로 자리매김했고, 오늘날 '스타트업 국가', '중동의 실리콘밸리'로 불리고 있다.

이렇듯 혁신과 기업가정신의 중심지로 우뚝 선 이스라엘은 가족생활지수Family Life Index 순위에서 50개국 중 6위를 차지했다. 이는 이스라엘 사람들이 대체로 화목한 가정에서 부담 없는 비용으로 수준 높은 교육을 누리면서 충분한 여가 생활을 즐기고 있음을 보여 준다. 인구수로 따지면 이스라엘이 전 세계 어느 나라보다 많은 박물관을 보유하고 있다는 통계 또한 매우 흥미롭다.

워런 버핏이 이야기했듯 이스라엘에는 수많은 인재가 있다. 하지만 이스라엘에 머문 적 있는 사람이라면 풍부한 인재만으로 이스라엘이 지닌 특별함을 설명하기에는 부족하다는 사실을 잘 알 것이다. 이스라엘 사람들은 현재를 충실히 산다. 질서정연한 혼돈 속에서 성장한 이스라엘 사람들은 에너지가 넘친다. 그들은 아이들이 꿈을 좇아 대담하고 창의적으로 행동하도록 격려한다. 물론 여기에는 그만한 노력이 뒤따른다.

나는 아들 야든Yarden을 데리러 학교에 갔다가 우연히 오랜 친구이자 이웃인 요나탄 아디리Yonatan Adiri와 마주쳤다. 딸 카르멜Carmel을 기다리고 있었다.

그는 이스라엘 최초로 대통령의 최고기술책임자로 근무했다. 직책이 주어지긴 했지만 당시 이스라엘을 이끌던 시몬 페레스Shimon Peres 대통령이 요나탄 아디리를 임명한 이유는 따로 있었다. 기술 분야에 다방면으로 도움을 줄 수 있는 뛰어난 인재가 곁에 있기를 원했다. 요나탄 아디리는 이스라엘 정부가 준비한 비장의 무기였다. 실제로 이스라엘 정부 최고기술책임자로서 워싱턴의 백악관부터 대한민국 청와대까지 다양한 국가를 방문해 기술외교를 성공으로 이끌었다. 또한 신경과학, 면역요법, 줄기세포, 생명정보학 등 넓은 분야에 걸친 장기 기술 혁신 프로젝트의 책임자 역할을 훌륭히 수행했다. 요나탄 아디리는 페레스 대통령 밑에서 일하기 전부터 이미 두각을 드러냈다. 그는 2004년 이스라엘 군사외교 부대에서 대위로 복무하며 이슬람 무장단체 헤즈볼라와의 수감자 교환 및 탄넨바움Tannenbaum의 석방 협상을 성사시키는 데 중요한 역할을 했다. 텔아비브대학교에서 정치학 및 법학 석사 학위를 취득하고, 레우트 인스티튜트Reut Institute의 수석 컨설턴트를 역임했다. 모두 그가 채 24세가 되기 전 일이다. 현재 요나탄 아디리는 헬시아이오Healthy.io의 창업자이자 CEO로 활약하고 있다. 헬시아이오는 간단한 키트를 사용한 스마트폰 기반 가정용 소변분석 검사 솔루션이라는 놀라운 혁신을 이루어 냈다. 헬시아이오의 스마트폰 카메라를 이용한 스캐너는 미국 식품의약국의 승인을 받았고, 요나탄 아디리가 설립한 스타트업은 디지털 헬스케어 분야를 선도하는 기업으로 자리 잡았다. 그는 외교 및 기술 분야에서 뛰어난 리더십을 보여 주었고 30세에 세계경제포럼이 선정한 '젊은 글로벌 리더' 100인에 이름을 올렸으며, 헬시아이오는 구글, 우버, 드롭박스, 킥스타터Kickstarter와 어깨를 나란히 하는 '기술 선도업체'로 인정받았다. 2018년 요나탄 아디리는 〈타임〉 선정 헬스케어 부문 '가장 영향력 있는 50인'에 이름을 올렸다. 지금껏 그가 이룩한 성과를 생각한다면 그리 놀랍지 않다.

나와 마찬가지로 요나탄 아디리 또한 슬하에 세 자녀를 뒀다. 우리는 학교를 마치고 신나게 집으로 달려가는 아이들을 뒤따라 걸으며 이스라엘에서 나고 자라 아이를 낳고 키우는 경험을 공유했다. 그는 4형제 중 막내로 태어났기에 자신을 증명해야 한다는 부담이 크지 않았다고 한다. "신기하네요." 나는 슬쩍 농담을 던졌다. "열일곱 살에 대학교를 졸업한 사람이 할 만한 말은 아닌 것 같은데요." 그가 웃으며 대답했다. "제가 워낙 젊은 나이에 많은 일을 하긴 했죠. 그런데 그중에 누가 시켜서 한 일은 하나도 없어요. 제 아버지는 일곱 살에 이란의 수도 테헤란에서 이스라엘로 이민을 오셨어요. 갑작스레 변화한 환경에 적응하려고 고군분투하면서 '어떤 일을 하든지 절대 양심에 어긋나서는 안 된다'라는 확고한 철학을 가지게 됐다고 하시더라고요. 아버지는 저와 제 형제들이 바른 사람으로 자라는 것 외에는 무엇도 바라지 않으셨어요."[2]

우리는 공원 벤치에 앉아 이야기를 계속했다. 주변에는 신문을 펼쳐 들고 열띤 토론을 벌이는 사람들로 가득했다. "평화로운 오후를 시작하기에 약간의 논쟁만큼 훌륭한 조미료도 없죠." 그가 농담을 건넸다.

"완전히 동의해요." 나는 말했다. "안 그래도 요즘 스트레스가 너무 없어서 슬슬 걱정이 되는 참이었어요." 나는 이 책을 쓰기 시작하면서 줄곧 고민하던 주제를 꺼내 들었다. "보시다시피 이스라엘 사람들은 처음 보는 사람과도 아무렇지 않게 격렬한 토론을 벌이잖아요. 그런데 별로 급하지 않은 평범한 문제를 차분하게 다루는 데는 젬병이죠. 그 이유가 뭐라고 생각하세요?"

"재미있는 질문이네요." 요나탄 아디리는 이런 의견을 내놨다. "이스라엘 사람들은 유독 스트레스 상황에 강한 모습을 보입니다. 이스라엘 군대의 효율성과 전문성은 세계적인 수준을 자랑해요. 이스라엘 사람들의 행동력도 보통이 아니죠. 아이디어가 있으면 순식간에 자금을 모으고 팀을 꾸려서 회사를 설립해요. 계획을 실행하는 데 걸리는 시간이 길어야 수개월이에요. 그런데 문제는 모든 상황을 급하게 처리하는 데 있습니다. 사실 그렇게 심각한 사안도 아닌데 어마어마한 자원을 투입해서 후다닥 정리해 버리죠. 효율성이 너무 떨어져요. 있지도 않은 불을 끄느라 항상 야단을 떠는 꼴이에요."

그의 대답이 많은 생각을 하게 만들었다. 이스라엘 사람들이 스트레스를 다루는 방식이 양날의 검은 아닐까? 이스라엘 사람들은 위기상황에 대처하는 방법을 누구보다 잘 알고 있다. 하지만 동시에 항상 최악에 대비해야 한다는 엄청난 부담을 느낀다.

나는 이스라엘처럼 극도로 치열한 사회에서 성장하고 살아가면서 겪는 부작용에 대해 이야기하기 시작했다. "다들 스트레스를 짊어지고 사는 것도 문제지만, 모든 상황에 개입하려는 사람이 너무 많아요."

"맞아요." 그도 나와 비슷한 생각을 하고 있었다. "다들 적극적으로 나서서 상황을 주도하려고 해요. 의견을 제시하고, 그 의견이 받아들여져야만 직성이 풀리죠. 사공이 많아서 배가 산으로 간다는 생각은 안 하더라고요."

"저도 느꼈어요." 나는 말을 이어갔다. "느긋이 기다리는 법이 없어요. 모두들 언제든지 나설 준비가 완벽히 돼 있잖아요. 무슨 일이 생기기만 하면 바로 비상사태로 돌입해서 쓸데없이 혼란을 야기하죠."

'모든 사람의 의견을 동등하게 존중'하는 전략은 급한 일을 처리하기에 가장 좋은 방법이다. 짧은 시간 내에 모든 의견과 선택지를 검토할 수 있기 때문이다. 이런 방법을 사용하면 신속하되 경솔하지 않은 결정이 가능하다. 하지만 그의 의견에도 일리가 있다. 이스라엘 사람들은 모든 상황을 긴급하게 받아들이고 한 마디씩 말을 거들어서 오히려 판단을 어렵게 만들곤 한다. 개입하려는 사람도 많은데, 이 많은 사람이 모두 전문가임을 자처하며 어떤 조치를 취해야 할지 정확히 알고 있다고 주장한다. 그리고 다들 자신의 관점을 관철하려고 노력한다. 요나탄 아디리는 이렇게 이야기했다. "이스라엘에는 자칭 전문가가 넘쳐 나요. 이 사람들이 하는 얘기를 다 들으려고 하다 보면 분석 마비가 발생해 진전을 이룰 수 없어요."

'이스라엘 사람들의 행동에는 분명히 이유가 있다.' 내 생각은 그렇다. 이스라엘의 역사와 지정학적 조건 탓인지 사람들은 엄청나게 효율적이고, 경각심이 높은 데다가, 대응 속도가 빠를 뿐 아니라 굉장히 혁신적이다. 우리 이스라엘 사람들은 생각할 시간을 갖지 않고 곧장 행동에 나선다. 그 결과 삶을 살면서 마주하는 다양한 문제에 재치 넘치는 해결책을 내놓는다. 또한 이런 특징 덕분에 뛰어난 기업가가 다수 배출됐다. 하지만 동시에 이스라엘 사람들은 항상 긴장의 끈을 놓지 못한 채 언제 일이 터지나 전전긍긍하며 살아간다.

　　장기 계획 수립과 즉각적 상황 판단은 기업가로서 갖춰야 할 중요한 자질이지만 종종 대립되는 성향으로 판단된다. 기업가는 미래를 예측하고 계획을 세우는 능력을 지녀야 한다. 하지만 일단 기업을 설립하고 경영을 시작하면 계획에 없던 일이 생기기 마련이니 조직을 잘 이끌기 위해서는 순발력을 발휘해 상황에 따라 적절한 조치를 취해야 한다. 기업을 키우는 데는 체계적인 계획도 중요하지만 실시간으로 이루어지는 임기응변 또한 못지않게 큰 역할을 한다. 즉 발생 가능한 모든 상황을 예상하고 그에 맞는 해결책을 미리 생각해 두기보다 그때그때 사태에 맞춰 알맞은 대응을 내놓으면 더 좋은 결과를 얻을 수도 있다. 무섭게 발전하는 인공지능 컴퓨터를 활용해 예상하기 힘든 인간의 행동을 추리하는 소프트웨어 프로그램 또한 현대적인 임기응변에 속한다. 여러 가지 면을 모두 감안했을 때, 임기응변은 순간적인 처세술을 의미한다.

　　이스라엘 사람들은 아주 어린 시절부터 다양한 활동을 통해 즉각적으로 결정하는 연습을 꾸준히 반복하며 임기응변 기술을 익힌다. 어떻게 보면 임기응변을 체득하는 셈이다. 하지만 당장 주어진 상황에 맞춰 그때그때 대응하는 전략이 주를 이루다 보니 다른 나라처럼 오랜 전통과 역사를 자랑하는 기업이나 단체를 찾기가 어렵다. 이스라엘 사람들은 몇 십 년 뒤가 아닌 내일을 생각해서 행동한다. 이스라엘 기업이 규모를 키우기 힘든 이유가 여기에 있다. 이스라엘 사람은 기업가로서 훌륭한 자질을 지니고 있지만, 아직까지 거대한 조직을 운영하기에 적합한 인물은 그리 많지 않다.

"너무 엄격한 기준을 적용하지 말아요." 다음 날, 내 생각을 들은 요나탄 아디리가 조언을 건넸다. "대신 우리는 항상 질문하고, 고민하고, 의심하고, 창의성을 키우고, 지혜를 발휘하고 있잖아요. 그냥 뛰어난 기업가에게 필요한 여러 가지 자질을 연습하느라 바빴을 뿐이에요. 그렇다고 다른 자질을 익힐 수 없다는 뜻도 아니고요. 연습은 필요하겠지만 이스라엘 사람들도 장기적 계획을 세워서 기업의 덩치를 키울 수 있어요. 지금까지는 계획보다 직감을 우선시했으니 이제 슬슬 다른 기술도 익힐 때가 되긴 했죠. 아무래도 좀 삐걱거릴 수는 있지만 노력으로 해결하지 못할 문제는 아니니까, 성공적인 기업가로서 갖춰야 할 자질이 부족하다고 탓하지 않아도 돼요."

그날 저녁, 나는 많은 생각을 했다. 정말 연습하면 될까? 이스라엘 사람들의 위기 대처 능력은 유전일까, 아니면 어린 시절부터 단련해 온 기술일까? 만약 후천적인 학습으로 얻은 능력이라면 나이가 든 뒤에, 이스라엘 밖에서도 이런 자질을 키울 수 있을까?

우리는 반짝이는 아이디어가 요나탄 아디리같이 뛰어난 기업가를 만든다고 생각한다. 하지만 이 세상에는 빛을 보지 못하고 사라진 놀라운 아이디어, 서비스, 상품이 셀 수 없이 많다. 모든 기업가정신의 핵심에는 훌륭한 아이디어가 있지만, 모든 훌륭한 아이디어가 성공으로 이어지지는 않는다.

　여러분이 2008년 야리브 배시^{Yariv Bash}, 크피르 다마리^{Kfir Damari}, 요나탄 와인트라웁^{Yonatan Winetraub}을 만났더라면 십중팔구 구글 루나 엑스프라이즈^{Google Lunar XPRIZE} 참가를 반대했을 것이다. 일반인이 달에 우주선을 보낸다니 허무맹랑한 목표라며 코웃음을 쳤을지도 모른다. 구글 루나 엑스프라이즈는 구글이 민간인을 대상으로 주최한 공모전으로, 참여한 팀에게는 로봇을 달에 착륙시켜 영상 또는 사진으로 고화질 셀프 카메라를 지구로 전송하라는 과제가 주어졌다. 우승팀에게는 2,000만 달러의 상금이 수여됐지만 로봇을 우주로 보내려면 최소 3억 달러가 필요했으니 수지타산이 맞지 않았다. 전 세계 각국에서 공모전에 참여한 팀 대부분이 경쟁을 포기했고, 구글은 대회를 취소할 수밖에 없었다. 하지만 공모전이 취소된 후에도 한 팀만은 꿋꿋이 도전을 계속했다. 이스라엘 팀이었다. 후츠파의 나라에서 태어나서 성장한 야리브, 크피르, 요나탄은 포기를 몰랐다. 그로부터 10년 뒤, 이스라엘 기업 스페이스일^{spaceIL}은 거미와 비슷한 모양을 한 무인탐사선 베레시트^{Beresheet}를 우주로 쏘아 올렸다. 이로써 이스라엘은 미국, 러시아, 중국에 이어 네 번째로 달 탐사 프로젝트를 성공한 나라이자 최초의 민간 무인 달착륙선을 보유한 나라가 됐다. 게다가 스페이스일이 우주선을 개발하는 데 든 비용은 1억 달러가 채 안 됐다. 미국, 중국, 러시아 정부가 달 탐사 프로젝트에 쏟아 부은 예산에 비하면 얼마 안 되는 액수였다.

광활한 우주조차 후츠파 정신을 억누르지 못했다.

후츠파는 공모전 주최측과 전혀 다른 목표를 가지고 우주선 제작에 열정을 쏟도록 유도했다. 구글이 스페이스일의 아이디어에 불을 붙이기는 했으나 공모전의 의도와 달리 이들은 우주선을 타고 달 표면에 착륙한 로봇이 찍은 셀프 카메라에 큰 관심이 없었다. 세 사람은 훨씬 더 큰 성과를 낼 수 있는 교육 프로그램을 만들겠다는 목표를 가지고 있었다. 베레시트가 달에서 찍은 셀프 카메라는 단순히 동기를 부여하는 수단에 지나지 않았다. 스페이스일은 자선활동을 통해 설립된 비영리단체로, 오늘날 이스라엘 과학기술 교육에 큰 보탬이 되고 있다. 스페이스일은 항공우주와 천체물리학에 관련된 분야에 관심 있는 아이들을 대상으로 방과 후 수업을 실시하거나 스페이스일에서 봉사활동 기회를 제공하는 등 이미 수만 명에게 선한 영향력을 미쳤다.

후츠파는 전문적인 지식과 구체적인 계획이 전무한 세 청년을 대규모 프로젝트에 착수하게 만들었다. 공모전에 참여했을 당시 스페이스일의 창립자 세 명에게 항공우주 공학은 아주 낯선 분야였다. 현재 요나탄 와인트라움은 스탠퍼드대학교 박사 과정을 밟으며 암을 연구하고 있으며, 크피르 다마리는 타부키Tabookey의 최고제품책임자 및 최고전략책임자로 근무하고 있고, 야리브 배시는 플라이트렉스Flytrex의 최고경영자로 일하며 드론을 이용한 배송 서비스를 제공하고 있다. 이렇게 우주와 접점조차 없던 세 사람은 왜 갑자기 항공우주 기업을 설립하기로 결심했을까? 이유는 단순했다. "새로운 도전이 재미있을 것 같다."

후츠파는 주어진 지식과 자원을 활용해 눈앞에 닥친 문제를 해결하는 지혜를 줬다. 베레시트는 2개월 동안 2,253만 킬로미터를 날아서 천천히 궤도에 진입했다. 그리고 달의 중력이 작용할 때까지 주변을 맴돌았다. 마침내 베레시트는 고요의 바다에 착륙했다. 사실 달과 지구 사이의 거리는 40만 킬로미터밖에 안 되지만 부족한 예산 탓에 베레시트는 인도네시아 통신 위성 PSN-6에 올라타서 먼 길을 떠나야 했다.

후츠파는 도저히 실현 불가능할 것 같은 과제에 도전할 용기를 불어넣는다. 후츠파는 새로운 여정에 의미를 부여하고 예상치 못한 놀라운 결과를 가져온다. 이스라엘에서는 '얄라Yalla', 즉 일단 행동에 나선 후 삶이 우리를 어디로 인도하는지 지켜보라는 표현이 있다. 열망과 열정을 가져라. 그리고 비현실적인 목표를 현실로 만들어라.

2019년 4월 11일, 이스라엘 사람들은 숨을 죽인 채 베레시트가 착륙하는 장면을 눈에 담았다. '작은 나라, 큰 희망'이라는 글귀가 적힌 깃발과 달을 배경으로 베레시트가 찍은 셀프 카메라는 생방송으로 전국에 송출됐다. 하지만 착륙 직전 베레시트의 메인 엔진이 작동을 멈췄고, 결국 이 착륙선은 달 표면에 추락해 조각났다. 첫 시도는 실패로 돌아갔지만 스페이스일의 세 창립자는 포기하지 않고 베레시트 2 제작에 나섰다. 우리는 이들의 도전을 통해 후츠파 정신이 무엇인지, 또 후츠파가 어떤 잠재력을 지니는지 알 수 있다.

이렇듯 기업가정신에 아이디어는 중요한 비중을 차지하지만 아이디어만으로 성공한 기업가가 될 수는 없다. 기업가정신은 아이디어를 실행하고 실현하는 능력을 의미한다. 기업가는 아이디어를 실현하는 과정에서 다양한 기술을 사용한다. 그리고 그중에는 아직까지 보편적으로 연습되지 않는 자질도 있다. 세계경제포럼은 감성 지능과 설득력, 지도력을 비롯한 사회적 기술의 중요성이 점차 커지고 있다고 이야기했다.

나는 기업가적 자질을 기르는 훈련이 몸을 단련하는 행위와 크게 다르지 않다고 생각한다. 우리는 모두 같은 근육을 가지고 태어나지만, 근육을 사용하는 방법은 사람에 따라 달라진다. 여러분이 어려서부터 질문하고 고민하도록 교육받았다면 호기심 근육이 유독 발달했을 것이고, 당연히 어렸을 때부터 키워 온 호기심 근육을 어떻게 사용해야 하는지 잘 알고 있을 것이다. 하지만 어린 시절 전혀 운동을 하지 않았더라도 어른이 된 후에 근육을 키울 수 있다. 기업가에게 필요한 소프트 스킬도 마찬가지다. 기업가정신과 관련된 기술을 습득하고 연습하기에 늦은 나이란 없다. 발달하지 않은 근육이 있듯 아직까지 개발되지 않은 기술이 있을 뿐이다. 자신의 숨겨진 잠재력을 찾아서 활용하려는 의지만 있다면 누구나 기업가정신을 함양할 수 있다. 그리고 이 책이 여러분을 도와줄 것이다. 이제 여러분의 후츠파를 찾아 나설 시간이다!

지금부터 나는 여러분에게 평범한 이스라엘 어린이들의 성장 단계를 소개할 예정이다. 여러분은 이스라엘 어린이가 자라는 과정이 현대 기업의 경영 방식과 놀라우리만치 비슷하다는 사실을 알아챌 것이다. 기업은 목표시장을 발견해 가치를 제안하고, 존재 이유를 고민하고, 효율적인 경영 방식을 찾기까지 여러 차례 시행착오를 겪고, 지속가능성을 계산하고, 글로벌 시장으로 진출하기 위해 조직의 규모를 키우고, 마침내는 사업을 혁신하고 재창출한다.

이 세상의 다른 모든 산업과 마찬가지로 이스라엘 사회 또한 다양한 유형의 기업으로 구성됐으니 앞으로 내가 이야기할 경험과 태도가 모든 이스라엘 사람에게 똑같이 적용되지는 않는다. 하지만 본문에서 소개하는 원칙과 교훈은 이스라엘 사회의 광범위한 경험에서 비롯된 것으로 여러분이 이미 가지고 있는 기업가적 자질을 키우고 앞으로 개발하길 바라는 잠재력을 이끌어 내는 데 도움이 될 것이다.

얼마 전 이스라엘을 방문한 알리바바 창립자 마윈Jack Ma은 이스라엘에서 "새로운 목표에 도전하려는 용기, 즉 후츠파 정신과 혁신"이라는 두 가지 중요한 배움을 얻었다고 이야기했다.[3]

이스라엘을 방문한 적이 없어도 괜찮다. 이 책은 여러분의 후츠파와 기업가정신을 위한 연습이 돼 줄 것이다. 얄라,* 이제 나

와 함께 후츠파와 기업가정신을 탐구하고, 이해하고, 키워 보도록
하자!

---

* 얄라는 '가자!'라는 뜻으로 직역된다. '가자' 또는 '빨리'라는 의미로 가장 흔히 사용되는데, 이
표현은 당장 행동에 나서려는 의지를 담고 있다. 조급함, 갈망, 열정을 나타낼 수도 있으며
단순히 실용성을 강조하는 뜻으로 사용되기도 한다. 이집트에서 유래한 단어지만 오늘날에
는 이집트, 페르시아, 터키, 히브리 영화와 텔레비전에서 흔히 접할 수 있다.

3 STEP 효율

4 STEP 확장과 지속

5 STEP   재개

STEP

10

발견

DISCOVERY

검증
VALIDATION

효율
EFFICIENCY

확장과 지속
*SCALE AND
SUSTAINABILITY*

재개
RENEWAL

여러분은 발견이 무엇이라 생각하는가? 다른 사람은 아무도 모르는 새로운 사실을 찾아내는 것일까? 혹은 그냥 여러분이 몰랐던 사실을 알아채는 것일까? 나에게 발견이란 이전에는 보지 못했던 방식으로 점들이 이어지며 새로운 무언가를 깨닫는 '아하!'의 순간을 의미한다. 나는 아직까지 살면서 이런 순간을 몇 번 경험하지 못했다. 만약 여러분이 그때 내 곁에 있었다면 온 얼굴이 발견의 기쁨으로 환히 밝아지며 두 눈이 반짝이는 모습을 목격했을 것이다. 나는 새로운 아이디어와 새로운 해결책의 발견이 진정한 기쁨을 준다고 굳게 믿고 있다.

나는 막 사업에 발을 들인 새내기 기업가부터 전문 기업 경영진까지 다양한 사람과 함께 일하면서 필요가 있는 곳에 발견이 있음을 깨달았다. 이들은 때로는 자신에게서, 때로는 타인에게서 문제를 찾았다. 그리고 어찌어찌 점들을 이어 붙이자 마법 같은 일이 벌어졌다! 이들은 스스로 떠올린 아이디어에 사로잡혔다. 이제 고난이 시작된다. 발견만으로는 만족스러운 결과를 얻을 수 없기 때문이다.

나 역시 '아하!'의 순간이 지나자 자신에게 던지는 질문이 꼬리에 꼬리를 물고 이어졌다. 내 발견이 다른 사람에게도 도움이 될까? 누구에게 도움이 될까? 과연 내가 이미 존재하는 것보다 더 효율적인 해결책, 더 성능이 뛰어난 제품, 더 훌륭한 서비스를 만들 수 있을까? 극복해야 할 과제는 무엇인가? 필요한 자원은 다 가지고 있나? 혼자 모든 일을 해내려고 노력할 것인가? 이 여정을 누구와 함께하면 좋을까? 나는 정말 위험을 감수하고 기회비용을 지불하며 이 프로젝트를 진행하고 싶은가? 필요한 정보는 모두 가지고 있나? 질문이 끊이질 않았다. 나는 계속 질문을 던지며 자신을 괴롭혔고, 더 많이 생각하고 더 철저히 준비하려 할수록 의욕이 사라지고 새로운 발견을 향한 흥미가 떨어졌다.

이제 아이들이 새로운 발견에 어떻게 반응하는지 떠올려 보라. '아하'의 순간에 아이들은 두 눈을 반짝반짝 빛내며 온 몸으로 기쁨과 열정을 표현한다. 자신에게 질문 세례를 퍼붓지 않는 건 아이들뿐이다. 아이들은 마음 가는 대로 움직인다. 아이들은 걱정하느라 멈춰 서지 않는다. 아이들은 주변에서 가장 쉽게 찾을 수 있는 자원인 친구를 포함해 쓸 만한 자원을 몽땅 모아 행동하고 전진한다. 장애물이 앞을 가로막으면 그때그때 길을 치워 가며 계속 나아간다. 그리고 성취가 커질수록 눈에 비치는 빛은 더욱 밝아진다.

아이들에게서 배움을 얻지 않겠는가?

쓰레기장 놀이터

1950년대, 요르단 국경 근처 이스라엘 북부에 자리한 작은 사회주의 공동체 슈데 엘리야후 키부츠에 독일 출신 젊은 이민자 한 명이 독특한 교육 방식을 적용한 유치원을 설립했다.

당시 슈데 엘리야후의 재정 상황은 열악했지만 마음만은 어떤 곳보다 풍족했다. 말카 하스Malka Haas는 아주 적은 예산을 가지고 키부츠 최초의 유치원을 꾸며야 했다. 하스는 창의적인 해결책을 생각해 냈고, 이는 곧 이스라엘 유아 교육기관의 표준이 됐다.

하스는 비싼 장난감을 구매하는 대신 누군가의 집, 논과 밭, 작업장에서 한때는 유용하게 쓰였을 낡은 일상용품을 유치원 앞마당에 쌓아 뒀다. 이렇게 탄생한 쓰레기장 놀이터는 이스라엘에서 중요한 교육철학으로 뿌리내렸다. 오늘날 우리는 이스라엘 어디에서나 앞마당에 쓰레기가 가득한 어린이집과 유치원을 쉽게 찾을 수 있다.

울타리로 둘러싸인 앞마당에는 낡은 가구, 농기계, 사다리, 침대, 타이어, 드럼통, 오븐, 선풍기, 찻잔, 식기, 천, 소쿠리, 깡통, 종이, 빨대 등 온갖 잡동사니가 가득하다. 썩 보기 좋은 광경은 아니다.

하지만 그 안에서 노는 아이들을 관찰해 보라. 무엇보다 아이들이 쓰레기장 놀이터를 얼마나 좋아하는지 눈에 들어올 것이다. 여러 가지 물건을 동시에 가지고 노는 아이가 있는가 하면 한 가지에 집중하는 아이도 있다. 대부분 무리를 지어 놀지만, 혼자 신나게 노는 아이도 더러 보인다. 어찌됐든 다들 각자의 활동에 집중한 채 매우 활발히 놀고 있다. 가만히 놔두면 몇 시간이고 잡동사니에 푹 빠져 놀이를 그만두지 않을 것이다. 게다가 쓰레기장 놀이터에서 아이들은 시중에 판매하는 장난감을 가지고 놀 때보다 훨씬 창의적으로 자신만의 놀이를 만든다. 아이들은 원래의 용도는 완전히 무시하고 물건을 부수고 합치며 다양한 방식으로 놀이를 즐긴다. 과거에 누가 어떻게 사용하던 물건인지는 중요하지 않다. 직접 만지고 느끼며 떠오르는 대로 자유롭게 쓰임새를 바꾼다. 네 살짜리 여자아이의 손에서 낡은 전자레인지는 우주선 조종대가 되기도 하고, 자동차 바퀴는 두 남자아이가 멋진 춤을 선보이는 무대가 되기도 한다. 키보드에서 자판을 뽑아 든 아이들은 마법의 돌을 획득해 특별한 힘을 얻은 초능력자가 된다.

쓰레기장에서 아이들은 어른의 세계를 경험하는 한편 새롭게 도전할 기회를 갖는다. 또한 자유롭게 낡은 가전제품과 생활용품을 가지고 놀면서 자연스럽게 물건의 용도와 가치를 탐구하고 원인과 결과를 보는 시각을 기른다.

이뿐만이 아니다. 말카 하스가 이야기했듯 쓰레기장 놀이터는 "신체와 정신을 발달하고 정서와 지식을 함양하며 자신감과 사회성을 키운다."[1] 쓰레기장 놀이터에서 아이들은 평소 어른에게서 관찰한 인간의 상호작용을 재현한다. 다양한 인간관계, 사회적 지위, 성별 역할 등 일상에서 본 적 있는 활동이라면 무엇이든 따라 할 수 있다.

앞서 서문에서 언급했듯 나는 이스라엘 아이들이 다른 나라 아이들과 마찬가지로 가장 먼저 창의력 근육을 키운다고 생각한다. 하지만 다른 문화권에 속한 아이들이 각종 안전장치와 보호 장비에 둘러싸여 자유롭게 근육을 키울 기회를 놓치는 동안, 이스라엘 유치원생은 다소 위험하고 부적절한 물건을 마음껏 가지고 놀며 성장한다. 덕분에 이스라엘 아이들은 어린 시절부터 창의력과 사회성을 기를 수 있다. 이는 비단 나 혼자만의 의견이 아니다. 이소벨 반 델 큅Isobel Van der Kuip과 잉그리드 베르힐Ingrid Verheul은 어린이의 성격이 "유아기에 형성되기에 이 시기에 어떤 교육방식을 채택하느냐에 따라 개인의 능력, 그중에서도 특히 기업가 자질을 함양하는 데 큰 영향을 미친다"라고 이야기했다.[2]

고장 난 컴퓨터와 버려진 옷걸이가 기업가 자질을 키우는 데 과연 어떤 도움이 될까? 놀랍게도 어린 시절 쓰레기장에서 뛰노는 경험은 기업가에게 요구되는 덕목인 위기관리능력, 독립심, 갈등 해결능력, 팀워크를 배양한다. 앞으로 하나씩 자세히 알아보도록 하자.

역사를 쓰는 힘

실제로 사용하는 물건을 모방해 활용법이 분명한 장난감을 늘어놓은 일반적인 놀이 환경과 달리 쓰레기장 놀이터는 어린이에게 힘을 부여한다. 이스라엘의 쓰레기장 놀이터에서는 겨우 두 살밖에 안 된 어린아이도 발레리 폴라코우Valerie Polakow 교육 심리학 교수가 '역사를 쓰는 힘'이라 부르는 힘을 가지고 원하는 환경을 만들어 나간다. 아이들에게는 환경을 바꾸는 능력이 있다.

이스라엘 아이들은 단순히 주어진 환경 안에서 노는 데 그치지 않고 주변을 변화해 나간다. 철제 드럼통, 타이어, 나무판자를 가지고 집이나 성을 짓기도 하고 자동차를 만들기도 한다. 커피 테이블 위에 유아용 카시트 4개를 아슬아슬하게 올려 자동차 좌석을 꾸미고 커다란 깡통으로 헤드라이트를 표현한다. 그리고 쓰레기더미에서 진짜 운전대를 찾아 자동차 한 대를 뚝딱 완성한다. 자동차 놀이가 끝난 테이블은 수술대가 되기도 하고, 우주선 발사대가 되기도 한다. 아이들은 마음대로 환경을 바꾸면서 자립심을 키운다. 이런 점에서 쓰레기장 놀이터는 창의적인 기업가를 배출하는 첫 번째 단계라고 할 수 있다.

"정말 안전한 거 맞아요?"
놀이로 배우는 위기관리능력

세 아이를 키우면서 무엇이 가장 힘들었냐고 묻는다면, 나는 조금도 망설이지 않고 아이들이 가진 능력을 믿고 독립심을 키워주는 것이라고 대답할 것이다. 하지만 이스라엘에서 아이를 양육하다 보면 자연스럽게 독립심을 가르치게 된다.

처음 이스라엘을 찾은 사람들은 유치원에 떡하니 자리 잡은 쓰레기장 놀이터를 보고 경악을 금치 못한다. 말은 놀이터라고 하지만 여기저기 벗겨지고 부서진 트랙터, 콘크리트 하수관, 벽돌이 마구 뒤섞여 있는 앞마당은 거대한 고물상처럼 보일 뿐이다. 하지만 아이들은 의자를 기어오르고 무거운 목재를 척척 옮기고 녹슨 주전자와 프라이팬을 가지고 놀면서 위험을 마주하고 판단하는 방법을 배운다. 쓰레기장 놀이터 곳곳에 도사린 위험을 직접 마주하고 피하는 경험은 아이들이 독립심을 기르는 데 굉장히 중요한 역할을 한다. 물론 놀다가 다칠 수도 있다. 하지만 다치지 않고 인생을 살아 갈 수는 없다. 우리 삶에는 온갖 위험이 도사리고 있지 않은가.

지금 우리가 위험에 대처하고 불필요한 상처를 피할 수 있는 이유도 이미 어린 시절에 위기를 관리하는 요령과 기술을 배웠기 때문이다. 아이들은 연습을 통해 위기를 다루는 능력을 익히고, 조심성을 키우고, 안전한 것과 위험한 것을 구분하는 방법을 배운다. 우리는 아이들에게 자신의 안전을 맡김으로써 믿음을 보여 주고, 아이들이 자신을 믿을 수 있도록 격려한다. 쓰레기장 놀이터에서 주어지는 자유는 아이들에게 강력한 메시지를 전달한다.

그렇다고 이스라엘의 쓰레기장 놀이터가 무법지대라는 이야기는 아니다. 기본적인 규칙은 명확히 알려주되, 이 규칙만 지킨다면 얼마든지 자유롭게 놀아도 좋다. 아이들에게 주어지는 규칙은 언제 어디에나 적용될 수 있을 만큼 평범하다. 구조물에 오르기 전에는 혹시 무너지지 않을지 확실히 확인해라. 돌아가는 바퀴 아래에 작은 물건을 끼워 넣어 움직이지 않도록 해라. 밧줄은 한 명의 허리에만 묶어라. 사람이 있는 공간에 물건을 던져서는 안 된다. 이런 안전지침은 아이들의 행동을 제한하지 않으면서 주의력을 길러 준다.

협동과
갈등해결능력

아직 채 초등학교에도 입학하지 않은 유치원 아이들에게 가구를 옮기는 일은 꽤나 대단한 도전이다. 쓰레기장 놀이터에서 아이들은 공동의 목표를 달성하기 위해 힘을 합친다. 말카 하스는 자그마한 여자아이 네 명이 낡은 나무문을 지고 가던 일을 떠올렸다.

아이들은 몸을 묵직하게 짓누르는 나무문을 옮기면서 무거운 물건을 나르려면 친구와 협동해야 한다는 교훈을 배웠다. 한 인터뷰에서 예술가 암논 질버Amnon Zilber는 어린 시절 키부츠의 쓰레기장 놀이터에서 친구와 협력하는 방법을 배웠다고 이야기했다. 쓰레기장 놀이터에는 힘을 합쳐야 달성할 수 있는 목표가 흔했고, 그럴 때마다 아이들은 적극적으로 협력해 한 팀을 이뤄 행동했다. "어른한테는 간단한 과제도 아이에게는 그렇게 복잡할 수가 없잖아요." 질버는 과거를 떠올리며 말했다. "그렇게 힘을 합쳐서 공동의 목표를 달성하면 성취감이 어마어마했습니다. 그때의 경험이 아직까지도 동기를 부여합니다."[3]

　　게다가 거창한 프로젝트를 완수하려면 아이들은 갈등을 해결하는 방법을 배워야 한다. 쓰레기장 놀이터에서 아이들은 각자의 필요와 욕구, 한계를 인지하고 조정해 나간다. 함께 노는 친구와 의견이 달라 종종 부딪치기도 한다. 쓰레기장 놀이터에서 아이들은 불편하고 곤란한 상황을 겪으면서 다른 사람과 어울려 살아가는 법을 익히고, 모두가 만족할 만한 결과를 내기 위해 창의적인 해결책을 떠올린다. 유치원 아이들이 청소기 호스를 땅에 묻어 빗물을 빼내는 터널을 만들기까지 얼마나 복잡한 갈등과 타협의 과정을 겪었겠는가.

"아이를 기업가로 키우려면
쓰레기장 놀이터로 보내야 하나요?"

아이가 기업가로 성장하는 데 반드시 쓰레기장 놀이터가 필요하지는 않다. 이스라엘의 쓰레기장 놀이터는 자신의 능력을 시험하고, 타인과 협력하는 방법을 배우고, 창의력을 발휘하고, 어른의 삶을 연습하는 장소로, 철학적인 교육이 이루어진다는 데 의미가 있다. 이스라엘에서는 어린이들에게 따로 기업가 교육을 하지 않는다. 아이들이 성공적인 기업가가 갖춰야 할 자질을 스스로 개발할 수 있도록 마땅한 기회를 제공할 뿐이다.

발라간

내가 네 살 때 우리 가족은 이스라엘을 떠나 제노바로 향했다. 제노바에 머무르는 3년 동안 나는 현지 유치원에 다녔다. 등원 첫 날, 선생님이 내 손을 잡고 다양한 새 친구들을 소개시켜 주던 기억이 아직 생생하다. 이탈리아어는 전혀 알아듣지 못했지만 친구들의 웃는 얼굴이 환영인사를 대신했다. 선생님은 어디에 가방과 도시락을 넣어 두는지 알려줬다. 그리고 어디서나 볼 수 있는 그네, 목마, 미끄럼틀이 있는 놀이터로 데려갔다.

내가 미끄럼틀로 다가가자 선생님은 여자아이 한 명을 부르더니 미끄럼틀 사용 방법을 보여 달라고 부탁했다. 아이가 사다리를 밟고 미끄럼틀에 완전히 올라가자 선생님은 그제야 친구를 따라 올라가도 좋다는 신호를 보냈다. 내가 사다리 꼭대기에 다다를 때쯤 친구는 이미 미끄럼틀을 타고 내려간 뒤였다. 선생님은 앞의 친구가 기구에서 완전히 벗어나기 전에 미끄럼틀을 타서는 안 된다는 점을 분명히 했다. 이외에도 지켜야 할 규칙이 많았다. 놀이터는 안전하고 질서정연하고 즐거웠다. 하지만 똑같은 미끄럼틀이라도 이스라엘에서는 전혀 다른 광경이 펼쳐진다.

이스라엘 놀이터에서 아이들이 노는 모습을 30분만 관찰하면 혼돈을 보게 될 것이다. 평범하게 사다리를 밟고 올라가 미끄럼틀을 타고 내려오는 모습에는 큰 차이가 없다. 하지만 미끄럼틀을 거꾸로 기어 올라가는가 하면 멀쩡한 계단을 놔두고 정글짐 가장자리 철봉을 타고 오르는 아이도 있다. 아슬아슬하게 서서 그네를 타는 아이도 흔히 보인다. 주변을 살피지 않고 뛰어다니기가 일쑤고, 줄을 서서 순서를 기다리는 모습은 어디에서도 찾을 수 없다.

무엇보다 가장 놀라운 부분은 어른들이 아이들의 행동을 제재하지 않는다는 데 있다. 제네바 유치원의 선생님과 달리 이스라엘 놀이터에는 어떤 규칙도 없다. 놀이기구에 어떻게 올라가든, 미끄럼틀을 타고 내려가든 올라오든 상관하지 않는다. 아이들이 원래 정해진 방법과 전혀 상관없이 놀이기구를 이용해도 그저 보고만 있을 뿐이다. 이렇게 아이들의 활동에 최대한 개입하지 않으려는 태도는 이스라엘 문화가 가진 두 특징을 잘 보여 준다. 바로 자유로운 분위기와 '발라간Balagan'이다.

발라간은 러시아에서 유래한 단어로 이스라엘에서는 지저분함, 즉 미리 정해진 질서가 없는 상태를 의미한다. 이스라엘에서는 사람들은 물론 사회 체제까지 즉흥적이다. 놀랍겠지만 이스라엘 사회에 깊이 자리 잡은 발라간은 긍정적으로 작용한다.

아이들뿐 아니라 이스라엘 사람 모두가 발라간의 태도로 삶을 살아간다. 무질서는 혼란을 초래한다는 일반적인 인식과 달리, 이스라엘의 발라간은 유연성을 발휘해 주변 상황을 수용하도록 돕는다. 놀이나 사회생활을 할 때 엄격한 규칙을 따르기보다 발라간의 태도로 열린 마음을 유지하면 변화를 수용할 여유가 생긴다. 즉 발라간은 인생을 살면서 맞닥뜨리는 의외의 상황에 대응하는 기술을 자연스럽게 익히도록 유도한다. 다소 이치에 맞지 않는다고 느껴지겠지만, 혼란을 추구하는 발라간이 아니라면 어떻게 갈등과 불화에 대처하는 방법을 배운단 말인가?

정답은
없다

아이들은 아주 어린 시절부터 사회적 관습을 배운다. 가족을 비롯한 여러 사람과 관계를 맺을 때는 물론, 놀이를 할 때도 관습에서 자유로울 수 없다. 아이들은 어떤 장난감을 어떻게 가지고 놀아야 하는지, 어떤 물건을 어디에 놔야 하는지, 올바른 놀이의 규칙이 무엇인지, 다른 아이들과 함께 어울릴 때 어떤 점을 주의해야 하는지 학습한다. 예를 들어 놀이터에서는 다른 친구를 밀치거나 새치기를 하거나 소리를 질러서는 안 된다는 관습이 존재한다. 기구에 올라갈 때는 사다리를 사용해야 하며 미끄럼틀을 거꾸로 타고 올라가서는 안 된다. 물론 이런 교육 방법에도 장점이 없지는 않다. 우리는 규칙을 통해 아이들에게 예의, 질서, 배려를 가르칠 수 있다.

하지만 정답은 없다. 발라간을 통해 아이들은 이 세상에 처음부터 정해진 규칙과 질서가 없다는 사실을 배운다. 미끄럼틀을 거꾸로 타고 올라가서는 안 되는 이유가 무엇인가? 왜 꼭 예의바른 태도로 사람을 대해야 하는가? 사회적, 개인적 행동을 규제하는 질서가 줄수록 표현의 자유가 커지고 모호함에 느끼는 불안이 줄어든다. 표현의 자유가 커지면 어린아이의 감정, 욕구, 바람을 제한하는 뚜렷한 경계가 사라진다. 모호함에 느끼는 불안이 줄면 예상치 못하게 일어나는 의외의 상황에 침착하게 대응할 수 있다.

나는 아이들이 무질서 속에서 훨씬 많은 것을 배울 수 있다고 믿는다. 아이들과 똑같이 어른도 발라간을 통해 기업가에게 중요한 세 가지 특성인 창의력, 문제해결능력, 독립심을 기를 수 있다. 나는 내 팀원, 동료, 아이들에게 질서에서 벗어나 일상 속에 약간의 혼돈을 더해 보길 권유하곤 한다.

발라간의
원리

제 아무리 이스라엘 사람이라고 해도 발라간이 '자유로운 사고'와 '창의력'으로 직결되지는 않는다. 하지만 쓰레기장 놀이터와 마찬가지로 발라간이 이런 자질을 개발하는 데 큰 도움이 된다는 점만은 분명하다. 얼마 전 무질서한 환경이 행동에 미치는 영향을 알아본 실험 결과에 따르면, 사람들이 질서정연한 환경에서는 관습적인 생각에 머물렀지만, 혼란스러운 환경에서는 신선한 시각을 가졌다. 셜리 베레타Shirley Berretta와 게일 프리벳Gayle Privette은 규칙이 정확하게 정해진 놀이보다 자유롭게 진행되는 놀이가 어린이의 창의력을 훨씬 효과적으로 이끌어 낸다는 연구 결과를 발표했다.

줄을 서서 차례를 기다릴 필요도 없고, 정해진 장난감만 가지고 놀 필요도 없는 비구조적 놀이는 모호함을 낳는다. 즉 다음에 어떤 일이 생길지 예측할 수 없다는 뜻이다. 이 과정에서 불협화음이 빚어질 수도 있고, 생각지 못한 상황에 고민할 수도 있지만, 놀이 환경에서 발생하는 돌발 상황은 아이들에게 더 큰 즐거움을 준다. 잘 정돈된 환경에 새로운 아이가 들어와도 변화는 일어나지 않는다. 질서정연하게 늘어선 줄의 맨 끝에 가서 서기만 하면 된다. 어떤 상황에서 어떤 행동을 해야 하는지 규칙이 명확하게 정해져 있으니 아이들끼리 소통할 필요가 없다. 하지만 규칙이 없는 상태에서 새로운 아이가 놀이에 참여하면 기존에 어울려 놀던 아이들은 변화에 적응해야 한다. 새 친구가 무엇을 원하는지, 무엇을 필요로 하는지, 무엇을 잘하는지 알아보고 거기에 맞춰 적당한 놀이를 생각해 내야 한다. 무엇을 어떻게 해야 하는지 알려 주는 규칙이 없으니 스스로 상황을 만들어 나가야 한다. 즉 모호한 사회적 환경은 아이들이 자존감과 위기관리능력을 키우는 것은 물론, 문제해결능력을 개발하는 데도 도움이 된다.

우리 가족은 지중해 해안에 자리한 도시 텔아비브에 거주하고 있다. 종종 해변을 찾을 때마다 아이들은 모래사장에서 성을 짓거나 바닷물이 빠져 나가는 터널을 파면서 즐거워한다. 그런데 얼마 전 나는 흥미로운 현상을 발견했다. 텔아비브를 방문하는 대부분의 관광객 가족이 알록달록한 플라스틱 모래 틀을 가지고 해변을 찾았다. 아이들은 모래 틀로 근사한 성을 짓기도 하고, 피라미드를 올리기도 하고, 별을 만들기도 했다. 반듯한 모래덩이로 쌓아 올린 구조물은 그야말로 으리으리했다. 하지만 이스라엘 아이들은 양동이랑 삽만 가지고 온갖 다양한 모양을 만든다. 찍어 내는 대로 모양이 잡혀 나오는 틀 없이 마음 가는 대로 만든 구조물은 특이하고 자유롭다. 당연하겠지만, 이미 모양이 정해진 모래 틀을 주면 아이들은 자연스럽게 틀을 사용해서 모래를 쌓는다. 하지만 간단한 기구를 주면 창의력을 발휘해 무엇이든 만들고 싶은 것을 만든다. 아이들이 자유롭게 쌓아 올린 모래는 여러분을 깜짝 놀라게 할 것이다.

지저분함이
대세다

이스라엘에서는 발라간이라는 단어를 흔히 들을 수 있고, 어디에서나 발라간을 관찰할 수 있다. 마트 계산대 앞에 줄을 서 있을 때도, 버스를 탈 때도, 공공기관을 방문할 때도, 정치적인 시위에 참여할 때도 발라간은 늘 그곳에 있다. 발라간에 익숙한 이스라엘 사회는 사회적 관습과 행동 규범이 비교적 자유로운 탓에 갈등과 충돌이 잦지만 그만큼 유연한 대처가 가능하니 계획에 없던 상황이 발생해도 즉시 해결책을 제시할 수 있다.

알베르트 아인슈타인은 이런 명언을 남겼다. "지저분한 책상이 지저분한 정신을 의미한다면, 빈 책상은 무엇을 의미하는가?"[1] 〈뉴욕타임스〉의 페넬로페 그린Penelope Green 또한 아인슈타인의 의견을 지지했다. 그린은 "지저분한 책상은 창의적이고 유연한 사고를 상징한다"며 이런 사람들이 '깔끔한 일터'를 유지하는 사람들보다 더 큰 성과를 올린다고 주장했다.[2] 그린은 신경심리학자 제러드 폴락Jerrold Pollak의 말을 인용해 "완벽한 정리정돈은 인생의 예측 불가능한 면을 부정하고 통제하려는 헛된 시도일 뿐"이라는 의견을 덧붙였다.

페넬로페 그린과 제러드 폴락의 입장에는 일리가 있다. 나 또한 한 사람의 기업가로서, 기업을 경영할 때 특정 단계에서 적당한 혼란을 더하면 꽤 큰 도움이 된다고 생각한다. 나는 기업가의 길에 막 들어선 사람에게 매일 다른 자리에서 일해 보라고 조언한다. 항상 정해진 자리, 똑같은 책상, 익숙한 동료 옆을 떠나 낯선 환경에서 근무하면 평소와 다른 느낌을 받을 수 있다. 서로를 다른 각도에서 바라보고, 위치가 바뀌니 앉은 자리에서 보이는 풍경과 들리는 소리도 조금씩 달라진다. 평소 별로 교류가 없던 직원과 소통하며 함께 일하는 동료가 어떤 사람인지 알아 가는 기회가 생긴다. 이런 간단한 변화만으로도 불확실성에 대처하는 능력을 향상하고 조직에 융화하는 방법을 배울 수 있다.

삶이 원래 무질서하다면 질서를 만들려고 노력하기보다 예측 불가능한 상황에 대처하는 기술을 개발하는 편이 효율적이지 않을까? 생각해 보면 견고하게 쌓아 올린 틀에서 조금이라도 벗어나는 순간 깨져 버리는 질서와 달리, 무질서는 다양한 변화에 놀랍도록 유연하게 적응한다. 발라간은 예측하지 못했던 새로운 변수에 적응하고 대응하도록 격려한다. 또한 우리 아이들이 사회에 깊게 자리 잡은 '구조적 질서'와 그에 관한 편견을 끊임없이 고민하고 새로운 대안을 모색하도록 유도한다.

에릭 에이브러햄슨Eric Abrahamson과 데이비드 H. 프리드먼David H. Freedman은 그들이 쓴 책《완벽한 무질서A Perfect Mess》에서 말했다. "고도로 조직화된 사회보다 적당히 무질서한 사람, 기관, 체제로 이루어진 사회가 더 효율적이고, 탄력적이고, 창의적이고, 대개 더욱 효과적이다."[3] 이뿐 아니라 환경에 따른 영향을 주제로 한 선구적인 연구는 약간의 소음이 의사 결정에 도움을 준다는 사실을 밝혀냈다.

제니스 데네그리노트Janice Denegri-Knott와 엘리자베스 파슨스 Elizabeth Parsons가 이야기하길, 지저분함은 '지저분한 정신'을 의미하지 않는다. 발라간은 오히려 '더 좋은' 생각을 이끈다. 데네그리노트와 파슨스가 말하길, 발라간은 "깊숙이 뿌리 내린 편견과 가정에 의문을 제기하고 우리 사회에 어떤 질서가 필요한지, 또 현재 우리가 따르는 규칙 외에 어떤 다른 선택지가 있는지 고민하게 만든다." 아이들이 나누는 대화에서, 가정에서, 직장에서 발라간이 언제 어디에서 어떤 형태로 나타나는지는 중요하지 않다.[4] 그게 바로 진정한 기업가정신이 아니겠는가?

불놀이

전 세계 어디를 가도 모닥불을 싫어하는 아이를 찾기는 어렵다. 일부 문화권에서는 위험하다는 이유로 아이들이 직접 불을 다루는 데 굉장히 조심스러운 태도를 보인다. 하지만 이스라엘 부모들은 아이들이 처음부터 끝까지 모든 과정을 책임지고 주도하도록 격려한다.

이스라엘 아이들은 유대교 명절인 제33일절이 다가오면 한참 전부터 모닥불 피울 준비를 한다. 어른의 도움 없이 땔감을 마련하고, 적당한 장소를 찾고, 불가에서 먹을 음식을 장만하고, 마을 사람들에게 행사를 안내하려면 몇 주 전부터 부지런히 움직여야 한다. 준비에 소홀했다간 땔감도 구하지 못하고 다른 아이들에게 좋은 장소를 다 빼앗겨 발만 동동 굴러야 한다. 제33일절 밤, 아이들은 바닥에서 돌을 골라내고, 불을 피우고, 밤새 불이 꺼지지 않도록 분주히 뛰어다닌다. 이렇게 분주히 불을 지키는 동안 어른들은 어디에서 뭘 하고 있을까? 대개 근처에서 아이들을 지켜보거나 일찍 침대에 누워 숙면을 취한다.

모닥불

우리 세 아들은 제33일절을 손꼽아 기다린다. 또래 친구들에게 제33일절 모닥불은 3주에서 4주에 걸쳐 진행되는 대규모 프로젝트로 강인한 체력과 지혜, 인내와 협동 없이는 복잡한 과제를 성공적으로 수행할 수 없다. 아이들은 스스로 모닥불을 피웠다는 사실에 굉장한 자부심을 느끼지만, 불을 피우기까지 쏟은 노력에 대해서는 크게 언급하지 않는다. 부모나 주변 어른이 칭찬을 건네면 아무렇지 않다는 듯 어깨를 으쓱하며 "오, 카탄 알라이"라고 대답할 뿐이다. 히브리어로 '카탄 알라이^{katan alay}'는 '땀조차 나지 않았다'라는 뜻으로, 크게 힘을 들이지 않고 대단한 성과를 성취했다는 표현으로 사용된다. 이 문장을 직역하면 '별거 아니에요'라는 의미를 지니는데, 보다 일반적으로 박타나(작다)라는 뜻으로도 흔히 활용된다. 그 나이의 아이들이 왜 자랑할 만한 성취를 별것 아닌 일처럼 표현하는지는 확실히 알 수 없다. 복잡하고 어렵고 고된 과제를 쉽게 이야기함으로써 자신감을 얻으려는 심리가 숨었는지도 모른다. 어쨌든 여러분이 기대하던 반응은 아닐 것이다.

명절을 4주 앞두고 아이들은 가장 먼저 땔감을 최대한 많이 구해야 한다. 하지만 우리 가족은 텔아비브에 살고 있고, 주변에서 숲을 찾기는 쉽지 않다. 그렇다고 해서 땔감을 따로 구입해 주는 부모는 없다. 그러면 아이들은 도대체 어디서 땔감을 찾을까? 어떤 아이들은 주변의 나무덤불을 뒤지거나 분리수거장을 돌아다니며 낡은 나무 식탁이나 의자를 찾거나 가게나 학교 건물 뒤 쓰레기를 내놓는 장소를 기웃댄다. 어디든 땔감이 있을 만하면 가리지 않고 돌아다닌다. 하지만 가장 많이 찾는 곳은 따로 있다. 헛걸음할 우려가 없고, 공짜로 충분한 목재를 얻을 수 있는 장소하면 어디가 떠오르는가? 바로 공사 현장이다.

말도 안 되는 소리처럼 들리겠지만 제33일절 몇 주 전부터 이스라엘 전역에서 공사장을 오가며 땔감을 마련하는 아이들을 볼 수 있다. 아이들은 쓰레기를 뒤져 나무 팰릿, 부서진 목재 상자, 각목을 찾는다. 하지만 땔감을 구해도 다른 문제가 기다린다. 무거운 목재를 어떻게 모닥불 피울 공터까지 운반할 것인가? 자전거는 너무 작다. 수레가 있으면 좋겠지만 구하기가 쉽지 않다. 엄마나 아빠가 흙먼지 잔뜩 묻은 공사 자재를 자동차로 옮겨 줄 가능성도 희박하다. 남은 방법은 한 가지밖에 없다. 슈퍼마켓 카트를 빌리는 것이다.

슈퍼마켓 카트에 공사장에서 주운 '찌꺼기' 목재를 잔뜩 싣고 뉴욕이나 보스턴 시내를 돌아다니는 아이들의 모습을 상상이나 할 수 있겠는가? 하지만 이스라엘에서는 거의 5월 내내 목격된다. 그리고 카트를 끌고 거리를 다니는 아이들을 이상하게 보는 이스라엘 사람은 단 한 명도 없다. 제33일절 프로젝트의 하이라이트인 모닥불 행사가 끝나면 카트는 법적 소유주인 슈퍼마켓으로 돌아갈 것이다.

땔감을 구했으면 이제 모닥불을 피우기에 적당한 장소를 선점해야 한다. 우리 동네에는 대형 주유소 뒤쪽, 모래가 깔린 커다란 공터 외에는 불을 피울 만한 공간이 없다. 동네 사람들은 지난 수십 년간 그곳에 모닥불을 피웠다.

제33일절 저녁 공터는 장관을 이룬다. 어스름이 질 무렵부터 공터 이곳저곳에서 모닥불이 타고 있고, 아이들이 불 주위를 바쁘게 뛰어다닌다. 마시멜로를 굽기에 딱 좋은 작은 모닥불이 대부분이지만 그중에는 땔감이 웬만한 성인키만큼 높게 쌓인 커다란 모닥불도 두어 개 있다. 어른들은 모닥불에 관심을 끄고 주변에 옹기종기 자리를 잡고 앉아 수박이나 옥수수, 빵을 먹는다. 우리 동네뿐 아니라, 이스라엘 전역의 모든 동네가 이런 방식으로 제33일절을 기념한다.

전 세계 어디서나 모닥불은 사람들을 한자리에 모아 어두운 밤을 빛과 열기로 채운다. 하지만 모닥불을 다루는 태도는 문화권마다 다르다. 미국에서는 명확하고 엄격한 규칙에 따라 안전하게 캠프파이어를 즐긴다. 미국 아이들은 불 주변에서 지켜야 할 행동 수칙을 철저히 교육받는다. "캠프파이어 근처에서 장난치면 안 됩니다." 미시건주 남동부에서 20년 넘게 걸스카우트 리더로 자원봉사를 해 온 크리스 게이는 몇 가지 주의사항을 안내했다. "뛰면 안 됩니다. 물건을 던져서는 안 됩니다. 적절한 복장을 갖춰야 합니다. 긴 끈이 달린 후드를 입어서는 안 되고, 불에 타기 쉬운 나일론 소재 의류는 금지입니다. 모닥불을 피우는 장소 또한 중요합니다. 불똥이 튀면서 발생할 수 있는 화재사고를 예방하기 위해 모닥불 1미터 이내의 마른 가지나 잎사귀를 모두 치워야 합니다." 크리스는 불을 피우는 건 동행한 강사의 역할이라며 A 모양으로 땔감을 쌓아 올리면 가장 안전하고 안정적으로 캠프파이어를 만들 수 있다고 설명했다. 모닥불에서 1미터쯤 떨어진 곳에 의자와 벤치를 놔두는데, 아이들은 그보다 가까이 불에 접근하면 안 된다. 크리스가 이야기하길 아이들은 요리할 때 외에는 불 가까이 접근하도록 허용되지 않는다.[1]

크리스가 제33일절에 이스라엘을 방문했더라면 심장마비로 쓰러졌을지도 모른다.

이스라엘 명절의
전형적인 광경

제33일절 당일, 아이들은 해가 질 무렵부터 땔감을 쌓는다. 초등학교 수업이 끝나고 아이들이 공터에 모이면 부모는 두어 시간 정도 아이들을 살피다 집으로 돌아간다. 아이들은 어두워질 때쯤 불을 붙이고, 어른들은 다시 공터로 나와 자녀가 모닥불을 피우는 현장을 지켜본다. 할 일이 없어 쭈뼛대는 아이는 한 명도 없다.

다들 나뭇가지를 긁어모으거나, 성냥에 불을 붙이거나, 불씨가 붙길 기대하며 숨을 불어 넣는다. 아이들의 임무는 해가 뜰 때까지 계속된다. 밤새 불이 꺼지지 않도록 계속 땔감을 던져 넣어야 한다. 아이들은 적당한 시간에 호일에 감싼 감자를 재 사이에 묻고, 행사가 끝나면 불을 꺼야 한다. 제33일절 모닥불을 처음부터 끝까지 모두 아이들이 직접 마무리해야 한다.

몇 주 동안의 노고에는 완전한 자유와 끝없는 즐거움이 보상으로 주어진다. 아이들은 불가에 모여 앉아 수다를 떨고 게임을 하고 노래를 부른다. 부모님의 보호 없이 야외에서 밤새도록 직접 불을 지키고 스스로 안전을 책임지면서 친구들과 몇 시간이고 원하는 대로 온갖 놀이를 즐길 수 있다니, 아이들 입장에서는 얼마나 신나는 일이겠는가! 이 연례행사는 내 어린 시절 최고의 추억 중 하나로 꼽는다. 제33일절은 우리 세 아들이 가장 좋아하는 명절이기도 하다.

"정말
안전한가요?"

물론 이스라엘의 제33일절 문화를 비판하는 사람도 많다. 아무리 조심한다고 해도 어쨌든 불은 위험하고, 스스로 안전을 책임지기에는 아이들이 너무 어리다며 행동안전지침이 괜히 있는 게 아니라고 주장한다. 하지만 이스라엘 사람들은 가르침을 받기보다 직접 경험하면서 배우는 방법을 선호한다. 우리는 아이들이 세상을 살면서 마주할 수 있는 위험을 직접 다루는 경험을 통해 귀중한 교훈을 얻을 수 있다고 믿는다. 제33일절 모닥불 또한 그중 하나다. 아이들은 처음부터 끝까지 모닥불을 직접 관리하면서 올바르게 다룰 수만 있다면 위험을 겁낼 필요가 없음을 배운다. 또한 모든 과정에 부모가 함께할 수는 없으며, 이 세상을 살아가는 주체는 자기 자신이라는 사실을 깨닫는다.

이스라엘이 제33일절을 지내는 방식은 아이들의 자립심과 실험정신을 이끌어 내고 역량을 키우며 자유에 따르는 책임을 가르친다. 미국에서는 캠프파이어를 할 때 어른들이 미리 나서서 아이들에게 불에 종이상자를 집어넣으면 시커먼 연기가 피어오른다며 불에 종이를 넣으면 안 된다고 알려 준다. 반면 이스라엘 아이들은 어른들의 간섭을 받지 않고 호기심 가득한 눈으로 이것저것 실험해 본다. 종이상자를 땔감으로 쓰면 어떤 일이 벌어지는지 관찰한 후에는 두 번 다시 똑같은 행동을 반복하지 않을 것이다.

'쓰레기장 놀이터'에서 그랬듯, 아이들은 여러 가지 물건으로 자유롭게 실험하며 우리가 살아가는 세상을 직접 탐구해 나간다. 이스라엘 아이들에게 주어지는 자유는 부모로부터 받은 귀중한 선물과 마찬가지이며, 아이들은 이런 경험을 통해 자유에 어떤 책임이 따르는지 배운다. 아이들은 또래 친구들과 함께 모닥불을 피우며 예측하지 못했던 상황에 대응하는 방법을 익힌다. 오래도록 전해져 내려오는 전통 문화를 유지하는 데 일조하면서 다른 사람과 힘을 합쳐 공동의 목표를 향해 나간다. 제33일절은 아이들이 스스로 역량을 키우고, 자유가 무엇인지 배우고, 공동체의 일원으로서 유대감을 느낄 수 있는 좋은 기회를 제공한다.

밖으로

꼭 제33일절 준비가 아니라도 이스라엘 아이들은 야외에서 많은 시간을 보낸다. 일 년 내내 보호자 없이 혼자 또는 친구들과 무리를 지어 동네를 누비고 다닌다. 아직 초등학교에 입학조차 하지 않은 아주 어린아이들도 예외는 아니다. 우리 아이들은 다섯 살쯤부터 자유롭게 마을을 돌아다녔다. 보통 저녁식사 준비가 끝나면 나는 첫째에게 동생들을 찾아오라고 부탁한다. 올해 17세가 된 첫째는 동생들이 있을 만한 장소를 구석구석 찾아다닌다. 아이들은 발 닿는 곳이라면 어디나 갈 수 있다. 첫째는 24시간 개방돼 있는 학교 운동장, 놀이터, 쇼핑센터 근처를 확인한다. 동생들이 정확히 어디에서 무엇을 하고 있는지는 모르지만, 어쨌든 어딘가에는 있을 것이다. 아이들의 행방을 모른다는 게 무책임해 보일 수 있지만 이스라엘에서는 아이들끼리 집 밖을 나서도 아무렇지 않게 받아들인다. 아이들은 집 밖에서 나름대로 임무를 수행한다. 아홉 살짜리 셋째는 매일 하교 후 개 산책을 시킨다. 나머지 두 아들은 아침 저녁으로 집 주변을 살피고 문단속을 책임진다.

야외활동은 육체적, 정신적으로 고될 수 있지만 그만큼 아이들의 성장에 큰 도움을 준다. 북유럽 국가에서는 야외활동을 교육 제도의 일부로 편입했다. 부모가 원하면 세 살부터 여섯 살까지의 아이들을 '숲 속 유치원'에 등록할 수 있다. 숲 속 유치원은 날씨가 좋을 때뿐 아니라 눈이나 비가 내려도 거의 모든 교육을 야외에서 진행한다. 실제로 덴마크에서는 전체 유치원생의 10퍼센트가 모든 활동이 바깥에서 이루어지는 교육 기관에 다니고 있다.

북유럽 국가에서 추구하는 유치원의 모습은 다른 서구국가와 전혀 다르다. 텍사스주에서 기자로 근무하는 키타라 웰스Ke'Tara Wells가 이야기하길 "미국 유치원생이 하루 중 야외활동에 보내는 시간은 7분에 불과하다. 미국 유치원의 40퍼센트가 아이들에게 주어지는 야외활동 시간을 줄이거나 없앴다. 야외 온도가 섭씨 0도 밑으로 떨어지면 아이들의 야외활동을 금지하는 유치원이 많다."[2]

핀란드를 비롯한 북유럽 국가의 숲속 유치원에서는 영하의 온도에도 나무를 타고, 뾰족한 나뭇가지를 주워 칼싸움을 하고, 눈 덮인 나무 사이를 뛰놀고, 친구들과 다양한 놀이를 즐긴다. 규모가 훨씬 작지만 이스라엘도 야외 유치원을 도입하고 있다. 이스라엘의 첫 번째 야외 유치원은 사막 마을 미츠페라몬에 자리하고 있다. 이곳에서 다섯 살, 여섯 살 어린아이들은 불을 피우는 방법과 화덕에 피타(밀가루를 납작하게 구운 중동의 전통 빵—옮긴이)를 굽는 방법을 배운다. 대부분의 유치원과 달리 야외 유치원에 다니는 아이들은 독립심에 초점을 맞춘 교육을 받는다. 아이들은 날씨와 관계없이 강도 높은 신체 활동을 하면서 스스로 안전을 책임져야 한다. 마법의 세계에 등장할 것만 같은 아름다운 나무숲은 아이들의 상상력을 자극한다.

이스라엘 아이들은 방과 후 많은 시간을 야외에서 보낸다. 4월에서 10월까지 이어지는 이스라엘의 여름은 덥고 건조하다. 겨울에도 너무 춥지 않아 아이들이 야외놀이를 즐기는 데 방해가 될 정도는 아니다. 쓰레기를 가지고 놀거나 제33일절 모닥불을 피울 때와 마찬가지로 기본적인 안전수칙은 알려주되 나머지는 철저히 아이들의 자율에 맡긴다. 아이들은 자유롭게 동네를 누비며 세상을 배워 나간다. 해가 너무 뜨겁거나 공기가 지나치게 건조할 때면 적절한 예방 조치를 취하도록 교육하지만, 아이들을 집 안에 가둬 놓거나 상상력을 제한하지는 않는다.

이스라엘의 따뜻한 날씨가 '따뜻한 문화'를 형성하는 데 영향을 미쳤다고 주장하는 사람도 있다. 미국에서 마케팅과 심리학을 가르치는 로렌스 E. 윌리엄스Lawrence E. Williams와 존 A. 바그John A. Bargh 교수는 "물리적 온기는 (……) 타인과의 관계에서 온기를 느끼는 데 도움을 준다"라는 연구 결과를 발표했다.[3] 사실 이스라엘 문화에서는 신체 접촉이 빈번하게 이루어진다. 정통 유대교 지역사회는 예외지만, 이스라엘 사람들은 대화를 나눌 때 풍부한 제스처를 취하며 서로의 온기를 나누는데, 이런 태도는 이해와 호감을 표현하는 방식이라고 할 수 있다. 뒤에서 더 자세히 이야기하겠지만, 이스라엘에서 친밀한 대인관계는 스타트업에 적합한 기업 생태계를 구성하는 핵심요소이자 스타트업 국가로 성공한 주요한 이유

중 하나이다.

　이스라엘 사람들이 지닌 창조적 정신, 질서정연한 혼돈, 과감한 행동력에 대해 생각하고 있자니 파이버Fiverr의 공동 창립자이자 최고경영자인 미카 커프만Micha Kaufman이 생각났다. 파이버는 세계 최대 규모의 프리랜서 시장을 공략해 스타트업부터 안정적으로 자리 잡은 조직까지 다양한 분야에 종사하는 기업가에게 사업에 필요한 서비스를 제공한다.

　미카의 이야기는 1967년 아르헨티나에서 출발해 이스라엘로 향하는 배 위에서 시작된다. 그곳에서 미카는 애국심 넘치는 젊은 부부를 만났다. 부부는 배에서 내리는 즉시 군복으로 갈아입고 분쟁지역으로 달려 나가겠다며 전의를 불태웠다. 물론 이들은 6일 전쟁(아랍과 이스라엘 사이에서 벌어진 중동 전쟁―옮긴이)이 6일 만에 끝날 것이라고는 상상조차 못 하고 있었다. 어쨌든 바다를 건너는 동안 전쟁은 끝났고, 이스라엘에 도착해 근처 키부츠에 정착할 때 부부에게 남은 재산이라곤 기타 두 대가 전부였다. 이스라엘로 향하는 길에 짐을 몽땅 도둑맞았다. 미카와 미카의 남동생은 키부츠에서 태어났다. 미카는 아버지가 트랙터를 몰면서 밭을 갈던 모습을 기억한다. 유년시절 기억 속에는 아버지가 키부츠의 공동 작업실에서 몇 시간이고 가전제품을 고치는 동안 트랙터 위에 앉아 있던 광경도 있다. 다섯 살이었던 미카는 아버지 곁에 앉아 절단과 용접을 배웠다. 가끔씩 직접 손을 보태기도 했다. 미카는 80년대 이스라엘 키부츠에 흔했던 어린이 수면실에서 종종 밤을 보냈다. 질서와는 거리가 멀었다고 한다. 아이들은 방 안을 제멋대로 뛰어다니며 서로를 밀치면서 소리를 질러 댔다. 하지만 미카는 부모 없이 아이들끼리 외박한 경험이 재미있는 추억으로 남았다고 이야기한다. 집 가까이에 바다가 있다는 점도 좋았다. 시원한 바닷바람과 끝없이 펼쳐진 해안선은 미카의 어린 시절에 큰 영향을 미쳤다. 키부츠에서 보낸 유년기는 굉장히 즐거웠다. 몇 시간이고 백사장에서 햇볕을 쬐며 돌아다니고, 작업실에서 아버지를 도와 가전제품을 고치고 집기를 만들면서 자유를 만끽했다. 또래 아이들과 어울리며 강력한 공동체 의식과 소속감을 키워 나갔다.

하지만 미카의 부모는 키부츠 내의 유대가 지나치게 끈끈하다 생각했고 결국 키부츠를 떠나기로 결정했다. 그리고 이 결정은 후회를 불러왔다. 가진 게 기타 두 대보다는 많았지만 빈손이나 다름없었다. 새로운 삶을 찾아 나선 가족은 번화한 도시에 터를 잡았다. 엔지니어였던 미카의 아버지는 어렵게 반도체 회사 제도공으로 취직했다. 젊은 부부는 생계를 꾸리고 아이를 키우느라 고된 생활을 이어 나갔다. 가족의 첫 차는 낡은 중고 심카^{Simca}였다. 미카는 주말마다 아버지와 함께 자동차를 수리하며 시간을 보냈는데, 자동차를 고치다 보면 어린 시절 키부츠의 작업장이 떠올랐다. 몇 년 후 미카의 아버지는 재능과 열정을 인정받아 반도체 회사의 최고경영자로 임명됐고, 뛰어난 성과를 올리며 이스라엘 반도체 산업을 이끄는 위대한 경영자 중 한 명으로 이름을 올렸다.

초등학생이 된 미카에게 등굣길은 고행처럼 느껴졌다. 수업은 지루했고, 선생님들은 미카가 "잠재력을 제대로 활용하지 못하는 말썽쟁이"라며 꾸짖기 일쑤였다.[4] 열 살부터 땡땡이를 치고 친구들과 농구 하러 가거나 하이파(이스라엘 북부의 항구도시—옮긴이)의 탁 트인 언덕을 헤매고 다녔다. 초등학교 4학년에게는 꽤나 큰 일탈이었을 것이다. 미카는 손으로 하는 활동을 좋아했다. 늘 뭔가를 고치고, 조립하고, 제작했다. 미카와 아이들은 순전히 재미삼아 집에서 폭죽을 만들기도 했다. 부모의 총알에서 화약을 빼내고 성냥에서 황을 추출했다. 낡아서 버린 물건의 부속품을 조립해 폭죽의 외형을 만들었다. 미카는 말했다 "저는 이런 활동을 실험을 통한 기술 교육이라 부릅니다." 그는 실패를 두려워하지 않았다. 낙관적인 시각을 가지고 모든 일이 잘될 거라고 생각했으며, 무엇을 원하든 성취해 낼 수 있을 것이라 믿었다. 게다가 열정적으로 위험을 마주하는 부모가 곁에서 용기를 불어넣어 줬으니 오늘날 미카가 대단한 기업가가 된 것도 별로 놀랍지 않다.

미카는 하이파대학교Haifa University 법학과에 입학해 지적재산권을 전문으로 공부했다. 하지만 그는 행동파였고 대학은 너무나 평화로웠다. 결국, 그는 책을 덮고 실전 경험을 쌓기로 결정했다.

2003년 미카는 실제로 만나본 적이 단 한 번도 없는 러시아인 동업자와 함께 키네시스Keynesis를 창립했다. 키네시스는 은행과 항공산업을 대상으로 한 보안 소프트웨어 제작 기업으로, 출범과 동시에 성공을 거뒀다. 키네시스는 새 출발에 대한 염원과 자아 성찰을 바탕으로 탄생했다는 점에서 커프만 가족의 정신을 그대로 이

어받았다고 할 수 있다. 하지만 기업가로서 미카가 이룬 성공은 오래가지 못했다. 사업을 시작하고 얼마 안 돼 시력 향상에 초점을 맞춘 특허 개발 스타트업 인비시아Invisia를 설립했고, 2005년에는 오늘날의 아웃브레인Outbrain과 타불라Taboola와 유사한 형태의 광고 플랫폼 스팟백닷컴Spotback.com을 출범했다. 노력은 가상했으나 풍부한 경험과 충분한 자금을 갖춘 경쟁자들을 앞지르기에는 부족함이 많았다. 특히 스팟백닷컴은 언제 파산해도 이상하지 않을 정도였다. 도전은 실패로 끝났지만, 모든 이야기가 해피엔딩이 아니라는 교훈을 얻고 다시 성공을 향해 나아가기 시작했다.

2007년, 미카는 액셀러레이트Accelerate라는 싱크탱크를 만들어 정보통신 분야에 관심을 지닌 전문가와 인플루언서를 모아 미래에 등장할 소프트웨어와 인터넷 기술에 관해 아이디어를 공유하는 공간을 마련했다. 2009년 미카는 샤이 위닝어Shai Wininger와 통화하던 중 다양한 프리랜서 서비스를 제공하는 온라인 플랫폼이 있으면 좋겠다는 아이디어를 떠올렸다. 여느 때와 같이 미카는 이야기를 시작했다. "괜찮은 생각이 떠올랐어요. 한번 들어 보세요." 보통 때라면 얼마간 대화를 나누다가 다른 주제로 넘어갔겠지만, 그날은 달랐다. 다음 날 아침까지도 미카와 샤이는 전날에 나눈 아이디어를 생각하고 있었다. 아무래도 이번에는 그럴듯한 결과물을 만들 수 있을 것 같다는 느낌이 들었다. 미카는 샤이에게 제대로 된 비즈니스 모델을 수립해 보자고 제안했다. 섣불리 자금을 투자하기 전에 그들의 아이디어가 수익성을 가지는지, 또 아이디어가 실현됐을 때 이 세상에 긍정적인 영향을 미칠지 알아야 했다. 둘은 며칠 동안 고민을 거듭했다. 이 아이디어를 잘만 활용하면 엄청난 가치를 지닌 거대한 기업을 만들 수 있을 것이라는 확신이 커졌다.

그렇게 미카와 샤이는 오늘날 세계에서 가장 활발히 거래가 이루어지는 창의적인 프리랜서 서비스 플랫폼 파이버를 창립했다. 파이버가 탄생하기 전까지는 직접 대면을 통해 계약을 맺어야 했다. 하지만 미카와 샤이가 고안한 혁명적인 시스템 덕분에 이제 클릭 한 번이면 언제 어디서든 원하는 서비스를 제공받을 수 있다. 파이버는 '서비스의 상품화', '서비스의 시장 거래'를 통해 서비스 제공자와 서비스 소비자의 역할에 대한 인식을 바꾸는 데 일조했다.

단순하지만 강력한 아이디어의 결합이 파이버가 성공하는 데 중요한 역할을 했다. 히브리어로는 이를 '콤비나combina'라고 부른다. 파이버는 현실에 존재하는 서비스 제공자를 디지털 공간으로 끌어옴으로써 과거에 비해 쉽고 저렴하게 문제에 대한 해답을 찾을 수 있는 제도를 마련했다. 콤비나는 결합, 즉 콤비네이션 combination에서 파생한 단어로 특정 문제에 간접적인 해결책을 제시한다는 의미를 지닌다. 직접 돌파를 선택하기에는 관료제와 권위주의의 벽이 너무 높으니 장애물을 피해 샛길로 돌아가는 것이다. 파이버가 소비자와 서비스 제공자를 연결하는 방식은 굉장히 독특하지만, 아무래도 이보다 더 효율적이고 편리한 해결책을 생각해 내기는 어려운 듯하다.

현재 미카의 삶은 아주 어린 시절부터 경험한 성공과 실패를 바탕으로 만들어진 결과이며, 앞으로 경험할 성공과 실패가 쌓여 그의 미래가 결정될 것이다. 얼마 전 미카는 이런 말을 했다. "저는 기업가로 성장하기까지 부모님에게 많은 영감을 받았습니다. 어머니와 아버지는 어린 아들이 새로운 도전을 두려워하지 않고 용감하게 세상을 탐험하면서 호기심을 충족할 수 있도록 언제나 제 선택을 지지해 주셨습니다."

그가 부모님을 자랑스럽게 여길 만도 하다. 아마존의 창업자이자 최고경영자 그리고 회장인 제프 베조스Jeff Bezos 또한 비슷한 방식으로 아이들을 양육하고 있다. 뛰어난 사업 수완을 발휘해 세계에서 가장 부유한 사나이라는 칭호를 얻은 베조스는 네 아이의 아버지로, 아주 특별한 교육 철학을 가지고 있다. 그가 이야기하길 "저는 아이들이 네 살쯤 됐을 때부터 일곱 살, 여덟 살 때까지 칼이나 공구를 가지고 놀게 합니다."[5] 아이들에게 위험한 놀이도구를 쥐어 주는 이유가 무엇이냐는 질문에 베조스는 이렇게 답했다. "아이들은 온전히 자신의 힘으로 위험을 다루면서 삶의 지혜를 배웁니다. 이렇게 얻은 교훈은 기업을 경영할 때는 물론 일상에서도 굉장히 큰 도움이 됩니다."

STEP

발견
DISCOVERY

2

검증

VALIDATION

효율
EFFICIENCY

확장과 지속
SCALE AND
SUSTAINABILITY

재개
RENEWAL

스타트업을 비롯한 모든 기업은 철저한 시장 조사를 통해 그들이 제공하는 재화와 서비스에 경쟁력이 있는지 검증해야 한다. 소비자의 요구를 발견하고, 그 요구를 충족하는 상품을 개발하는 것만으로는 성공을 보장할 수 없다. 실제로 기업이 성장하고 시장에서 신뢰를 쌓기 위해서는 몇 단계를 더 거쳐야 한다.

어떤 분야에 속하는 기업이든 사업 모델의 유효성을 검증하려면 기업에서 제공하는 재화나 서비스의 시장 적합성을 확인하는데 집중할 필요가 있다. 이 과정에서 기업가는 가장 먼저 이론을 바탕으로 한 기존의 사업 계획과 수요 예측을 머리에서 지우고 실제 시장에서 소비자가 어떤 반응을 보이는지 확인해야 한다.

기업가는 표적 시장에서 감지되는 신호에 예민하게 반응하고, 가정과 이론을 다시 한 번 꼼꼼히 검토하고, 스스로 정한 한계와 제약을 뛰어넘을 수 없는지 고민하는 등 외부의 피드백을 적극적으로 수집하고 다양한 사람이 제시한 의견을 열린 태도로 수용해야 한다. 이 과정에서 다음과 같은 질문을 던져 보길 바란다. 기업이 목표로 하는 소비자층은 누구인가? 가장 효과적인 사업 모델은 무엇인가? 기업은 어떤 면에서 비교우위를 가지는가? 지금까지 세운 가정이 틀렸다고 밝혀지면 어떻게 대응할 것인가?

검증 단계에 접어든 기업가라면 새로운 근육을 키워야 한다. 비판을 수용하고, 한계를 시험하고, 상처를 회복하고, 이론을 실험하라. 무엇보다 실패에 대한 내성을 길러라.

나는 이스라엘 어린이들의 성장 과정을 보며 이런 근육을 키우는 훈련이 아주 어렸을 때부터 이루어진다는 사실을 깨달았다. 그렇게 이스라엘 어린이들은 유연하고 기민한 사고, 지혜, 협동성을 두루 갖춘 기업가로 성장한다.

'우리' 안에 '나'

1948년, 홀로코스트의 잿더미에서 이스라엘이 탄생했다. 이 스라엘은 제2차 세계대전이 끝나고 세워진 많은 나라 중 하나였 다. 끔찍한 학살에서 목숨을 건졌지만 전쟁 난민 신세가 된 유럽의 유대인은 바다를 건너 하이파와 자파의 항구에 발을 디뎠다. 이들 은 반尺유대주의를 피해 도망쳐 온 주변 아랍 국가와 이란, 북아프 리카의 유대인과 힘을 합쳤다. 전 세계 각국에서 수많은 여성과 남 성이 유대인 국가를 세우겠다는 꿈을 안고 팔레스타인을 찾아왔다.

이스라엘의 국가 수립은 쉽지 않았다. 아래의 이스라엘 동요 가 그 과정을 설명하고 있다.

나의 땅 이스라엘

- 다티아 벤 도르(Datia Ben Dor)[1]

아름답고 탐스러운 나의 땅 이스라엘.

누가 이 땅을 일궜지?

우리 모두 함께 일궜지!

나의 땅 이스라엘에 집을 지었지.

우리의 땅 이스라엘.

우리의 땅 이스라엘에 집을 지었다네.

노래에는 여러 사람의 목소리가 번갈아 나오며 국가 건설에 기여한 바를 이야기한다.

나는 나무를 심었어. 나는 도로를 만들었어. 나는 다리를 세웠어.

각 목소리에는 후렴구가 뒤따른다.

우리의 나라,

우리의 나무,

우리의 도로.

그리고 질문이 반복된다. "누가 이 땅을 일궜지?"

대답은 한결같다. "우리 모두 함께 일궜지!"

이스라엘의 모든 어린이들이 "나의 땅 이스라엘"을 노래한다.

독립기념일이 다가오면 아이들의 목소리가 전국에 울려 퍼진다.

내가 유치원에서 이 노래를 배웠듯, 내 아이들도 초등학교에 입학하기 전 노래를 익혔다. 가사로 알 수 있듯, 오늘날 이스라엘의 문화와 정체성이 자리 잡기까지는 각자의 자리에서 따로 또 같이 맡은 바 소임을 다한 개인의 노력이 있었다.

이스라엘의 모든 유치원에서 가르치는 이 단순한 동요에는 상징과 통찰이 있다. 동요는 이스라엘 사회의 독특한 특징, 즉 집단과 개인 사이에 존재하는 긍정적인 긴장을 표현한다. 이스라엘은 처음부터 그랬다.

이스라엘이 건국되고 얼마 안 돼 내 어머니는 폴란드를 떠나 이스라엘로 건너왔다. 이집트에서 태어난 아버지는 비슷한 시기에 이스라엘로 이민을 결정했다. 두 분은 이스라엘 남부에 자리한 사막도시 베르셰바 벤구리온대학교Ben-Gurion University에서 만났다. 사실 어머니와 아버지 사이에는 공통점이 그리 많지 않았다. 다른 문화권에서 태어나 다른 언어로 공부하며 다른 유년기를 보냈다. 어쨌든 둘은 사랑에 빠졌다. 배경은 달랐지만 같은 목표가 있었기에 사랑을 뛰어넘은 끈끈한 유대를 나눴다. 어머니와 아버지는 새 땅에서 안락한 가정을 꾸리겠다는 꿈을 꾸었다. 전 세계 70개국에서 이스라엘을 찾아 온 모든 이민자가 같은 입장이었다. 그들은 개인의 미래와 공동체의 운명을 만들어 나갈 새로운 언어를 배워야 했다. 히브리어로 '나'와 '우리'는 '안an'이라는 같은 어근을 가지고 있다. ('나'는 '아니ani', '우리'는 '아누anu' 또는 '아나크누anachnu'라 한다.) 이렇듯 이스라엘에서 나와 우리는 떼려야 뗄 수 없는 관계를 가진다. 나는 언어학적 관점에서 이스라엘 사회의 특징을 생각하곤 한다. 이스라엘 사람들은 이미 "우리 안에 나는 없다"는 오랜 격언이 항상 옳지는 않다는 사실을 증명했다.

긍정적
긴장

문화는 크게 개인주의와 집단주의 두 가지로 구분할 수 있지만 둘은 항상 공존한다. 개인주의 문화에서 개인은 주체적으로 자신과 가족의 물질적, 정서적 욕구를 충족한다. 반면 집단주의 문화에서 개인은 강한 소속감을 느끼며 조직에 빠르게 융화한다. 대부분의 서유럽 국가와 미국은 개인주의 문화가 일반적이다. 개인주의 문화에서는 개인의 성취와 권리를 최우선으로 둔다. 이와 대조적으로 과테말라, 중국, 일본, 한국은 개인보다 집단을 중요하게 여긴다. 집단주의 문화에서는 타인을 배려하고 가족과 친지를 챙기고 여러 사람과 원만한 관계를 유지하는 것을 미덕으로 생각한다.

하지만 개인주의 국가든 집단주의 국가든 두 가치 사이의 긴장감을 완전히 없앨 수는 없다. 인간은 누구나 하나뿐인 존재로 인정받는 동시에 집단의 구성원으로서 소속감을 느끼고 싶다는 욕구를 가진다. 개인의 정체성은 서로 다른 개인이 지닌 태도, 기억, 경험, 행동을 바탕으로 형성되며, 사회의 정체성은 단체로부터 파생된다. 개인의 정체성과 사회의 정체성은 함께 발전하지만 균형점이 어디에 있는지에 따라 개인주의와 집단주의가 결정된다.

퀸즐랜드대학교 심리학 교수 매튜 혼지[Matthew Hornsey]에 따르면 개인주의적 사회에서는 "집단보다 개인이 우선시되며, 집단은 개인이 지닌 표현의 자유를 침해하지 않는 범위에서 가치를 지닌다."[2] 집단주의적 사회에서는 집단의 요구를 거부하면서 튀는 행동을 하는 사람을 미성숙한 존재로 보지만 개인주의적 사회에서는 이런 특성을 긍정적으로 받아들인다.

베니 레빈[Benny Levin]은 개인과 집단의 요구 사이에 균형을 찾는 방법을 누구보다 잘 알고 있다. 이스라엘에 진정한 사브라가 있다면 그가 바로 베니일 것이다. 사브라는 이스라엘에서 태어난 사람을 일컫는 단어로 역사가 짧은 만큼 찾기가 쉽지 않다. 게다가 베니의 부모와 조부모 역시 국가 수립 전 이스라엘 지역에서 태어났으니 그야말로 사브라 중 사브라라고 할 수 있다. 그의 외할아버지는 그 지역 최초의 와인 양조자로 카멜 와이너리[Carmel Winery]에서 일하다가 훗날 와인을 수출해 큰 성공을 거뒀다. 외할아버지는 세계적인 금융계 유명인사 배런 에드먼드 드 로스차일드[Baron Edmond de Rothschild]에게 집을 선물 받았다. 그곳에서 베니의 어머니가 태어났고, 또 베니가 태어났다. 베니는 전형적인 이스라엘 가정에서 전형적인 이스라엘 어린이의 유년기를 보냈다.

베니는 이스라엘식 스카우트인 조핌에 후보생으로 들어가 정규 단원으로 활동하다 리더로 승급했다. 고등학교를 졸업한 후에는 이스라엘 방위군[Israel Defense Forces], 즉 IDF에서 제공하는 아투다

^{Atuda} 프로그램에 등록했다. 아투다는 고등학교를 졸업한 청년이 복무를 미루고 대학에 진학해 식견을 넓힌 후 의사나 엔지니어 등 장교로 입대할 수 있는 기회를 제공한다. 베니는 전기공학을 전공하고 IDF 정보기관 유닛 8200에 입대해 병역의 의무를 다했다.

함께 아투다에 등록한 동기 중에는 방위산업체에서 의무복무 기간을 채운 후 직업군인으로 전환해 공무원 퇴직을 선택한 사람이 많았지만, 베니는 기술 장교로 14년간 복무하고 유닛 8200의 7명과 함께 새로운 길을 걷겠다는 결정을 내렸다. 아직 뭘 하고 싶은지 잘 몰랐지만 전형적인 이스라엘 사람답게 베니와 동료들은 다 함께 뭔가 해 보고 싶다는 생각만으로 벤처 사업에 뛰어들었다. 그들은 1986년에 나이스 시스템스^{Nice Systems}를 설립했다. 뛰어난 재능을 갖춘 인재들이 한데 모여 시작한 이 소프트웨어 기업은 이스라엘 기술 산업의 거인으로 성장했다. 나이스 시스템스의 최고 경영자 베니는 15년간의 긴 근무를 마치고 회사를 떠났다. 일이 힘들어서가 아니었다. 새로운 도전을 할 때가 됐다고 느꼈을 뿐이다. 2001년에 동업자와 함께 디비모션^{dbMotion}을 창립했다. 헬스케어 분야 최초의 데이터 관리 기업으로, 주어진 자료를 최대한 활용할 수 있도록 데이터를 분석하고 평가하는 서비스를 제공했다. 베니는 디비모션의 회장직을 역임했다. 이후 2013년에 디비모션은 수억 달러를 받고 올스크립트^{Allscripts}에 인수됐다.

이때쯤 베니는 한 가지 깨달음을 얻었다. 아주 어린 시절부터 군생활을 마치고 사회에 나와 커리어를 쌓을 때까지 평생을 어딘가에 속한 채 살아 왔다는 것이다. 끝만을 바라보고 달리는 사업가의 삶은 이제 그만두고 사회에 보탬이 되기로 결심했다. 그는 헬스케어, 교육, 고용 분야에서 적극적으로 활동했다. 2001년, 베니는 뛰어난 결실을 맺은 성공한 기업가 쉴로모 도브랏Shlomo Dovrat, 에릭 벤하모우Eric Benhamou, 잇지크 단지거Itzik Danziger, 닐 바르카트Nir Barkat와 힘을 합쳐 이스라엘 벤처 네트워크Israel Venture Network, IVN를 설립했다. IVN은 첫 프로젝트로 학교와 자치단체에서 유용하게 사용할 만한 관리 도구를 제공했다. 굉장히 특별한 기회였다. 베니가 기술 사업 분야를 벗어나 처음으로 비영리 부문에 관여했다는 점에서도 의미 있지만, 조핌과 유닛 8200을 거쳐 회사를 경영하며 쌓은 지식과 기술을 마침내 가장 유용하게 활용할 수 있는 방법을 찾았다는 점에서 더욱 뜻깊었다. 오늘날 IVN은 소외 계층 청소년, 장애인, 빈곤 계층을 대상으로 50여 가지 프로그램을 운영하며 이스라엘의 실업률과 빈곤율을 낮추는 데 일조하고 있다. 이외에도 극단적 유대교파를 포함해 특색이 뚜렷한 지역사회가 필요로 하는 도움을 제공한다. IVN은 기업가의 번뜩이는 통찰력과 전문적인 지식을 이용해 사회 발전을 이룬다. 베니를 만나고 싶다면 청소년 교육센터를 찾아가 보길 추천한다. 오늘날 그는 센터장으로서 취약 계층 아동의 소속감을 강화하고 미래에 보탬이 될 기술을 가르치는 데 열중하고 있다. 지금까지 베니가 추진한 모든 프로젝트는 특정 집단에 소속됨으로써 느끼는 소속감과 팀을 구성함으로써 얻는 이점에 중점을 두고 있다. 얼마 전 베니는 자선가와 아마추어 사진사가 팀을 이뤄 전 세계를 여행하며 고립된 유대인 공동체의 실태를 기록하는 제이다큐^{JDOCU} 프로젝트를 진행했다. 프로젝트를 마치고 이스라엘에 돌아온 베니는 세상에서 가장 소중한 팀 활동으로 복귀했다. 41년간 희로애락을 함께한 아내와 두 자녀, 손자 6명이 베니를 반겼다.

앞에서 이야기한 내용으로 알 수 있듯 이스라엘 사회는 개인주의와 집단주의 문화 사이에서 적절한 균형을 잡고 있다. 개인과 집단 사이에 긴장이 존재하지 않는다는 뜻이 아니다. 여기서 균형이란 두 가치가 서로의 영역을 침범하지 않고 공존함을 의미한다.

개인과 집단의 목표가 일치할 때 프로젝트는 놀랄 만한 성과를 이루어 낸다. 종업식 날, 내 아홉 살 아들이 속한 반 아이들은 다음 학기 시작을 기념하는 무대를 맡았다. 새 학기 첫날 무대에 올라 연극을 하고, 노래를 부르고, 춤을 추며 처음으로 등교한 1학년 동생들을 반겨 줄 생각에 아이들은 흥분을 감추지 못했다.

아이들은 3년 전 처음으로 등굣길에 오르며 느꼈던 묘한 흥분과 낯선 환경이 주던 긴장감을 기억하고 있었다. 아이들은 공동의 목표를 이루기 위해 여름방학 동안 머리를 맞대고 무대를 어떻게 꾸밀지 고민했다. 놀랍게도 선생님은 개입하지 않았다. 결정은 처음부터 끝까지 아이들의 몫이었다. 아이들은 스스로 역할을 분담해 선생님에게 알려 줬다. 어떤 아이는 진행을 맡았고, 어떤 아이는 음향 효과를 책임졌다. 직접 무대에 올라 춤을 추고 노래를 부르겠다는 아이도 있었다. 다 함께 노래를 고르고 안무를 구상했다.

팀을 이뤄 서로를 지지하며 무대를 완성해 나갔다. 새 학기 기념행사는 분명 단체 활동이지만 자유롭게 개인의 기량을 발휘할 수 있는 기회 또한 충분히 주어졌다.

조직의
다양성

여러분은 이스라엘 사회에서 느껴지는 긍정적 긴장이 어디에서 비롯되는지 궁금할 것이다. 나는 이스라엘의 다양한 민족 구성이 그 바탕에 있다고 생각한다. 이스라엘은 70개가 넘는 국가에서 이주한 이민자들이 모여 세운 나라로, 다양성은 이스라엘이 가진 가장 큰 자원 중 하나라고 할 수 있다. 실제로 2014년 이스라엘의 유대인 인구 구성을 살펴보면 25퍼센트가 이민자였으며, 35퍼센트는 이민자의 자녀, 나머지 40퍼센트가 2세대 토착민으로 구성돼 있다. 이렇듯 다양한 문화가 어우러진 탓에 "이스라엘 사람이란 누구를 일컫는가?"라는 질문에 대답하기는 쉽지 않다. 한마디로 정의가 불가능하다. 당장 머릿속에 떠오르는 사람들만 해도 모로코, 러시아, 폴란드, 에티오피아, 미국, 이집트, 우크라이나, 우즈베키스탄 등 전 세계 각국에 뿌리를 두고 있다.

조직의 다양성이 창의력을 자극하고 혁신을 유도한다는 사실은 이미 잘 알려져 있다. 서로 다른 나라에서 서로 다른 전통, 지식, 가치를 지닌 사람들이 이스라엘에 모여 풍요로운 사회를 만들었다. 국가적 차원에서 다양성은 나라의 경제와 문화에 굉장히 긍정적인 영향을 미친다.

미국의 이민자 1세대와 2세대가 설립해 큰 성공을 거둔 많은 기업을 보면 이를 알 수 있다. 뉴 아메리칸 이코노미 리서치 펀드 New American Economy Research Fund에 따르면 〈포춘〉 지가 선정한 500대 기업 중 무려 40퍼센트가 1세대와 2세대 이민자에 의해 설립됐다. 이 중에는 세계적인 대기업도 많다. "애플, 구글, AT&T, 버드와이저, 콜게이트, 이베이, 제너럴 일렉트릭, IBM, 맥도날드 등 이름만 대면 알 만한 미국의 위대한 기업들이 이민자 또는 이민자의 자녀가 세웠다."[3]

미국과 마찬가지로 이스라엘이 스타트업 강국으로 거듭나기까지는 이민자의 역할이 컸다. 여기에는 여러 가지 이유가 있다. 무엇보다 이민자는 용감하고 성실한 유전자를 타고났다. 웬만한 용기로는 익숙하고 편안한 고향을 떠나 새로운 보금자리를 찾겠다는 결심이 불가능하다. 이민자들이 처음 마주한 낯선 환경에 빠르게 적응하기 위해서는 기민하게 행동할 수밖에 없다. 이런 이민자들이 모인 곳이 이스라엘이었으니 개인적 야심이 종종 집단적 목표로 발전하곤 했다. 70년 전 내 부모님이 그랬듯, 이스라엘 이민자들은 같은 꿈을 공유했다. 이들은 삶의 터전을 다지고 새로운 문화의 일부가 되기 위해 이스라엘 건설에 적극 나섰다. 이스라엘의 정체성은 다양한 사람들이 공유하는 목표를 바탕으로 확립됐다.

위대한 기업가들이 으레 그렇듯 키라 라딘스키Kira Radinsky의 이야기 또한 맨몸으로 이스라엘 땅을 밟는 데에서 시작한다. 1990년대 라딘스키 가족의 여자들은 우크라이나를 떠나기로 마음먹었다. 그렇게 네 살의 키라는 엄마, 이모, 할머니를 따라 단출한 짐을 챙겨 이스라엘 이민 행렬에 올랐다. 이스라엘까지 가는 길은 멀고도 험난했다. 단단히 무장한 헝가리 군인에 떠밀리듯 비행기에 오른 키라와 가족은 마침내 이스라엘에 도착했다. 짐은 어느새 사라진 지 오래였다.[4]

키라와 가족이 이스라엘에 도착했을 때는 걸프전쟁이 한창이었다. 사방에서 사이렌이 울렸다. 빈손으로 이민 온 가족에게 보호 장비나 방독면이 있을 리 없었다. 키라와 이모는 전쟁통 속에서 무방비 상태로 해변을 거닐었다. "키라, 커서 뭐가 되고 싶니?" 이모가 물었다. 키라는 모래에 발을 파묻은 채 대답했다. "과학자요." 예상하던 대답이었다. 키라는 엔지니어 집안에서 자랐다. 게다가 우크라이나에서 뛰어난 지적 재능은 평범한 가정에서 태어난 아이가 두각을 드러낼 수 있는 방법이었으니, 키라에게 과학자라는 꿈은 성공적인 미래를 의미했을 것이다.

키라는 겨우 15세에 이스라엘 공과대학교 테크니온Technion에 입학해 수석으로 졸업하는 놀라운 기량을 보였다. 18세에는 이스라엘 방위군 정보부대에 입대했다. 키라와 키라의 팀은 2006년 레바논전쟁에 투입된 기술을 개발해 이스라엘 국방부 표창을 수상했다. 군인이 된 그녀는 과거에 경험해 본 적 없는 낯선 환경에서 낯선 임무를 수행했다. 태어나서 처음으로 관련 지식이 전혀 없는 주제를 마주하기도 했다. 하지만 무엇이든 빨리 배울 수 있다고 자신했고, 실제로 빠르게 지식을 흡수했다. 1등을 놓친 적도 처음이었다. 이는 키라에게 도전의식과 동기를 불어 넣었다. 제대한 지 1년쯤 됐을 무렵 이미 키라는 석사 과정을 마치고 컴퓨터공학 박사 과정을 밟고 있었다. 지적 재능을 선망하는 이민자 자녀인 키라에게는 당연한 수순이었다.

키라는 23세에 소꿉친구와 결혼했다. 여담이지만 남편은 키라가 여덟 살에 복잡한 수학 문제를 해결하는 모습을 보고 사랑에 빠졌고 줄곧 구애해 왔다고 한다. 가정을 이룬 키라는 마음껏 기량을 발휘했고 얼마 안 가 인정받고 존경받는 젊은 학자가 됐다. 마이크로소프트 연구소에 입사해 능력을 펼치기도 했다. 키라는 박사 과정의 일환으로 알고리즘 기반의 예측 프로그램을 개발했다. 이 소프트웨어는 시간 순서에 따라 프로그램에 입력된 어마어마한 양의 데이터 패턴을 분석했고 미래를 예측했다. 결과는 성공적이었다. 실제로 키라는 지난 150년 동안 일어난 사건을 다룬 뉴스 기사, 소셜미디어 게시글, 웹사이트 검색 결과를 바탕으로 2013년 유가 폭등 후 수단 전역을 휩쓴 폭력사태와 130년 만에 발생한 쿠바의 콜레라 확산 등 중대한 사건을 예측하는 데 성공했다. 키라의 엄마, 이모, 할머니는 자랑스러움을 감추지 못했다. 하지만 키라는 마이크로소프트를 떠나기로 결정했다. 자신의 한계를 시험하고 가능성을 넓히기 위해서였다. '이 프로그램이 또 어디에 어떻게 쓰일 수 있는지 알고 싶다.' 키라는 그렇게 안전지대를 벗어나 낯선 세상으로 나아갔다. 항상 더 먼 곳을 보며 위험을 감수하고 모험을 즐기는 이스라엘 사람다운 선택이었다. 그녀는 보란 듯이 멋진 행보를 이어 나갔다. 2012년, 야론 자카이오르^{Yaron Zakai-Or}와 함께 경제 예측 플랫폼 세일스프리딕트^{SalesPredict}를 설립했다. 그녀가 아직 몸담고 있는 이 회사는 2016년 이베이에 4,000만 달러에 인수됐다.

키라는 예측 분석 분야에서 상상하기 어려운 엄청난 영향을 미쳤다. 인간의 사고 패턴을 기계에 적용해 무한한 데이터를 분석하는 프로그램은 전자상거래부터 의학, 정치까지 모든 분야를 변화할 힘을 가졌다. 그녀의 성공적인 실험은 현재의 인류에게 주어진 방대한 데이터가 제대로 사용되고 있는지, 또 인공지능의 미래가 어디로 향할지를 깊이 고민하게 한다.

라딘스키 가족의 다른 여자들이 그랬듯 자신의 힘으로 성공을 이룬 키라는 사회인으로서, 또 사랑스러운 딸과 아들의 엄마로서 최선을 다하고 있다. 앞으로도 성공가도를 달릴 것이다. 하지만 키라는 물론 그녀의 엄마, 이모, 할머니, 그 누구도 미래를 100퍼센트 확신할 수 없다. 하지만 한 가지는 분명하다. 키라는 막 두 살이 된 딸에게 어떤 꿈도 좋으니 큰 꿈을 꾸라고 이야기한다. "아이에게 무엇을 하라고, 또 어떻게 하라고 알려 주지는 않을 거예요. 아이가 독립적으로 자랐으면 좋겠어요." 키라는 이렇게 말했다.

패거리의
이로움

어린 시절 이불 밑에 숨어 손전등을 비춰 가며《낸시 드류 *Nancy Drew*》또는《하디 보이스*Hardy Boys*》를 읽느라 밤을 지새운 적이 있는가? 영미권 어린이들이 쏟아지는 잠과 싸우면서《낸시 드류》,《하디 보이스》를 읽을 때 이스라엘 어린이들은 졸린 눈을 비비며 하삼바*Hasamba* 시리즈를 읽는다.《낸시 드류》와《하디 보이스》처럼 하삼바에 등장하는 어린 주인공 또한 범죄 미스터리를 해결한다. 히브리어로 하삼바는 '무조건적이고 절대적인 비밀 패거리'를 의미한다. 1949년 시작된 하삼바 무리의 모험은 출간 즉시 큰 인기를 얻어 오늘날까지 100만 부가 넘게 팔리며 히브리어로 쓰인 어린이 책 중 가장 인기 있는 시리즈로 자리매김했다. 하지만 주인공 한두 명의 활약상을 담은 미국 이야기책과 달리 하삼바는 여럿이 힘을 합쳐 범죄와 맞서 싸우는 어린이들의 모습을 그리고 있다. 사소한 부분이지만 이런 부분에서 큰 문화적 차이가 드러난다.

이스라엘의 유년기는 협력, 공동체 형성, 사회적 관계 유지 및 확장에 초점을 맞추고 있다. 즉 이스라엘 사회는 '패거리'를 굉장히 중요하게 여긴다. 대부분의 문화에서 패거리라는 단어는 나쁜 의미로 받아들여진다. 하지만 히브리어로 패거리는 차부라(복수로는 차부로트)로 번역되는데, 이 단어에 부정적인 느낌은 조금도 없다. 차부라는 대부분의 여가 시간을 함께 보내는 어린이 또는 청년의 무리를 뜻한다. 이들은 학교나 방과 후 활동, 이웃 동네에서 만나 친목을 다진다. 이스라엘에서 차부라는 아이들이 사회적 관계를 맺는 방식으로, 어른이 된 후에도 종종 차부라를 통해 관계를 넓혀 나간다.

앞에서 소개했던 이스라엘 유치원의 쓰레기장 놀이터와 제33일절 모닥불 피우기 행사를 기억하는가? 아이들은 팀을 이루어 과제를 수행하면서 즐거움을 찾았다. 쓰레기장 놀이터와 제33일절은 이스라엘 아이들의 평범한 유소년기를 잘 보여 주는 단적인 사례일 뿐, 사실 특별한 행사가 없어도 아이들은 같은 무리에 속한 친구들과 많은 시간을 함께 보낸다. 내 열네 살 난 아들 다니엘 역시 패거리가 있다. 아이들은 유치원 때부터 우정을 쌓아 왔다. 수업이 끝나면 매일같이 운동장에 모여 축구를 하고 놀았다. 물론 이는 학교에서 진행하는 방과 후 활동이 아니었고 당연히 지도 교사도 없었다. 아이들은 알아서 규칙을 정했다. 원래 공을 가져오기로 한 아이가 있었지만 혹시 까먹었을까 봐 다른 아이들도 공을 챙겼다. 어쨌든 노는 데는 아무런 문제가 없었다.

3학년이나 4학년쯤 됐을 무렵부터 패거리 외 아이들이 놀이에 끼는 경우가 종종 생겼다. 남자아이도 있었고 여자아이도 있었다. 하지만 다른 아이들은 가끔씩 놀이를 함께 하는 '외부인'일 뿐이었고, 유치원부터 쭉 같이 지낸 핵심 구성원은 꾸준히 서로를 지지하며 끈끈한 유대를 형성했다. 5학년, 6학년이 됐을 무렵에는 슬슬 패거리 밖의 아이들과 우정을 쌓기 시작했다. 조금은 소홀해질 만도 했지만 새로운 친구가 생기고 중학교, 고등학교에 입학해서도 아이들의 관계는 여전했다. 아직까지도 다니엘에게 패거리는 인생의 소중한 한 부분이다. 얼마 전 다니엘은 이런 말을 했다. "엄마, 걔들은 나한테 형제나 다름없어요. 내가 필요로 할 때면 언제나 달려와 줄 거예요. 같이 있으면 그냥 마음이 편해요."

스타트업 전문가이자 와이컴비네이터Y Combinator의 창립자인 폴 그레이엄Paul Graham은 스타트업 창업자가 갖춰야 하는 가장 중요한 5가지 요소 중 하나가 '우정'이라고 이야기한다. "현실적으로 혼자서 스타트업을 창업하기는 굉장히 힘들어요. 큰 성공을 거둔 스타트업은 대부분 두 명이나 세 명이서 시작했죠. 공동 창립자의 관계도 끈끈하고요. 서로를 잘 알고 진심으로 아끼는 관계가 아니면 회사를 키우기가 어렵습니다."[5] 실제로 창업 계획이 있는 개인의 95퍼센트가 가까운 사람에게 중요한 역할을 맡기거나 지금은 아니더라도 곧 친구나 지인을 영입할 예정이라고 한다. 또한 벤처 기업의 약 50퍼센트는 팀 단위로 시작한다. 이렇듯 기업가들은 창업 단계에서 자신과 긴밀한 사람을 적극 활용한다.

다니엘 패거리처럼 여러분도 함께 사업을 시작해 오랫동안 곁을 지켜 줄 수 있는 든든하고 믿음직한 사람을 주변에 두길 바란다. 나 역시 친구와 힘을 합쳐 신디시스Synthesis를 창업했다. 20여 년 전 대학교에서 공동 창립자이자 공동 경영자가 될 친구를 처음 만났다. 졸업 후에는 친구가 외국에 거주하게 돼 자주 만날 수 없었지만 우리는 진실한 우정을 이어 왔다. 기업가로서 친구와 나는 각기 다른 강점과 약점을 가졌다. 하지만 우리는 공동의 목표와 비전을 향해 함께 나아가는 방법을 배웠고, 가장 큰 시너지 효과를 누릴 수 있는 균형점을 찾았다. 우리는 종종 균형점을 수정하며 회사를 경영하고 있다.

자유가 주는 힘

월요일 오후 1시 30분, 나는 회사에 나와 팀 회의에 참여하고 있었다. 한창 회의가 진행되는 중에 휴대폰이 울렸다. 아홉 살짜리 막내아들 야든이었다. 동료에게 잠시 아들이랑 통화해도 되겠냐고 양해를 구했다. "여보세요, 엄마! 로니가 우리 집에 놀러 와도 돼요?" 막 학교 수업을 마치고 이스라엘의 평범한 아이들이 그러듯 혼자 몇 백 미터를 걸어 집으로 돌아왔을 시간이었다. 평소 야든의 일과는 이렇다. 수업이 끝나면 집에 걸어와 열쇠로 문을 따고 들어가 강아지 문을 데리고 짧은 산책을 나간다. 산책이 끝날 때쯤이면 중학생인 둘째 형 다니엘이 귀가한다. 둘은 그날 아침 내가 준비해 둔 음식을 데워서 점심을 먹고 숙제를 하거나, 텔레비전을 보거나, 밖에 나가서 친구와 어울려 논다. "물론 괜찮지, 야든." 나는 이렇게 대답했다. "강아지 산책시키는 거 잊지 말고. 냉장고에 닭고기랑

밥 있으니까 찾아 먹어. 샐러드도 만들어서 같이 먹으면 좋겠구나. 로니랑 재밌게 놀아, 알았지?" 나는 전화를 끊고 다시 돌아앉아 회의를 이어 나갔다.

이스라엘 사람들에게는 익숙한 광경이다. 맞벌이가 일반적인 이스라엘에서는 대부분의 부모가 저녁 6시나 7시가 돼야 귀가한다. 아이들은 보호자 없이 오후를 보낸다. 자신을 돌보면서 아이들은 자연스럽게 책임감을 배우고 성취감과 자부심을 느낀다. 1986년, 아동권리학자 로저 하트Roger Hart는 뉴잉글랜드 교외 초등학교에 다니는 어린이 86명의 행동반경을 추적하는 실험을 했다. 하트는 아이들이 집에서 얼마나 먼 곳까지 돌아다녔는지 관찰했다. 하트가 '아동 지리학'이라고 부르는 지도에는 아이들의 동선이 세세히 기록돼 있다. 실험을 마친 하트는 이런 결론을 내렸다. "아이들은 혼자 신호등을 건너거나 중심가에 외출하는 등 자유롭게 이동할 수 있는 거리가 멀어질수록 성장했다고 느꼈으며, 목적지까지 도달하는 길을 익히거나 어른들이 자주 사용하지 않는 지름길을 찾을 때 특히 큰 자부심을 드러냈다."[1]

이스라엘에서는 아이들이 보호자 없이 자유롭게 보내는 시간을 긍정적으로 본다. 또한 정해진 계획 없이 발 닿는 대로 걸어다니길 장려한다. 히브리어로는 이렇듯 즉흥적인 행동을 '리즈롬leezrom'(직역하면 '흐름에 따라 움직인다'라는 뜻이다)이라 부르며 굉장히 높게 평가한다. 아이들이 성장하면서 자연스럽게 익히는 특질 중 하나로 리즈롬을 받아들일 수도 있겠지만, 이스라엘에서는 리즈롬이 어린 시절부터 꾸준히 육성되는 문화적 현상으로 자리 잡은 만큼 중요한 의미를 갖는다. 이스라엘 사람에게 리즈롬은 삶의 방식으로, 뜻하지 않게 발생하는 일을 개방적인 태도로 수용할 수 있는 태도를 길러 준다. 리즈롬은 단순히 마음 내키는 대로 하는 행동을 가리키는 것이 아니다. 인생을 살면서 마주하는 예상치 못한 순간을 즐길 힘을 뜻한다.

안타깝게도 현대화가 진행되며 많은 서구 국가가 아이들을 보호하는 방향으로 육아법을 변화하고 있지만 아직까지 이스라엘은 전통적인 방식을 고수한다. 다만 다른 이스라엘 문화와 마찬가지로 아이들에게 주어지는 자유와 리즈롬을 장려하는 사회 분위기 또한 심오한 철학에서 비롯된 현상이라고 보기는 어렵다. 한 가지 이유만으로 설명할 수는 없겠지만, 자립심을 강조하는 이스라엘의 육아 방식이 필요에 의해 탄생했다는 점만은 분명하다.

스스로 하는
아이

철학 때문이든 필요 때문이든, 전 세계 각국에서 다양한 방법으로 아이들에게 책임감을 가르친다는 사실에는 변함이 없다. 예를 들어 네덜란드 아이들은 이 집 저 집을 돌아다니며 간단히 청소를 해 주고 대가로 1유로를 받는다. (네덜란드어로는 이를 '헤이체 보르 인 카르와이체Heitje voor een Karweitje', 즉 '벌이가 얼마 안 되는 소소한 일거리'라고 한다.) 아이들끼리 걸어서 등하교를 하거나 한적한 시골 마을에 사는 아이들이 동네 친구를 만나 어울려 노는 행동 또한 자립심 교육의 일부라고 할 수 있다.

하지만 미국, 중국, 프랑스에서는 아이들에게 이 정도 자유조차 허락하지 않는다. 물론 여기에는 그럴듯한 이유가 있다. 온갖 비극적인 사건사고가 하루가 멀다 하고 언론을 장식하니 부모 입장에서는 당연히 자녀의 안전에 주의를 기울일 수밖에 없다.

걱정스러운 마음이 이해는 가지만, 우려가 과보호로 이어지면 아이들은 예고 없이 다가오는 위험과 기회에 스스로 대응하는 방법을 모르는 어른으로 자랄지 모른다. 캘리포니아대학교 샌디에이고 캠퍼스의 객원 연구원이자 〈사이콜로지 투데이Psychology Today〉 서해 지부 에디터인 로버트 엡스타인Robert Epstein은 "부모에게 주어진 가장 중요한 과제는 자녀를 독립적이고 자율적인 존재로 키워 내는 데 있다. 아이가 소중하다고 무작정 감싸고돌면 아이의 성장에 방해가 될 뿐"이라고 말했다.[2] 자유를 통제받고 스스로 위험에 대응해본 경험이 적은 아이는 어른이 되고도 독립적으로 행동하는 데 불편을 느낀다. 게다가 여기에는 더 큰 문제가 있다. 독립적으로 행동할 의지 자체를 잃는다는 것이다.

공부든 놀이든 사회활동이든 모든 활동에서 지시를 받다 보면 자신이 무엇을 원하는지 알 수 없게 된다. 성공하려는 의지와 사회관계를 넓히려는 노력은 아이의 의사와 관계없이 부모의 요구에서 비롯된다. 퍼듀대학교Purdue University 교육심리학부 임상조교수로 근무하는 존 마크 프로일랜드John Mark Froiland 박사는 이렇게 설명했다. "부모에게서 비롯된 동기는 아이 본인이 아닌 부모의 생각과 욕구를 반영한다. 이런 환경에서 성장한 아이는 스스로 고민하고 목표를 세우는 능력이 부족할 수밖에 없다. 내재적 동기는 외재적 동기보다 훨씬 강력하다. 당연히 아이에게 미치는 영향도 훨씬 크다."[3]

부모는 학교에서 뛰어난 성적을 거두는 것이 아이의 미래에 얼마나 중요한지 잘 이해하고 있다. 그리고 이 때문에 학업을 강요하곤 한다. 하지만 부모의 요구에 따라 억지로 공부한 아이의 성적은 오히려 떨어지는 부작용을 종종 보인다. 1989년 아동심리학자 리처드 페이브스Richard Fabes와 그의 동료가 발표한 연구에 따르면 "아픈 친구를 도와 종잇조각을 모은 아이들에게 보상을 주자 오히려 선행을 베푸는 데 인색해졌다." 페이브스와 연구진의 실험 결과로 알 수 있듯, 특정 행동을 유도하기 위해 보상을 내리는 전략이 오히려 역효과를 낼 수 있다. 1983년 대학생을 대상으로 실시한 실험에서도 비슷한 결과가 관찰됐다. "대가를 받고 시각장애인을 돕는 학부생의 도덕적 의무감은 그렇지 않은 학부생에 비해 낮게 나타났고, 그 결과 장애인을 돕는 데 소홀한 모습을 보였다."[4] 나이가 적으나 많으나 사람은 지시를 받으면 청개구리 기질을 발휘해 되레 반대로 행동하는 하는 경향이 있다.

"야엘이라고
불러 주렴"

아홉 살 난 막내아들 야든은 오후 1시 30분에 수업을 마치고 복도를 지나 교문을 향한다. 가끔 교장실을 나서는 교장선생님을 마주치기도 한다. 그러면 야든은 반갑게 손을 흔들며 인사를 건넨다. "안녕하세요, 야엘." 야엘은 환하게 웃으며 대답한다. "잘 가, 야든. 좋은 하루 보내렴." 야든이 다니는 학교의 교장선생님은 아이들의 이름을 하나하나 불러 준다. 아이들도 모든 선생님을 이름으로 부른다.

이렇듯 이스라엘에서는 아이들과 선생님이 편한 관계를 유지한다. 뒤에 다시 이야기하겠지만 나는 이런 관계가 굉장히 중요하다고 생각한다. 하지만 이 부분을 제외하면 이스라엘의 학교는 다른 나라와 큰 차이가 없다. 아이들은 시험에 대비해 지식을 쌓는다. 이미 예전에 누군가 해결한 문제의 답을 공부하는 것이다. 세계적인 수준에서 이스라엘 어린이의 학업 성취도는 뒤처지는 편이다. 국제학업성취도평가Program for International Student Assessment인 PISA에 따르면 이스라엘의 수학과 과학 성취도는 하위 40퍼센트에 해당한다. 2015년 PISA 시험에 참가한 72개국 중 40위에 머물렀다. 이스라엘은 중국, 싱가포르, 일본, 한국, 스위스, 오스트리아에 비해 꾸준히 저조한 성적을 기록하는 한편 페루, 인도네시아, 카타르, 콜롬비아보다는 높은 성취도를 보였다. 하지만 세계경제포럼 통계에 따르면 이스라엘은 전 세계에서 인구 대비 가장 많은 스타트업을 보유하고 있다. 이뿐 아니라 혁신국가 순위에서 3위를 차지하며 놀라운 저력을 증명했다. 여러분도 알겠지만 기술 기업이 성공하려면 수학, 과학, 재무, 경영 지식이 두루 필요하다. 그런데 세계적인 혁신국가 이스라엘의 어린이들이 수학과 과학 과목에서 저조한 학업 성취도를 보이는 이유는 어떻게 설명할 수 있을까?

높은 시험 성적을 얻는 데 필요한 지식과 기업가 및 혁신가로서 성공하기 위해 갖춰야 하는 능력이 다르기 때문이다. 오늘날 우리는 4차 산업혁명이라 부를 만큼 급격한 변화가 일어나는 세상을 살고 있다. 세계경제포럼이 발표한 보고서에는 이런 내용이 포함됐다. "현대 사회의 기술 발전으로 많은 학술 분야의 핵심 교과 과정이 전례 없이 빠르게 변화하고 있어 이공계열에 입학한 학생이 학사 학위를 수료할 때쯤에는 1학년 때 학습한 지식의 약 50퍼센트가 이미 낡은 지식이 되는 지경에 이르렀다."[5]

결국 아이들이 학교에서 배우는 지식 중 진짜 쓸모 있는 지식은 얼마 안 된다. 게다가 우수한 학업 성적이 항상 과학적 혁신이나 뛰어난 사업 능력으로 이어지지는 않는다. 이스라엘에는 뛰어난 지식을 갖추지 않아도 성공할 수 있음을 보여 주는 사례가 많다.

자동차 사이버 보안 산업에서 성공을 거둔 이스라엘 기업가 가이 루비오Guy Ruvio는 학창 시절에 자주 수업을 빠졌다고 한다.

히브리대학교Hebrew University에 다니던 당시, 나는 흥밋거리를 찾아 여기저기 돌아다니곤 했습니다. 하루는 강의실을 기웃대다 컴퓨터 전공 교수님이 풀다 만 문제를 발견했습니다. 네트워크 최적화에 관련된 문제였어요. 저 문제를 해결하기 전까지는 학교에 돌아오지 않겠다고 다짐했어요. 어느 정도 시간이 흐르고 꽤나 그럴듯한 방향을 잡았습니다. 그때는 스타트업이 뭔지도 몰랐지만 무작정 그 교수님을 찾아갔어요. 수업은 제대로 안 들었지만 괜찮은 아이디어가 있다고, 같이 발전시켜 보자고 제안했어요. 그렇게 교수님과 함께 네트워크 구축을 시작했습니다. 성공하진 못했지만 아직까지 제일 기억에 남는 프로젝트예요.[6]

가이는 선생님과 교수님을 어렵게 생각하지 않았다. 이스라엘에서는 어렸을 때부터 선생님을 이름으로 부르면서 허물없는 관계를 유지하기 때문이다. 다른 나라 사람이라면 쉽지 않았을 제안을 선뜻 할 수 있었던 이유가 여기에 있는지도 모른다. 그렇다고 해도 교수는 학생에게 프로젝트 이야기를 꺼내기 전에 수업부터 들어오라고 할 수 있었을 텐데 선뜻 제안을 받아들였다. 교수는 열린 마음으로 정규 강의에서 불량한 태도를 보인 청년에게 기회를 줬다. 프로젝트가 끝난 후에도 수학과 네트워크를 향한 가이의 열정은 식지 않았다. 집요하게 사이버 공간을 탐험하던 가이는 해당 분야의 전문가가 되었고 마침내 자동차 산업의 거인 하만Harman과 함께 타워섹 오토모티브 사이버시큐리티TowerSec Automotive Cybersecurity라는 스타트업을 창업했다.

좌절에서
배우는 수업

자신을 보호하기 위해서는 공격하는 사람의 주먹을 때려야 한다는 히브리어 속담이 있다. 아디 샤라바니Adi Sharabani는 이 원칙에 평생을 바쳤다.

샤라바니는 애플리케이션 보안 업계의 선두주자, 선제적 보안 시스템의 전문가를 향해 한 걸음씩 나아갔다. 이스라엘방위군 보안 컨설턴트이자 교육 고문으로 수년을 복무한 후 텔아비브대학교에서 수학 및 물리학 학사 과정을 마치고 연구원으로 근무하다가 경영의 세계로 뛰어들었다. 샤라바니는 이스라엘 기술을 차입한 캐나다 스타트업 워치파이어Watchfire를 인수하면서 IBM에 합류해 몇 년 만에 소프트웨어 제품 보안 담당자 자리를 차지했다. 2012년에는 사업 파트너와 함께 모바일 보안 전문기업 스카이큐어Skycure를 창립했다. 최고경영자였던 샤라바니는 사이버 보안 업계의 질서를 바꿔 놨다. 몇 년 후 스카이큐어는 전 세계적 글로벌 보안 기술 기업 시만텍Symantec에 흡수됐고 현재 그는 시만텍의 부사장으로 근무하고 있다. 그리고 몇 년 동안 실전 경험을 쌓으면서 실력을 키워 보안 분야에서 25개가 넘는 특허를 출원했다.

항상 몇 수 앞을 계획하는 아디 샤라바니는 교육자로서도 두각을 드러냈다. 매년 방문자 수 4만 명이 넘는 세계 최대 규모의 글로벌 정보보안 컨퍼런스인 RSA 컨퍼런스에서 주기적으로 강연할 뿐 아니라, 직접 고등학생을 가르치거나 교육 고문으로 일하며 사이버보안이 이스라엘 교과 과정에 편입되는 데 중요한 역할을 했다. 그는 사이버보안을 전공하는 고등학생을 위한 커리큘럼을 구성하고 이를 현실에 적용하는 데 큰 도움을 주고 있다. 그는 이야기했다. "교육은 일찍 시작할수록 좋지요."[7]

다른 나라와 마찬가지로 이스라엘 또한 아디 샤라바니 같은 인물의 도움을 받아 다양한 교육기관과 프로그램을 마련했다. 새롭게 개발된 교육법에는 학습으로 얻을 지식보다 그 과정을 중요하게 여긴다는 공통점이 있다. 샤라바니가 설명하길 "우리는 이런 프로그램을 통해 어린이가 스스로 능력을 발휘할 수 있도록 도움을 주고자 합니다. 우리의 목표는 아이들에게 특정 기술이나 '방법'을 가르치는 게 아니에요. 결과가 어떻게 되든 아이들이 결과를 만들어 내기까지의 과정 자체에서 교훈을 얻길 바랍니다." 샤라바니의 말을 빌리자면 이런 교육 프로그램이 큰 인기를 끌며 성공할 수 있었던 비결은 아이들에게 좌절을 허용하는, 아니 유도하는 데 있다.

우리는 아이들이 예전에 습득한 기술을 다른 분야에 적용하는 방법을 가르치는 데에는 큰 관심이 없습니다. 대신 아직 발전이 이루어지지 않은 영역에서 새로운 기술을 창조하는 능력을 키우는 데 초점을 맞추고 있습니다. 쉽지 않은 일이지만 아이들에게 좌절을 경험하게 만드는 거예요. 아무도 답을 알려주지 않는 문제를 붙잡고 열심히 고민하겠죠. 해답을 찾지 못해도 괜찮아요. 결국 진정한 성장과 학습은 해답을 찾으려고 노력하는 과정에서 이루어집니다.

아스돗에 거주하는 열일곱 살 길라드는 이런 프로그램에 참가한 경험을 공유했다. "간단한 코딩 몇 가지를 알려 주고는 끝이에요. 구체적인 방법은 하나도 가르쳐 주지 않고 혼자 공부해서 체스 게임을 프로그래밍하라는 등 굉장히 어려운 과제를 내 줘요. 올해 우리 팀은 로봇 자동차를 제작하고 있어요. 수동, 자동으로 목적지를 설정하면 로봇이 공간을 감지하고 스캔해서 스스로 목적지를 찾아 운전하도록 특정 수식을 적용해야 하는데 아직 어떻게 될지 잘 모르겠어요."

일반적인 이스라엘 학교와 마찬가지로 교육 프로그램에 참여하는 선생님 또한 권위와는 거리가 멀다. 또한 학생에게 전수할 수 있는 지식이 무궁무진한 전문가가 아닌 경우도 적지 않다. 아디 샤라바니는 과거를 회상하며 이야기했다.

우리는 처음 사이버 프로그램을 시작할 때 아이들이 스스로 사고하는 방법을 배우는 좋은 계기가 될 것이라 생각했습니다. 좌절을 느끼는 데 필요한 지식은 그리 많지 않으니까요. 그런데 학교 선생님을 교육하면서 이건 실패하겠다 싶었어요. 생각보다 선생님이 사이버 분야에 관련된 경험이나 지식이 더 부족하더라고요. 그런데 생각지도 못한 결과가 나왔습니다. 선생님은 아이들에게 "나도 잘 모르겠다"라고 솔직하게 털어놨어요. 그리고 선생님은 아이들과 브레인스토밍하면서 활발히 의견을 교환했어요. 오히려 지식이 부족한 덕분에 좌절을 제대로 경험할 수 있었습니다. 선생님이 일방적으로 아이들을 가르치는 게 아니라 함께 고민하고 아무도 생각한 적 없는 아이디어를 의논하면서 같이 성장하는 모습을 보여 줬어요. 이 프로그램에서 선생님은 단순히 지식을 전수하는 존재보다는 생각하는 방법을 깨우치게 만드는 동료에 가까웠습니다.

일반적으로 교육의 목적이 지식 전달이라는 점을 고려할 때, 기본적인 지식만을 가르친 후 아이가 스스로 학습하도록 유도하는 이스라엘의 교육 프로그램은 그야말로 혁신적이다. 하지만 보다시피 효과는 분명하다.

아이의 성취를 평가하는 방법 또한 파격적이다. 교사는 성공이 아닌 실패를 학습의 지표로 삼는다. "학생이 연습문제 20개를 모두 맞혔다면 교사가 학생의 시간을 낭비한 거예요. 학생이 문제를 해결하는 방법을 이미 알고 있었다는 뜻이니 학습도 발전도 전혀 없었던 셈이죠."

이스라엘에는 다양한 분야를 한데 어우르는 교육법을 추구하는 교육기관이 있다. 간단히 설립자의 이름을 따 에리카 란다우 연구소Erika Landau Institute라고 불리는 청소년 창의성 및 우수성 증진 연구소Young Persons' Institute for the Promotion of Creativity and Excellence다. 이곳은 대안교육기관으로 영재성을 타고난 어린이의 창의력, 사회능력, 독립심 증진을 목적으로 세워졌다.

에리카 란다우는 다양한 분야를 직접 경험하면서 학습이 이루어지는 독특한 교육 방법을 개발했다. 란다우는 "교육의 목적은 지식이 아니라 경험"이라고 생각했다.[8] 란다우의 주장에 따르면 사람은 직접 경험한 일을 가장 잘 기억한다. 에리카 란다우 연구소를 졸업한 란 발리에Ran Balicer 교수는 이런 접근법의 근거를 다음과 같이 설명했다.

> 전문 지식을 쌓는 것만으로는 성공하기 어려운 세상이에요. 한 분야에 통달한다고 해도 부족해요. 오늘날 우리가 살아가는 세계에 놀라운 변화를 일으키는 사람은 전문성이 뛰어난 사람이 아니에요. 여러 분야를 골고루 이해하고 서로 다른 분야를 연관 지어 생각할 수 있는 특별한 재능을 지닌 사람이 발전을 가져옵니다. 에리카 란다우 연구소의 목표가 여기에 있습니다. 연구소에 다니는 어린이와 청소년은 항상 색다른 연결고리를 찾고, 현상을 의심하고, 통념에 도전하고, 질문하고, 탐구하는 사람으로 성장하도록 교육받습니다. 길을 헤매다 막다른 골목에 다다라도 "못 해요" 또는 "불가능해요"라는 말은 허용되지 않습니다. 길이 없으면 새로운 길을 만들어야죠. 우리는 "불가능을 어떻게 가능하게 만들 수 있을까?"를 고민해야 합니다.[9]

발리에 교수는 여전히 못 한다는 의견을 받아들이지 않는다. 현재 발리에 교수는 연구원이자 공중보건의로 일하고 있다. 이뿐 아니라 데이터를 기반으로 한 건강 혁신 센터인 클라리트 연구소

Clalit Research Institute의 소장이자 이스라엘 최대 헬스케어 기관 클라리트 보건정책기획부Health Policy Planning at Clalit 부장으로 활약 중이다. 발리에 교수는 의료 서비스 품질을 개선하고, 불균형을 완화하고, 헬스케어 분야에 새로운 데이터 처리 도구와 인공지능을 도입하는 등 조직의 전략적 계획 수립과 혁신을 통해 국민의 효율적인 건강관리를 위해 힘쓰고 있다.

다른 나라와 비교했을 때 이스라엘 어린이의 학업 성취도는 낮은 편이지만, 결코 뒤처진다고 할 수는 없다. 중요한 것은 시험 성적이 아닌 학습 과정이다. 우리는 아이들이 무엇을 알고 있는지 확인하기 전에 지식을 습득하기까지 거친 과정에 관심을 가져야 한다.

기업을 경영할 때는 결과가 중요하다. 하지만 결과가 전부는 아니다. 역량을 키우고, 기회를 포착하고, 용감하게 도전하고, 좌절을 경험하고, 이를 극복하기까지의 모든 과정이 기업의 성패에 중요한 영향을 미친다. 그러니 여러분의 동료가 정답을 찾아야 한다는 강박관념 없이 스스로 목표를 설정하고, 어려운 과제에 도전하고, 실컷 좌절하도록 내버려 둬라.

값진 실패

1965년, 18제곱미터 정도 되는 이스라엘 라마트간의 어느 주택 거실에 3대가 옹기종기 모여 앉아 저마다의 일에 몰두하고 있었다. 필사가인 할아버지 아브라함은 자신의 작품을 유심히 들여다봤다. 정비공인 아버지 바룩은 공구함을 뒤적였다. 당시 열 살이었던 도브 모란^{Dov Moran}은 할아버지와 아버지 곁에서 잡지 맨 뒷장에 실린 광고를 보고 우편으로 주문한 디지털 손목시계 부품을 만지작거리며 새 시계를 만들어 보기도 하고, 다른 시계 부품을 빼서 조립해 보기도 하며 시간을 보냈다. 과거와 미래가 공존하는 작은 거실은 도브 모란이 USB 저장장치를 발명해 이스라엘에서 가장 주목받는 기업가가 되기까지 이어진 기나긴 여정의 첫 걸음을 뗀 장소였다.

도브 모란은 어린 시절에 교육 체제에 적응하지 못해 힘들어

했다. 심지어 유치원 선생님이 모란의 어머니에게 모란이 아직 초등학교에 입학할 준비가 "안 됐다"고 이야기한 적도 있다. 하지만 우려가 무색하게 모란은 학업에 매우 뛰어난 재능을 보였고 16세에 텔아비브대학교 컴퓨터 프로그래밍 학과에 입학해 학년 대표로 졸업했다(아직까지 모란은 자신이 학년 대표로 뽑힐 자격이 없었다고 이야기한다). 모란은 자연스럽게 프로그래밍 관련 진로를 선택했다. 하지만 언젠가 모란의 집안 어른이 말했듯, 인간은 계획하고 신은 그런 인간을 내려다보며 웃는다. 어느새 정신을 차려 보니 모란은 테크니온 전기공학 학부를 졸업하고 이스라엘 해군 마이크로프로세싱 부서 사령관으로 근무하고 있었다.

도브 모란의 학문적 성취는 쉽게 이루어지지 않았다. 사실 모란은 언제 위험이 닥칠지 모른다는 불안과 두려움이 공존하는 유소년기를 보냈다. 아버지와 할아버지는 전쟁으로 폐허가 된 유럽에서 가까스로 탈출해 이스라엘로 넘어와 새 인생을 찾았다. 안타깝게도 다른 가족은 전쟁에 희생됐다. 어머니 비나는 폴란드 블로니에서 이스라엘로 도망쳐 왔다. 모란은 홀로코스트 생존자의 아들로 태어나 끊임없는 불안 속에서 성장했다. 어머니와 아버지는 아들이 집 근처 도서관에 혼자 걸어가는 것조차 견디지 못했고, 길 건너편에 몰래 숨어 조용히 아들의 뒤를 따라갔다.

도브 모란의 어린 시절을 생각하면 어떻게 이 사내가 이스라엘에서 가장 과감한 기업가가 될 수 있었는지 궁금해진다. 하지만 모란의 아버지와 할아버지가 어떤 사람이었는지 살펴보면 모란이 성공한 기업가로 성장한 이유를 이해할 수 있다. 모란의 아버지는 90세의 연로한 몸으로 죽는 날까지 손에서 일을 놓지 않던 단단한 참나무 같은 사람이었다. 그리고 어린 손자와 방을 함께 사용한 할아버지는 모란의 교육을 자신의 인생에서 가장 중요한 프로젝트로 여겼다. 실제로 할아버지는 해군 제복을 입은 손자의 입대식에 따라갈 정도로 모란을 애틋하게 여겼다. 어쩌면 할아버지에게 모란은 살아생전 이룬 가장 큰 업적이었는지도 모른다. 모란은 가슴 아픈 과거를 지니고 미래를 향해 나아가는 가정에서 성장했다.

1989년 도브 모란은 엠시스템스M-Systems를 설립해 플래시 데이터 저장 산업에 새로운 바람을 일으켰다. 모란의 팀은 유에스비 플래시 드라이브를 발명했고, 회사는 10억 달러의 수익을 올렸다. 2006년 엠시스템스는 15억 5,000만 달러에 샌디스크SanDisk에 인수됐다. 이스라엘 사상 최대 규모의 인수였다. 2007년 모란은 모두Modu를 설립했고, 2011년 모두의 지적재산권을 구글에 팔았다. 모란의 성공기는 그 후에도 끝없이 이어진다. 키도즈Kidoz부터 글루코미GlucoMe, 코미고Comigo, 라피드APIRapidAPI, 그로브 벤처스Grove Ventures까지, 모란은 분야를 넘나들며 40개에 달하는 특허를 출원했다. 또한 이스라엘 북부에 본사를 둔 반도체 소자 제조회사 타워 세미컨덕터Tower Semiconductor 회장을 역임한 경험도 있다. 지금까지 이루어 낸 가장 큰 성공을 묻는 질문에 모란은 세미컨덕터를 파산 위기에서 구해 나스닥 시장에서 수십억 달러의 가치를 평가받는 기업으로 키운 것이라 대답했다. 모란은 최고경영자로, 창립자로,

이사로, 발명가로, 영감을 불어넣는 멘토로 이스라엘의 모든 기술 산업 분야에 발자취를 남겼다.

그의 성공담이 특별한 이유는 모란이 이룬 성공이 오롯이 혼자 이룬 업적이 아니기 때문이다. 그의 이야기는 부모의 이야기이자, 조부모의 이야기이자, 조상의 이야기인 동시에 온갖 역경에 맞서 싸우며 새로운 나라를 세운 사람들의 이야기이다.

나는 2006년 말 모두에 합류하며 도브 모란과 인연을 맺었다. 당시 이스라엘 국민은 모두가 엄청난 성공을 거둘 것이라 예상했고 모두는 기대에 부응하듯 자신만만한 태도를 보였다. 아주 짧은 기간 내에 모두는 1억 2,000만 달러가 넘는 투자금을 유치하고, 200명이 넘는 직원을 고용하고, 전 세계에 자회사를 설립하고, 소비재 두 가지를 개발하고 제조해 모두의 브랜드를 붙여 판매했다. 모든 지표가 성공을 가리켰다. 하지만 모두는 문을 연 지 겨우 3년 만에 폐업했다.

굉장히 힘든 시기였다. 직원들은 제품에 자신이 있었고, 회사가 잘못될 수 있다는 생각은 조금도 하지 않았다. 물론 이는 우리의 착각이었다. 하지만 여기에 흥미로운 사실 한 가지가 있다. 나를 포함해 모두에 근무하던 200여 명 직원 중 다수가 스타트업을 창업했다. 거대한 실패의 잿더미에서 수십 개의 새로운 벤처 사업이 싹을 틔웠다. 그 많은 시간과, 에너지, 자원을 쏟아붓고 결국 실패한 사람들이 낙담하지 않고 새롭게 도전할 수 있었던 이유가 어디에 있을까? 우리는 과거의 실패로 포기하지 않고 더 큰 에너지를 들이고 위험을 감수하며 새로운 벤처를 세웠다. 스타트업의 90퍼센트가 실패하고, 성공한 10퍼센트도 언제나 실패할 수 있다는 사실을 생각하면 이는 굉장히 용기 있는 선택이라고 할 수 있다.

나와 함께 모두에 근무하던 직원처럼 실패를 경험한 사람이 좌절을 딛고 일어나 다시 도전하는 동기가 무엇일까? 나는 모두의 실패를 성장의 기회로 보았다. 낙담하고 자리에 주저앉기보다 교훈을 배우고 앞으로 나아가길 선택했다. 한 번 실패해 봤으니 다음에는 더 잘 할 수 있다고 생각했다. 잘못된 부분을 바로잡고 성공을 거머쥘 것이라 다짐했다.

실패의
긍정적 면

실패를 기회로 삼아 교훈을 얻겠다는 태도는 기업가에게 매우 중요하다. 하지만 정말 어쩔 수 없는 경우가 아니라면 실패를 피하려는 문화가 일반적이다. 앞에서 살펴봤듯 수많은 부모가 실패로부터 아이를 보호하기 위해 애를 쓴다.

부모의 노력이 무색하게, 심리학자의 연구에 따르면 어린 시절 실패를 경험하지 않은 사람은 어른이 된 후 그 대가를 치른다. 한 번도 실패해 본 적 없는 아이는 감정적으로나 실질적으로나 실패에 대응하는 방법을 배우지 못한다. 이들은 실패를 무엇이 잘못됐고 다음에는 어떤 점을 개선해야 하는지 알아볼 수 있는 기회로 보지 않는다. 이들은 실패를 자신이 지닌 결함으로 받아들이고, 따라서 극복을 굉장히 어려워한다. 이스라엘 사람은 실패를 인생의 피할 수 없는 일부이자 극복할 장애물로 여긴다.

믿기 힘들겠지만 1993년까지 이스라엘에는 텔레비전 채널이 하나밖에 없었다. 당연히 텔레비전을 소유한 모든 이스라엘 가정에서는 '이스라엘 텔레비전The Israeli Television'이라는 적절한 이름을 가진 채널을 시청했다. 1978년, 〈제후 제!Zehu Ze!〉라는 프로그램이 처음으로 방영됐다. '바로 그거야!'라는 뜻을 지닌 〈제후 제!〉는 첫 방영과 동시에 엄청난 인기를 끌었다. 프로그램에서 가장 인기가 많은 등장인물은 야트젝Yatzek이다. 당시 이스라엘 문화에서는 보기 드물었던 콧수염을 풍성하게 기른 야트젝은 벙거지 모자를 눌러쓰고 이스라엘 국기와 아코디언을 챙겨서 이스라엘 전역을 여행한다. 에피소드가 끝날 때마다 야트젝은 넘어지거나 떨어진다. 나무에서 떨어지고, 말을 타다 떨어지고, 강에 빠지고, 심지어는 소똥에 처박힐 때도 있다. 하지만 야트젝은 자리에서 벌떡 일어나서 이야기한다. "걱정 마세요, 어린이 여러분. 야트젝은 항상 넘어지지만 다시 일어난답니다." 모든 이스라엘 사람은 어린 시절 〈제후 제!〉를 보며 성장했다. 그리고 야트젝이 전한 메시지를 마음에 새겼다. "걱정하지 않아도 돼. 넘어지면 다시 일어나면 되는 거야."

나는 실패하지 않았다.
내 프로젝트가 실패했을 뿐이다

오해는 하지 않길 바란다. 이스라엘 문화가 일부러 실패를 유도하지는 않는다. 그저 실패에 더 관대할 뿐이다. 이스라엘 사람은 실패를 받아들이고 다시 일어나 도전하고 앞으로 나아가며 성장하는 방법을 잘 안다.

심리학자 스티븐 버글라스Steven Berglas는 관점을 달리하는 게 실패를 극복하는 데 도움이 된다고 이야기했다. "실패를 이겨내는 가장 좋은 방법은 실패의 포괄적 원인과 제한적 원인을 명확히 구분하는 것입니다. 포괄적 범위에서 실패를 받아들이면 '내가 무능력해서 사업이 망했어'라고 생각할 테고, 당연히 좌절하겠죠. 하지만 제한적 범위에서 실패를 고려하면 '일본 경쟁업체가 덤핑을 하고, 중요한 시기에 정보 시스템 담당자가 퇴사하는 바람에 실패했어'라고 진단을 내릴 겁니다. 아무래도 충격이 조금 덜하겠죠. 사람과 상황을 구분하는 스토리텔링이 필요해요."[1] 버글라스의 주장에 따르면 종교든 봉사활동이든 스카이다이빙이든 일 외에 다른 관심사를 지닌 사람은 실패의 원인을 찾고 좌절에서 벗어나는 데 더욱 능숙하다. 다양한 분야에서 자존감을 키우기 때문이다.

버글라스는 실패에서 벗어나는 방법을 두 가지로 설명했다. 첫째, 실패를 보는 관점을 바꿔 문제의 정확한 원인을 찾아야 한다. 무엇이 잘못되었는지 되짚어가며 이유를 찾다 보면 프로젝트를 실패로 이끈 요인을 밝혀내는 데 도움이 될 것이다. 여러분이 실패를 경험했다고 해서 여러분이 실패한 것은 아니다. 둘째, 지지해 주는 사람을 곁에 두고 일 외에 다른 관심사를 가져야 한다. 실패를 인간적 결함이 아닌 성장의 기회로 받아들일 수 있다.

미국 시사 잡지 〈애틀랜틱〉의 편집자 제리 유심Jerry Useem은 이런 글을 썼다. "우리는 실패와 관련해 다음 세 가지 사실을 명심해야 한다. 하나, 누구나 실패할 수 있다. 둘, 실패는 생각지도 못한 방식으로 우리의 삶을 망가뜨린다. 셋, 믿거나 말거나 제대로 실패하는 방법이 있다."² 유심은 경험을 통해 무언가를 배울 때 '제대로' 실패할 수 있다고 말했다. 먼저 실패와 실패의 주체를 분리해야 한다. 사람은 실패를 경험할 수 있지만 실패는 사람을 정의할 수 없다. 분리가 끝났으면 실패를 학습의 기회로 보아야 한다.

개인적인 생각이지만, 나는 무엇이든 직접 경험하면서 배우길 권장한다. 경험은 가장 좋은 선생님이다. 실패한 경험에서는 특히 많은 교훈을 얻을 수 있다. 배우고 성장하기 위해서는 먼저 실패해야 한다. 모두의 직원은 몸담고 있던 회사가 실패한 덕분에 실수를 돌아볼 기회를 얻었다. 그들은 모두가 파산한 뒤 기업가로서 갖춰야 할 덕목과 피해야 할 행동을 더 잘 이해할 수 있게 됐다. 다들 교훈을 배운 것이다. 무엇보다 기업가와 기업을 동일시해서는 안 된다. 기업이 실패하더라도 기업가는 강점을 키우고 단점을 보완해 새로운 기업을 창립할 수 있다.

실패하기에
너무 이른 시기란 없다

나는 선수 시절 9,000번 이상 슛에 실패했다. 300번이 넘는 경기에서 패배했다. 경기의 승패를 결정하는 결승샷을 놓쳐 팀이 실패한 적이 26번이나 된다. 나는 평생 실패에 실패를 반복했다. 내가 성공한 비결은 실패에 있다.[3]

— 마이클 조던(Michael Jordan)

몇 년 전부터 결과와 상관없이 아이들을 칭찬하는 교육법이 인기를 얻고 있다. 우승이 아닌 도전에 의의를 두는 현상은 유소년 스포츠 팀에서 특히 두드러진다. 물론 이런 접근법에 반대하는 사람도 있다. 〈사이콜로지 투데이〉 소속 기자 로라 밀Laura Miele은 이렇게 주장했다. "변화를 반기는 사람도 많지만, 우리 딸이 속한 유소년 소프트볼 리그에서 '모두가 승리자'라는 태도를 내세웠을 때 나는 전혀 기쁘지 않았다. 리그 관계자는 모든 선수가 공평하게 경기를 즐길 수 있도록 삼진아웃과 태그아웃 등의 규칙을 없앴다."[4] 이렇듯 경쟁을 부정적으로 보는 시각이 점점 많아지는 추세다. 하지만 실패 자체가 불가능해지면 어떤 일이 생길까? 아이들은 소중한 배움의 기회를 잃고 말 것이다.

실패는 힘들다. 그렇기에 실패를 경험한 사람은 그렇지 않은 사람보다 훨씬 강한 동기를 가지고 있다. 실패는 여러 면에서 성공에 도움이 된다.

실패로부터 아이를 보호하는 부모는 아이가 성장한 후에도 똑같은 모습을 보인다. 앞 장에 잠시 등장했던 로버트 엡스타인은 황당한 일을 겪었다. "대학생 자녀를 대신해 연구실을 찾아와 성적 이의신청을 한 부모가 있어요. 또 한 번은 학생이 논문을 표절하다 걸렸는데 어머니가 전화해서 논문을 다시 쓰게 해 달라고 부탁하더라고요." 구직 사이트 칼리지리쿠르터닷컴CollegeRecruiter.com의 회장이자 설립자인 스티브 로스버그Steve Rothberg는 더한 부모도 만나봤다. "부모가 이력서를 대신 작성해서 제출하기는 다반사고 심지어 면접에 따라오는 경우도 있습니다."[5]

우리는 실패로부터 아이들을 보호하기 전에 아이들의 소중한 경험을 빼앗는 것은 아닌지 다시 한 번 생각해 봐야 한다. 자녀가 실패하는 모습을 보는 부모의 마음이 편할 수는 없다. 하지만 아이들은 실패를 통해 끊임없이 배우고 있다. 모든 경험은 아이가 세상을 이해하고 미래를 결정하는 데 중요한 밑거름이 된다. 게임이든 스포츠든 아이가 경험하는 모든 실패와 좌절을 인생수업이자 소프트스킬을 훈련하고 강화하는 기회로 생각하면 어떨까?

소프트스킬 이야기가 나왔으니 하는 말인데, 실패를 경험하면서 가장 감당하기 힘든 부분이 감정을 추스르는 것이다. 하지만 이 책에서 소개하는 다른 모든 기술과 마찬가지로 실패에 대응하는 방법 또한 연습으로 익힐 수 있다. 애슐리 메리맨Ashley Merryman이 〈뉴욕타임스〉에 기고한 에세이 '이로운 실패Losing Is Good For You'는 스탠퍼드대학교에서 실시한 심리학 연구를 참고했다. 연구에 따르면 노력을 칭찬받은 아이는 성취를 칭찬받은 아이보다 기술을 선천적 재능이 아닌 후천적으로 개발 가능한 능력으로 볼 확률이 높았다. 이런 태도는 기업가에게 매우 중요하다. 재능과 운을 타고 났더라도 노력, 실패, 개선, 발전, 성취 없이는 성공한 기업을 만들수 없다.

사회심리학자 하이디 그랜트 할보르손Heidi Grant Halvorson은 실패를 제거하는 과정에서 창의력까지 함께 제거된다고 이야기했다. 우리는 실패를 경험하면서 낯설고 곤란한 상황에 대응하는 방법을 배운다. 할보르손이 설명하길 "우리는 실수를 두려워합니다. 실수는 능력의 부족을 의미하고, 따라서 불안과 좌절을 유발합니다. 불안과 좌절은 작업 기억을 손상하고 창조적, 분석적 사고를 관장하는 인지 능력에 부정적 영향을 미쳐 성과를 저하합니다."6 모든 면에서 완벽해지려고 노력하면 세상을 탐색하고, 새로운 지식을 획득하고, 다양한 기술을 습득하려는 행동을 막으며 마침내 혁신마저 막는다. 실패가 두려워 도전조차 하지 않는다니, 그만큼 어리석은 행동이 없다. 통계에 따르면 스타트업의 90퍼센트가 실패한다. 결국 성공한 기업을 만들기 위해서는 일단 실패에 대한 두려움을 떨치고 위험을 감수해야 한다.

나이와 관계없이 사람은 누구나 실패에서 교훈을 얻을 수 있다. 실패를 경험하면서 자신의 감정을 다루는 방법을 배우고, 실패를 극복하고 새롭게 도전하면서 건강한 정신을 함양한다. 이런 점에서 실패는 기업가가 할 수 있는 가장 값진 경험이라고 할 수 있다. 실패는 피해갈 수 없는 아주 중요하고 소중한 인생의 일부분으로, 우리는 실패를 극복할 때 힘을 가진다.

솔직히 고백하겠다. 나는 세 아이를 양육해야 할 책임이 있는 엄마로서, 한 명의 기업가로서 매일 실패를 경험한다. 그리고 나는 내 아이들이 이스라엘에서 성장한다는 사실에 진심으로 감사한다. 우리는 성공하든 실패하든 모든 현상을 정면으로 마주하고 의견을 공유하면서 학습하는 문화 속에서 살고 있다. 그린베이 패커스Green Bay Packers의 전설로 남은 빈스 롬바르디Vince Lombardi 코치는 이렇게 이야기했다. "넘어져도 괜찮다. 문제는 다시 일어날 것인지 그대로 주저앉을 것인지에 있다."7

발견
DISCOVERY

검증
VALIDATION

3

효율
EFFICIENCY

확장과 지속
*SCALE AND
SUSTAINABILITY*

재개
RENEWAL

발견은 언제나 흥미롭다. 앞을 막아서던 경계와 제약이 사라지고 새로운 세상이 열리는 느낌이다. 아무리 생각해도 내가 떠올린 아이디어는 정말 뛰어난 것 같다. 적어도 이론상으로는 그렇다. 내가 낸 제안은 대단한 결과를 낼 것만 같고, 내가 생각해 낸 해결책은 어떤 문제든 해결할 것만 같다.

하지만 회사를 경영하다 보면 곧 현실을 맞닥뜨린다. 시장 검증 결과는 내 가정이 정확하지 않았음을 가감 없이 보여 준다. 내가 짠 계획은 실현 가능성이 떨어진다. 그렇다면 나는 실패한 것일까? 아니면 제안을 개선하는 데 꼭 필요한 배움의 과정을 거치는 것일까? 어쨌든 내 가치 제안을 조정하고, 수정하고, 다듬을 필요가 있다는 사실만은 분명하다.

모든 문제의 정답을 찾을 수는 없다. 또 미래를 예측할 수도 없다. 우리는 단지 자신의 강점을 키우고 약점을 보완해 우리가 가진 자원을 가장 효율적으로 사용하고 실행 능력 및 발표 능력을 향상하기 위해 노력할 뿐이다.

이제 효율을 높일 시간이다.

자원이 한정돼 있으니, 어쩔 수 없이 한정된 자원을 가장 효율적으로 사용해야 한다. 그리고 창의력 근육을 사용하면 같은 자원으로 더 좋은 결과를 만들 수 있다. 우리는 단순히 필요에 의해 끊임없이 변화하는 경영 환경에 대응해 나가며 자신의 한계를 넓혀 나간다. 우리는 생각보다 훨씬 대단한 잠재력을 가지고 있다.

확실한 불확실성

"엄마, 저 오늘 꼭 학교에 가야 해요? 학교에 테러범이 쳐들어오면 어떻게 해요?" 여섯 살 때 야든이 한 질문이다.

"걱정하지 마렴, 아가." 나는 야든을 안심시켰다. "아무 일도 없을 거야." 말도 안 된다고 생각할 수 있겠지만 나는 진심으로 아이들이 안전할 것이라 믿었다. 새해 첫날 무장한 테러리스트가 텔아비브 중심가에서 민간인을 살해하고 채 48시간도 안 됐을 때였다. 테러리스트의 휴대전화는 우리 집에서 겨우 50미터 떨어진 곳에서 발견됐다. 아직까지 테러리스트가 근처에 숨어 있을 가능성이 컸다. 그럼에도 불구하고 나는 평소와 같이 아이들을 등교시켰다. 무책임한 엄마라고 생각할지 모른다. 하지만 대부분의 이스라엘 부모가 나와 같은 결정을 내렸다.

나는 불확실성에 대처하고 변화하는 환경에 적응하는 능력을 학습하는 유전자가 이스라엘 사회에 각인돼 있다고 믿는다. 이스라엘 아이들은 아주 어렸을 때부터 변화와 불확실성에 대응하는 방법을 배운다. 2014년 여름, 우리 아이들은 각각 5세, 9세, 12세였다. 대부분의 맞벌이 부부와 마찬가지로 나 또한 2달간의 여름방학이 터무니없이 길게 느껴졌다. 항상 그랬듯 나는 아이들이 방학을 즐겁게 보내도록 몇 가지 여름방학 활동 프로그램을 신청했다. 그리고 방학이 시작되고 일주일 뒤인 2014년 7월 7일, 이스라엘과 가자지구 사이에 전쟁이 발발했다. 8월 말까지 한 달 남짓한 시간 동안 팔레스타인 무장 세력은 이스라엘을 향해 미사일 4,844발과 박격포 1,734발을 발포했다. 이스라엘 국민 대부분이 사정권 안에 들었다.

텔아비브에서는 미사일 발사를 알리는 사이렌이 울리면 1분 30초 내로 대피해야 했다. 그해 여름은 평소와 같이 지나갔다. 아이들은 여름방학 활동 프로그램에 참여했고, 부모는 직장에 나갔다. 나 또한 아침마다 출근길에 아이들을 캠프에 데려다 줬다. 아이들이 그림을 그리고 찰흙을 빚는 중 활동이나 놀이를 그만두고 방공호로 뛰어가야 할 것을 알았지만 우리의 일상은 변하지 않았다.

그해 여름 어느 날, 첫째 요나탄이 집에 친구를 초대해도 괜찮냐고 물었다. 나는 조금도 망설이지 않고 허락했다. 여느 이스라엘 주택처럼 우리 집에도 대피소가 마련돼 있으니 공습이 있어도 몸을 피하는 데 큰 문제가 없다고 생각했다. 아니나 다를까, 놀이가 한창일 때 사이렌이 울렸다. 그렇게 12세 아이 12명, 어른 2명,

개 1마리가 대피소에 모였다. 우리는 수다를 떨고, 노래를 부르고, 농담을 하며 사이렌 소리가 멈추길 기다렸다. 사이렌이 그치고 3분 뒤, 아이들은 제자리로 돌아가 놀이를 계속했다. 미사일이 떨어져도 아이들의 여름은 그대로였다.

불확실성과
공존하는 삶

지정학적 면에서 이스라엘이 결코 살기 좋은 나라라고 할 수는 없다. 적어도 밖에서 보기에는 그렇다. 이스라엘 사람들은 예측 불가능한 상황에 익숙하다. 매일 수천 명이 넘는 이스라엘 아이들이 방공호로 달려가고 있다. 불편하고 불안하지만, 이 또한 이스라엘의 일상이다. 특히 가자지구와 국경이 맞닿은 스데로트 남서부 사람들은 항상 위험에 노출돼 있다. 10년이 넘는 긴 세월 동안 스데로트와 근방에 거주하는 사람들은 가자지구에서 날아오는 미사일을 피해 이곳저곳을 뛰어다녔다. 스데로트뿐만이 아니다. 이스라엘 사람들은 언제나 머리 위를 맴도는 위험과 공존해 왔다.

1948년, 이스라엘의 첫 번째 전쟁인 독립전쟁이 발발했다. 이스라엘은 이집트, 이라크, 시리아, 레바논, 요르단, 사우디아라비아, 예멘을 포함한 아랍 해방군과 연합군에 맞서 싸웠다. 이스라엘이 건국되고 70년 동안 다섯 차례의 전쟁과 두 차례의 소모전이 일어났다. 국경분쟁은 셀 수 없이 빈번했고, 북쪽에서 날아오는 미사일 공격은 일상처럼 자리 잡았다. 팔레스타인 봉기에 휘말린 적도 두 번이나 된다.

물론 지속적인 테러와 전쟁 위협에 노출된 나라는 이스라엘만이 아니다. 하지만 이스라엘은 특별한 방식으로 위협에 대응하고 있고, 이스라엘 국민은 놀라운 회복력을 보여 주고 있다.

이스라엘의
회복력

새해 첫날 텔아비브에서 테러 공격이 일어나기 한 달 전 파리에서 끔찍한 연쇄 테러사건이 벌어졌고 전 세계가 공포에 휩싸였다. 파리 시민에게 외출을 삼가라는 지시가 내려졌고 텅 빈 빛의 도시에는 어둠이 내려앉았다.

벨기에의 수도이자 유럽의회 개최지인 브뤼셀은 5일간 폐쇄되었다. 학교, 대중교통, 식당 등 모든 시설이 문을 닫았다. 언제, 어디서, 어떤 방식으로 테러가 일어날지 모르는 상황에서 벨기에 당국은 시민을 안전하게 보호하기 위해 사회적 손실을 감수하고 5일간 도시를 완벽히 폐쇄했다.

미국과 지구 반대편 이스라엘 사람들은 항상 불확실성을 곁에 두고 산다. 우리는 언제 어떤 일이 일어나도 놀랍지 않다는 사실을 염두에 두고 매일 아침 일과를 이어간다.

2015년 12월 중순 어느 날, 로스앤젤레스 학교 지구에 폭탄테러 위협이 가해지며 65만 명의 아이들이 등교를 하지 않은 채 집에 머물렀다. NBC 뉴스 보도에 따르면 이날 미국에서 가장 규모가 큰 학교 지구 두 군데에 비슷한 이메일이 전달됐다. 하지만 두 지역은 상반되는 반응을 보였다. 뉴욕은 이메일을 단순한 장난으로 치부하고 넘어간 반면, 로스앤젤레스는 학교를 폐쇄했다. 이렇듯 뉴욕과 로스앤젤레스는 유사한 스트레스 상황에 판이하게 다른 대응 방식을 보여 줬다.

이스라엘에서 미사일 공격이 한창일 때도 아이들은 매일 걸어서 등교했다. 텔아비브에서 테러가 벌어진 1월 1일 저녁, 이스라엘 사람들은 소셜미디어에 테러에 움츠러들지 말고 일상을 즐기자는 글을 올렸다. "오늘 밤 11시 오우잔 바에서는 평소와 같이 파티가 열립니다! 특수한 상황을 감안해 입장료는 20셰켈만 받겠습니다. 파티에서 만나요! 테러 때문에 움츠러들지 말아요!"

금요일 오후 테러가 일어난 뒤로 48시간 동안 무장한 테러리스트는 발견되지 않았다. 하지만 경찰과 텔아비브 시장, 이스라엘 총리가 시민에게 전하는 메시지는 한결같았다. 주변을 경계하되 평소와 같이 외출하면서 일상을 지키라는 것이었다. 이스라엘 사람들의 회복력은 이런 모습을 하고 있다.

이스라엘 아이들은 어떤 일이 일어나든 평소와 같이 삶을 이어가야 한다는 사실을 배운다. 불확실성은 불편을 초래하지만, 불확실성이 일상이 된 상황에서 무작정 위험을 피하기만 할 수는 없다. 이스라엘에서 나고 자란 사람은 일상에서 불확실성에 대처하는 방법을 배운다.

이스라엘은 온갖 스트레스, 위협, 불확실성에도 불구하고 2018년 인터네이션스 가족생활지수InterNations Family Life Index가 꼽은 '세상에서 가장 아이 키우기 좋은 나라' 순위에서 3위를 기록했다. 참고로 프랑스가 21위, 미국이 4위, 브라질이 꼴등이었다.[1]

나쁜 상황도
나쁘지만은 않다

이스라엘 사람들은 불안정한 현실을 받아들이는 방법을 배우고 적응과 끈기의 문화를 형성했다. 우리는 안전한 곳으로 피신하는 대신 민간 및 군사 부문을 개발해 강력한 안보 체제를 확립했다. 군사력이 더욱 견고하고 효율적으로 발전하는 동안 이스라엘 국민은 기술 산업을 육성해 국내외 시장 점유율을 높이며 경제 성장을 이루었다.

전쟁은 이스라엘의 성장을 막지 못했다. 2000년 닷컴 버블이 붕괴하고, 2006년 제2차 레바논 전쟁이 발발했다. 역사상 최악의 테러가 연일 이어지며 이스라엘은 힘든 시기를 겪었다. 하지만 이스라엘의 글로벌 벤처시장 점유율은 떨어지지 않았다. 오히려 15퍼센트에서 31퍼센트로 두 배 가까이 증가했다. 실제로 레바논 전쟁이 일어난 첫날보다 2009년 가자지구에서 3주 동안의 군사 작전이 끝나고 마침내 전쟁이 종전한 날의 텔아비브 증권거래소 주가

가 더 높았다. 이뿐만이 아니다. 테러 공격과 전쟁이 이어지는 와
중에도 이스라엘로 향하는 이민 행렬은 그치지 않았다. 전쟁이 일
어나는 동안 전 세계 각지에 흩어져 있던 유대인은 물론 기업가와
사업가까지 이스라엘을 찾았다. 일상처럼 미사일 공습 사이렌이
울리고 언제 테러가 터질지 모르는 나라가 꾸준히 경제 성장을 이
루어 내고, 끊임없이 이민자를 수용하고, 평범한 일상을 살고 있다
니 놀랍지 않은가.

단점을 장점으로
활용하라

이스라엘의 안보를 지키려는 노력은 혁신적이고 효율적인 기
술과 해결책을 개발하는 데 강력한 동기로 작용했다. 이스라엘을
향한 위협은 끊이지 않았고, 이로부터 자신을 보호하기 위해 이스
라엘 사람들은 기술 발전에 박차를 가했다. 예를 들어 과거에는 효
과적이었던 사이버 보안 시스템으로 더 이상 안전을 보장할 수 없
게 되자 새로운 보안 시스템을 개발했다. 이스라엘은 불행을 경제
발전의 원동력으로 삼아 성장했다.

이렇게 안전을 위해 생각해 낸 창의적 아이디어가 다른 분야
에 영향을 미치는 경우가 종종 있다. 기술 개발 목표가 군사 정보
보안 강화라고 해서 이 기술을 민간 보안 분야에 적용하지 못할 이
유는 없지 않은가? 이는 이스라엘의 군수산업과 민간산업이 끊임

없이 서로에게 영향을 미치면서 긴밀한 관계를 맺는 이유가 된다.

사이버보안을 예시로 생각해 보자. 이스라엘은 국가를 보호해야 한다는 절박한 필요 속에 어떤 해커의 위협에도 끄떡없는 사이버보안 기술을 개발했다. 오늘날 페이팔과 은행을 포함해 온라인 기반으로 사업을 영위하는 다양한 기업이 이 기술의 혜택을 누리고 있다.

사이버보안 산업을 이끄는 이스라엘 기업 체크포인트Check Point가 이렇게 탄생했다. 체크포인트는 이스라엘의 중심에 길 슈웨드Gil Shwed, 마리우스 나흐트Marius Nacht, 슬로모 크라머Shlomo Kramer에 의해 세워졌다. 이제는 놀랍지도 않겠지만, 슈웨드는 미국국가안전보장국National Security Agency과 같은 역할을 수행하는 이스라엘 방위군 정보부대 유닛 8200에 복무하면서 최초로 가상사설망virtual private network인 VPN의 아이디어를 떠올렸다. 현재 전 세계 각국 정부와 대부분의 포춘 100대 기업이 체크포인트가 개발한 보안 소프트웨어를 사용하고 있다. 체크포인트는 나스닥 상장 기업으로 180억 달러의 가치를 지닌다고 평가받는다.

이스라엘의 불안정한 지정학적 조건으로 지금과 같은 기술 발전과 경제 성장이 가능했다는 발상의 전환은 새로운 관점을 제시한다. 위협을 도전의 기회로 보는 태도는 두려움을 완화한다. 주어진 상황을 통제할 수 있는 힘이 생기기 때문이다. 이스라엘 사람들은 외부의 위협에 무력하게 굴복하는 대신 문제를 정확히 인식하고 자신을 보호하기 위해 적극적으로 나섰다. 이스라엘 사람들의 노력은 안보는 물론 경제 발전까지 가져왔다. 언제 테러와 전쟁이 일어날지 모르는 위태로운 삶이 우리를 더욱 강하고 단단하게 만든다고 믿는다.

스트레스
통제

건강 심리학자 켈리 맥고니걸Kelly McGonigal은 흥미로운 시각에서 스트레스를 본다. 맥고니걸은 이런 질문을 했다. "스트레스를 받아들이는 태도를 바꾸는 게 건강 개선에 효과가 있을까?"[2] 일반적으로 스트레스는 피해야 하는 감정으로 여겨진다. 우리는 되도록 스트레스가 적은 직업을 고른다. 또 아이들이 학업 성적이나 뉴스에 보도되는 사건 때문에 지나치게 스트레스를 받지 않도록 세심히 주의를 기울인다. 이에 그치지 않고 요가나 명상처럼 스트레스를 완화할 수 있는 방법을 찾는다.

하지만 맥고니걸의 입장은 다르다. 스트레스를 통제함으로써 긍정적인 효과를 누릴 수 있다고 이야기한다. 우리는 스트레스를 긴급한 상황에 가해지는 압박이 아닌 어려운 시기를 잘 넘길 수 있게 돕는 신체적, 정신적 메커니즘으로 이해할 필요가 있다. 그는 강의에서 스트레스를 이렇게 설명했다. "다음에 여러분이 스트레스를 받는 일이 생기거든 '내 몸이 시련을 버틸 수 있게 돕는구나'라고 생각해 보세요. 우리가 스트레스를 긍정적으로 보려고 노력하면, 우리 몸은 스트레스를 건강하게 받아들입니다."

나는 맥고니걸의 의견에 동의한다. 운동으로 근육을 키우듯, 우리는 경험을 통해 스트레스를 다스리고, 실패를 극복하고, 회복력을 기르는 방법을 배우는 등 기업가에게 필요한 자질을 키울 수 있다. 스트레스 상황을 성장과 발전의 기회로 삼을 수 있도록 연습하라.

사람을
모으는 힘

언제, 어디서, 무엇을 하고 있을 때 공습 사이렌이 울릴지는 누구도 예측할 수 없다. 항상 그랬듯 사이렌이 울리면 가장 가까운 대피소로 달려가 같은 처지에 놓인 사람들과 함께 상황이 수습되길 기다릴 뿐이다. 그렇게 접점이라곤 전혀 없을 것 같은 낯선 사람들이 좁은 공간에 옹기종기 모여 시간을 보낸다. 일상적인 이야기로 수다를 떨 때도 있고, 같은 부대에 복무했던 후배를 만날 때도 있다. 대피소에 모인 사람들은 어떤 방식으로든 관계를 맺는다.

얼마 전 이스라엘이 가자지구, 레바논과 분쟁에 휩싸이며 로켓포 공격에 노출되자 전국 각지의 개인과 기관이 미사일 사정권 내에 거주하는 사람에게 도움의 손길을 내밀었다. 아슈도드, 아슈켈론, 스데로트 주민은 언제 날아들지 모르는 공격으로부터 자신을 보호해야 했고 여름 캠프는 취소될 수밖에 없었다. 이스라엘 북부에 사는 사람들은 자녀와 함께 위험 지역에 머무는 가족을 집으로 초대했다. 공습을 피해 낯선 가정에 신세를 진 가족 중에는 2006년 제2차 레바논 전쟁 피해자에게 비슷한 호의를 베푼 사람도 있다. 이스라엘 사람들은 소셜미디어를 통해 자발적으로 도움을 주고받는다.

꼭 이스라엘이 아니더라도 위기가 닥치면 힘을 합쳐 서로 돕고 의지해야 한다고 생각하는 사람이 많다. 맥고니걸은 이렇게 유대감이 형성되는 이유가 옥시토신 같은 신경호르몬이 분비되기 때문이라고 설명한다. "옥시토신은 사회적 본능을 담당하는 뇌 부위를 미세하게 조정합니다. 친밀한 관계를 강화하도록 신호를 주죠. 옥시토신이 분비되면 친구 또는 가족과 신체를 접촉하고 싶은 욕구가 커집니다. 공감 능력이 향상되고, 아끼는 사람을 돕고 지지하려는 의지가 강해집니다."

맥고니걸은 여기에 한 가지 정보를 덧붙였다. 우리 몸이 스트레스를 받을 때 뇌하수체에서 분비되는 호르몬이 바로 옥시토신이다. 옥시토신이 아드레날린만큼이나 스트레스를 다스리는 데 중요한 역할을 한다는 것이다. 옥시토신은 주변에 도움을 구하도록 동기를 부여한다. 즉 스트레스를 받으면 나타나는 생물학적 반응은 혼자 힘겨운 상황을 감당하는 대신 타인과 감정을 공유하고 서로를 돌보게 만든다. 인간은 어려움을 겪는 사람에게 관심을 기울이고 선의를 베풀도록 태어났다. 맥고니걸은 이렇게 이야기한다. "삶이 힘들 때 좋아하는 사람들에게 둘러싸여 있고 싶다는 생각이 든다면 그건 스트레스 반응 때문입니다."

여러분도 이미 짐작했겠지만, 안 그래도 충분히 복잡한 이스라엘 사회가 더 긴밀해지는 데는 스트레스의 영향이 컸다. 레바논 전쟁이 터졌을 때 이스라엘 북쪽에 살던 사람들과 가자지구에서 미사일이 날아올 때 이스라엘 남쪽에 머물던 사람들은 어려운 시기에 서로를 도우며 위기를 버텼다. 이런 사건을 겪으며 이스라엘 국민의 유대감은 더욱 깊어졌다. 이스라엘에서 스트레스는 사람을 한데 뭉치게 하는 문화이자 역사의 일부분이다.

이스라엘 아이들은 아주 어려서부터 불확실성과 함께 성장하며 언제 어떻게 변화할지 모르는 상황에 대처하는 방법을 배운다. 당연히 인생을 살면서 마주하는 불확실성을 다루는 데에도 굉장히 능숙하다. 이스라엘에서 불확실성은 일상이나 마찬가지이니, 이스라엘 사람이 늘 불확실성에 도전해야 하는 기업가 세계에 매력을 느끼는 것은 어쩌면 당연하다.

위기관리능력

여러분이 15세에 어떤 모습이었는지 되돌아보라. 머릿속에 어떤 단어가 가장 먼저 떠오르는가? 나처럼 가정에 15세 자녀가 있으면 더 좋다. 여러분의 아이를 가장 잘 설명하는 표현이 무엇인가? 나는 도저히 15세를 한마디로 정의할 수 없다. 이 나이 무렵의 아이는 무분별한 동시에 열정적이고, 우스꽝스러우면서 심오하다. 무책임하지만 헌신적이다. 모순이라고 생각하는가? 도대체 어떻게 한 사람을 이렇게까지 상반되는 특징으로 묘사할 수 있는지 의구심이 드는가?

전 세계의 모든 십 대가 그렇듯, 이스라엘 아이들도 청소년기에 접어들면 독립심이 강해지고 사회적 관습과 부모의 통제에서 벗어나고 싶다는 욕구를 느낀다. 이는 자아를 찾기 위해 거쳐야 하는 자연스러운 과정이다. 하지만 아이들이 부모의 보호와 보살

핌을 받으며 일탈하고, 실험하고, 위험을 감수하고, 실수를 저지를 수 있는 시간은 길어야 5년에서 6년밖에 안 남았다.

대개 입대와 동시에 방황은 막을 내린다. 그리고 이스라엘에서는 몇 년 동안 이어지는 혼란스러운 청소년기를 굉장히 소중하게 여긴다. 이스라엘 사회는 십 대가 저지르는 어리석은 행동을 기꺼이 용인한다. 16세, 17세의 무책임한 행동이 인생을 송두리째 바꿔 놓을 결과를 낳는 경우는 매우 드물다. 일단 군대에 들어가면 어리석고 무책임한 행동은 결코 용납되지 않는다. 전역하고 사회에 나온 후에도 마찬가지다. 그러니 이스라엘에서는 그전에 인생의 이모저모를 열심히 탐험하라고 격려한다.

히브리어에는 십 대를 지칭하는 용어가 따로 있다. 이 단어는 청소년이나 십 대로 해석되지 않는다. 직역하면 '자라나고 있는 사람'으로, 아이들이 겪는 성장 과정을 나타낸다. 하지만 보통은 격동의 십 대를 보내는 청소년을 티페쉬 에스레, 즉 '어리석은 시기'라고 부른다.

십 대 아이들을 통틀어 '어리석다'고 표현한다니 적절하지 않다고 생각할 수 있다. 하지만 이 표현에는 부정적인 의미가 내포되지 않았다. 이스라엘의 '어리석은 시기'는 미국에서 이야기하는 십 대와 느낌이 완전히 다르다. 물론 전 세계 어디를 가든 12세에서 18세 사이의 아이들은 어리석은 짓을 저지르지만, 이스라엘 사회는 방황하는 청소년의 모험을 관대하게 넘기는 정도를 넘어 칭찬받아 마땅한 행동으로 받아들인다.

여기에는 이스라엘의 청소년기가 워낙 짧은 탓도 있다. 18세를 아직 학교에서 벗어나지 못한 '사춘기의 연장선'으로 여기는 나라가 많다. 하지만 이스라엘에서는 만 18세가 되면 특별한 사유가 없는 한 병역의 의무를 수행해야 한다.

모든 국민이 18살에 입대해야 하는 현실 속에 청소년은 이념적, 정치적 문제에 관심을 가질 수밖에 없다. 머지않은 미래에 국가의 일원으로서 의무를 수행해야 하기 때문이다. 이는 건국 이래 쭉 이어져 내려온 전통으로, 이스라엘 역사를 살펴보면 청소년이 국가적 사건에서 대담한 활약을 펼쳤다는 기록이 종종 발견된다.

최전방에 선 청소년

1936년, 영국령 팔레스타인에 거주하는 아랍인이 반란을 일으켰다. 처음에는 사소한 반항으로 시작된 반란은 점차 폭력 사태로 번졌다. 아랍인들은 게릴라 단체를 형성해 영국인과 유대인을 공격했다. 당시 팔레스타인에는 반유대주의 사상이 번지고 있었고, 핍박을 피해 유럽을 떠나 팔레스타인을 찾은 유대인은 또다시 배척의 대상이 됐다.

아랍인이 일으킨 반란에 위협을 느낀 유대인은 탑과 방책 Tower and Stockade 운동을 펼쳤다. 시온주의를 옹호하는 유대인들은 하룻밤 사이 탑과 방책을 세워 새로운 마을을 형성했다. 1936년부터 1939년까지 이렇게 탄생한 유대인 공동체가 모두 57군데로, 말카 하스가 최초의 쓰레기장 놀이터를 도입한 슈데 엘리야후 키부츠 또한 이때 생겨난 공동체 중 하나이다.

유대인 청소년 운동 단체에 속한 십 대들은 어둠을 틈타 벽을 세우는 데 큰 도움을 줬다. 실제로 이들이 쌓은 탑은 스카우트가 캠핑할 때 사용하는 구조물에서 영감을 얻었다. 구조물은 미리 준비한 자재로 지어졌는데, 건설은 간단했으나 아주 견고해 무너뜨리기가 쉽지 않았다.

탑과 방책 운동은 여러 면에서 의의를 갖는다. 밤새 정착지를 형성하는 모습에서 알 수 있듯, 이스라엘 사람들은 일을 빠르고 효율적으로 처리한다. 하지만 가장 중요한 사실은 따로 있다. 국가의 미래를 건설하는 데 청소년의 역할이 굉장히 컸다는 것이다.

조핍

유대인 청소년이 이스라엘의 형성과 건설에 적극적으로 참여한 사례는 탑과 방책 운동 외에도 다양하다. 1948년 이스라엘이 건국되기까지 청소년 운동이 매우 활발히 일어났다. 시온주의를 따르는 청소년들은 가난한 유대인 이민자 공동체를 돌보는 데 큰 역할을 했다. 이스라엘 건국 직후에도 새로운 공동체 주변에 벽을 쌓고, 당번을 정해 보초를 서고, 병원에서 자원봉사를 했다. 농장에서 일손을 거들고 부모님이 일하러 나간 후 혼자 남은 아이들을 돌봤다. 이에 그치지 않고 국가의 안보를 책임지겠다는 목적을 가지고 정신과 육체를 단련해 자체적으로 예비군을 조직했다.

70년이 지난 오늘날까지 이스라엘 십 대 대부분이 위에서 이야기한 활동에 적극적으로 참여하며 청소년 운동의 명맥을 이어나간다. 현재 이스라엘에서 진행되는 청소년 운동은 55가지 이상으로, 청소년 약 24만 6,500명과 리더 약 2만 6,800명이 다양한 분야에서 활동하고 있다. 청소년 운동에 참여하는 숫자는 해가 갈수록 증가하는 추세다. 시간이 흐르며 활동의 형태는 많이 변화했지만, 이스라엘의 가치와 안보, 시민의 안녕을 지킨다는 청소년 운동의 정신은 그대로 남아 있다.

이스라엘에서 가장 규모가 큰 청소년 운동은 '조핌'이다. 205개가 넘는 부족에서 무려 8만 5,000명이 이 운동에 참여한다. 이스라엘의 다양한 청소년 단체 중 하나인 조핌은 규모도 크고 인지도도 높은 데다가 활동 범위도 매우 넓어 이스라엘의 다양한 청소년 단체를 대표한다. 조핌에서 말하는 부족은 구성원이 실제 만나는 장소를 가리키는 동시에 특정 무리를 상징한다. 100여 명으로 이루어진 작은 부족이 있는가 하면 구성원이 1,000명이 넘는 큰 부족도 있다. 각 부족은 고유한 이름, 노래, 전통을 지닌다. 지금 내가 거주하는 지역에서는 셰베트 아비브, 즉 아비브 부족이 가장 유명하다.

조핌의
역사

히브리어로 조핌은 스카우트를 의미한다. 스카우트는 1907년 영국의 로버트 바덴 파웰Robert Baden-Powell에 의해 처음 구상돼 이후 어린 소년, 소녀가 다양한 야외 활동을 경험하며 유용한 기술을 익히고 인성을 함양하는 방안으로 널리 채택됐다.

오늘날에도 스카우트는 캠핑, 목공예, 하이킹, 배낭여행, 스포츠 등 야외 활동에 중점을 둔다. 소속된 아이들은 봉사 활동에 참여하고 여러 경험을 통해 삶의 지혜를 배우면서 책임감, 자립심, 협동심, 리더십을 기른다. 현재 전 세계 164개국에서 3,800만 명이 넘는 청소년이 스카우트와 리더로 활동하고 있다. 겉모습만 보면 이스라엘의 조핌은 다른 나라의 스카우트와 차이가 없다. 하지만 조금 더 자세히 들여다보면 놀라운 차이를 발견할 수 있다.

영국과 미국의 스카우트 활동을 간단히 살펴보도록 하자. 미국의 보이스카우트 홈페이지는 활동 프로그램을 다음과 같이 설명하고 있다. "보이스카우트는 멋진 야외 활동 기회를 제공합니다. 여러분은 한 명의 스카우트로서 텐트를 치고, 산속에서 길을 찾고, 땅을 가꾸는 방법을 배울 것입니다. 야생동물과 식물을 관찰하며 즐거운 시간을 보내세요. 다양한 기술을 습득하고 여러분이 습득한 기술을 다른 사람과 나누는 기쁨을 누려 보십시오."[1] 영국 스카우트 운동British Scout Movement의 '스카우트에 대하여' 페이지에도 비슷한 내용이 실려 있다. "스카우트에 가입하면 카약, 암벽등반, 해외탐방, 사진촬영, 클라이밍, 조빙 등 다채로운 활동을 경험할 수 있습니다. 영국 스카우트 운동은 청소년에게 생존 기술과 구급처치부터 컴퓨터 프로그래밍, 항공기 조종까지 유용한 기술을 가르칩니다. 야외 활동을 즐기며 친구를 사귀고, 창의력을 발휘하고, 더 넓은 세계를 경험하세요."[2]

이렇게 다양한 체험 활동에 참가하는 경험은 아이들이 자존감을 키우는 데 큰 도움이 된다. 조핌 운동이 야외 활동을 포함하는 이유도 여기에 있다. 하지만 조핌 홈페이지에 실린 설명은 미국이나 영국의 스카우트와 전혀 다른 메시지를 전한다.

> 조핌은 시온주의를 따르는 국가적 청소년 운동으로, 다양한 사회 활동을 통해 이스라엘 전역의 청소년이 휴식과 즐거움을 누리며 개인적 발전을 도모할 수 있도록 지도합니다. 조핌의 임무는 청소년의 교육 및 가치를 확립하고 확산하는 것입니다. 조핌은 모든 이스라엘 시민이 만족하는 사회 건설을 목적으로 청소년에게 유대교의 가치와 시온주의를 가르칩니다. 조핌에 소속된 스카우트는 시온주의자와 윤리적 운동가가 갖춰야 할 자질과 역량을 키웁니다. 주요 활동 목적은 중요하지 않습니다. 독특한 개성을 가진 공동체의 통합을 추구해도 좋고, 이민자의 사회 적응 또는 전 세계 각지에 흩어져 있는 디아스포라 유대인의 정체성 강화를 강조해도 좋습니다. 조핌의 주된 목표는 최대한 많은 청소년과 함께 더 나은 미래를 만들어 나가는 데 있습니다.[3]

보다시피 이스라엘 조핌과 미국, 영국 스카우트의 설명에는 확연한 차이가 있다. 조핌은 다른 나라 스카우트와 마찬가지로 여러 가지 야외 활동을 수행함에도 불구하고 홈페이지의 설명에는 활동과 관련된 내용을 크게 언급하지 않는다. 대신 조핌의 바탕을 이루는 이념을 자세히 이야기하며 사회적이고 교육적인 대규모 조직의 일원이 된다는 것이 무엇을 의미하는지 말한다.

조핌은 필요에 의해 생겨났다. 청소년 운동이 태동한 1918년, 팔레스타인의 유대인 공동체는 나라를 건설할 일꾼을 필요로 했다. 청소년은 새로운 정착지를 만드는 데 힘을 보탰듯 구조물을 건설하고 사회 질서를 유지하고 농작물을 경작하는 데 무척 큰 도움이 됐다. 이뿐 아니라 당시에는 사회적 요구를 충족하는 국가적 기틀 마련이 시급했다. 전 세계 각국에 뿔뿔이 흩어져 살다 팔레스타인으로 넘어온 유대인이 토착 유대인 공동체와 통합을 이루고, 아직 제대로 된 교육기관이 마련되지 않은 시기에 청소년을 교육하려면 뭔가 대책을 마련해야 했다. 청소년 운동은 수십 개 나라에서 팔레스타인을 찾은 젊은이들에게 공동의 목표를 부여하고 유대감을 형성하는 데 효과적이었다. 시온주의와 유대주의의 가치를 양성하고 일과 사회적 책임의 중요성을 가르치는 방법으로 사용됐다.

이스라엘이 수립되기 수십 년 전이었으니 조직화된 관료 체제가 있을 리 만무했고, 희망을 찾아 이민을 선택한 유대인들은 낯설고 척박한 땅에서 나름대로의 길을 찾아야 했다. 당시의 청소년 운동은 시온주의 국가 건설이라는 공동의 목표에 호소함으로써 유대인의 느슨한 결속력을 강화했다. 오늘날 조핌은 여전히 동일한 가치관을 유지하며 살아 숨 쉰다.

　다른 나라의 스카우트가 사회 운동에 참여하지 않는다거나 이념적 목표를 가지지 않는다는 의미가 아니다. 하지만 조핌이 정의한 목표와 활동을 고려했을 때, 이스라엘의 스카우트가 다른 나라에 비해 훨씬 사회 지향적 조직이라는 점에는 이의가 없을 듯하다. 조핌이 영국의 스카우트와 자유 독일 청년 운동을 바탕으로 형성된 것은 사실이지만, 이스라엘의 역사적 상황에 맞게 변화하면서 다른 나라에 없는 독특한 문화로 자리 잡았다.

어른의 역할

마드리크madrich: 마드리크는 학교 외의 교육 조직에 속한 리더와 지도자를 일컫는다. 마드리크는 데레크, '길'이라는 단어에서 파생됐다. 즉 마드리크는 길잡이를 의미한다.

하니크chanich: 하니크는 '시작'을 뜻하는 단어 하니카에서 유래했다. 하니크는 훈련, 지도, 연습을 통해 학습하는 사람을 의미한다.

모든 하니크는 마드리크를 가지고, 마찬가지로 모든 마드리크는 하니크를 가진다. 마드리크와 하니크의 존재는 서로가 있기에 완성된다. 하니크와 마드리크는 각각 '학생'과 '선생'으로 직역할 수도 있지만, 둘을 단순한 사제지간으로 설명하기에는 부족하다. 학생과 선생이라는 표현에는 학습 활동에 수반되는 교육과 지도 과정이 드러나지 않기 때문이다. 한 학기의 마무리를 3주 앞둔 6월 첫째 주에 야든이 가정통신문 하나를 들고 왔다. 통신문에는 이런 내용이 적혀 있었다.

6월 5일 화요일 다음 학기 활동 준비를 위한 예비 4학년 조핌의 첫 만남이 있습니다. 조핌 가입을 원하는 자녀가 있으면 오후 4시까지 학교 정문으로 보내 주세요. 다 같이 모여서 부족 건물로 걸어갈 예정입니다. 4시까지 학교로 오기가 힘들다면 4시 30분에 부족 건물로 직접 찾아와도 괜찮습니다. 만남이 끝나면 아이들을 6시 30분까지 교문에 데려다 주겠습니다. 화요일에 뵙겠습니다. 감사합니다.

새로운 만남을 기대하며,
신임 마드리크 드림

끝이다. 리더의 이름이나 연락처 같은 간단한 정보조차 없다. 여러분이라면 자녀가 얼굴도 이름도 모르는 리더를 따라 청소년 운동에 참가하도록 허락하겠는가? 잘 모르겠다. 어쨌든 우리는 아이를 조핌에 보냈다.

화요일 오후 4시에 학교 앞으로 가보니 야든 학급에서만 25명이 새로운 마드리크를 기다리고 있었다. 아이들은 다 함께 아비브 부족 건물로 걸어가 다른 조핌과 대면식을 갖고 2시간 후 학교로 돌아왔다. 야든과 친구들은 청소년 운동에 참가하며 다양한 활동을 경험할 생각에 들떠 있었다. 나는 아직도 그때 아이들을 아비브 부족 건물로 데려간 마드리크의 이름을 모르지만 마드리크의 나이는 많아 봐야 고등학생 정도였을 것이다. 같은 날 조핌 부족 모임에 참여한 야든의 13세 형 다니엘에게서 문자메시지가 도착했다. "엄마, 3학년 그룹에 야든이 있어요. 완전 신나요!" 아이들이 기쁘다니 충분했다. 다음 해 다니엘은 10세 아이들을 이끄는 마드리크 교육을 받을 것이다.

조핌의 가장 중요한 원칙 중 하나가 어른의 개입을 최소화하는 것이다. 여기에는 역사적 배경이 있다. 애초에 조핌의 임무와 활동은 구상부터 조직, 실행까지 모두 독자적으로 이루어졌다. 아이들은 방향을 잡는 데 어른을 필요로 하지 않았고, 이는 오늘날도 마찬가지다. 조핌은 청소년이 주체가 되는 청소년 단체다. 조핌은 자급자족에 가까운 형태로 운영된다. 아이들은 직접 목표를 정하고 활동을 계획한다. 수많은 개인의 이야기가 모여 조핌의 청소년 운동을 구성한다. 수백 가지 이야기의 주인공 중 한 명인 타히 벤 요세프Tsahi Ben Yosef를 만나보자.

요세프는 어렸을 때부터 항상 공동체에 속해 있었다. 어린 시절 조핌에 가입한 요세프는 후보생으로 입단해 리더, 그룹 리더,

부족 리더까지 여러 해 동안 다양한 역할을 맡으며 청소년 운동을 주도했다. 요세프는 조핌 대표로 유럽을 찾고, 야브네에 도시 최초의 스카우트 부족을 창설했으며, 부모가 보호자로 참가하는 그룹 활동을 고안했다. 요세프가 추진한 모든 프로젝트는 조핌의 전폭적인 지지를 받았으며 아직도 활발히 유지되고 있다. 요세프는 18세가 되기 전에 이 모든 업적을 이루었다.

타히 벤 요세프는 이스라엘 방위군에 6년 복무했다. 병역의 의무를 다한 후 총리실 프로젝트 매니저로 근무하다가 알고섹AlgoSec에 이직해 생산 담당자로 커리어를 이어 갔다. 8세부터 프로젝트 관리에 필요한 기술을 훈련해 온 요세프는 군생활과 직장생활에 요구되는 역량을 이미 갖추고 있었다.

시기가 문제였을 뿐 요세프는 자연스럽게 기업가의 길을 걸었다. 스스로 가장 잘 알고 가장 잘 할 수 있는 교육 분야를 선택한 그는 2012년 어린이들이 놀이를 통해 논리력을 기를 수 있는 독특한 교육 플랫폼 로토카드LotoCards를 창립했다. 이어 2013년에는 실시간으로 정보가 업데이트되는 어린이 지도 로드스토리RoadStory를 만들었다. 여기서 한 걸음 더 나아가 2015년 요세프는 군생활을 함께한 동기 두 명과 함께 크로센스Crossense를 창업해 최고경영자 자리에 올랐다. 크로센스는 디지털 측량 솔루션 기업으로 후에 톨루나Toluna에 인수됐고, 요세프는 현재 부사장으로 근무하고 있다.

타히 벤 요세프는 조핌이 자신의 인생에 무척 긍정적인 영향을 미쳤다며 이렇게 설명했다. "가장 어린 하니크부터 가장 나이가 많은 마드리크까지 조핌에 속해 있는 모든 아이들이 각자 맡은 역할을 수행합니다. 각 부족에는 최소한의 안전을 보장하고 아이들을 지지해 주는 부족장이 있습니다. 보통 부모가 부족장으로 지원하는데, 앞서 이야기한 부분을 제외하고는 아이들이 하는 일에 전혀 관여하지 않습니다."[4] 대개 10학년, 11학년, 12학년 고등학생이 마드리크 역할을 맡는다. 마드리크는 주간 활동부터 자원 봉사 활동, 집단 토론, 여름 캠프까지 부족 내에서 실시하는 놀이 및 교육 활동을 책임진다. 일반적으로 초등학교 4학년부터 하니크로 조핌 활동을 시작해 마드리크의 지도를 받는다. 이런 위계 제도는 이스라엘에서만 찾아볼 수 있다. 다른 나라 스카우트에서는 18세 이상 성인이 지도자와 안내자로 활동에 참여한다.

고등학생이 자신과 몇 살 차이가 안 나는 아이들을 이끄는 조핌의 체계는 이스라엘 사회가 청소년을 어떻게 인식하는지 잘 보여 준다. 십 대가 대개 그렇듯 이스라엘 청소년 역시 '어리석은' 사춘기를 보낸다. 하지만 이들은 유용한 기술을 배우고 사회관계를 익히며 적극적으로 미래를 준비한다. 청소년의 책임감과 독립심에 대해서는 뒤에서 다시 이야기할 예정이다. 우선은 조핌이 청소년의 자유로운 생각과 표현을 유도하는 방식을 살펴보자.

교실에서 진행되는 수업과 달리 조핌에서는 활발한 토론, 브레인스토밍, 야외 활동, 봉사 활동 등 다양한 형태로 학습이 이루어진다. 이렇게 기술을 기반으로 하는 활동에 참여하면서 하니크와 마드리크는 학습 공동체를 형성하고 함께 지식을 쌓아 나간다.

활동을 지도하면서 마드리크는 별도의 커리큘럼을 따르지 않는다. 마드리크에게 따로 제공되는 특별한 훈련이나 교육자료, 상세한 지침도 없다. 마드리크는 하니크로 조핌에 참여했던 지난 몇 년 동안의 경험을 살려 상황에 맞게 즉흥적으로 어린 하니크를 이끈다. 창의력 분야의 권위자 키스 소이어^{Keith Sawyer} 박사의 의견에 따르면, 즉흥적이고 자발적인 교육법은 놀라운 효과를 지닌다. 소이어 박사는 "개방적이고, 미리 계획되지 않았으며, 또래 간 소통이 원활히 이루어져 모든 구성원이 동등하게 활동에 참여할 수 있는" 학습 분위기를 추구하는데, 이는 이스라엘 청소년이 조핌에서 경험하는 학습 환경과 일치한다.[5] 이스라엘 모건스탠리^{Morgan Stanley} 총재와 이스라엘 최대 은행 하포알림 은행^{Bank Hapoalim} 회장을 역임한 뛰어난 사업가 야이르 세루시^{Yair Seroussi}는 인터뷰에서 이런 말을 했다. "하포알림 은행 회장으로 일할 때 나는 전국의 모든 지점장에게 조핌의 부족 리더와 같은 정신으로 지점을 운영하라고 조언했습니다. 책임감과 주인의식을 가지고 결정을 두려워하지 말라는 뜻이었어요."[6] 야이르의 신념은 개인적인 경험에서 비롯됐다. 야이르의 두 누나는 텔아비브 조핌 일원으로 청소년 운동에 적극적으로 참여했고, 누나를 따라 조핌에 가입한 야이르 또한 활발히 활동했다. 야이르는 17세의 조핌 '관리자'가 갖춰야 하는 마음가짐과 이스라엘 최대 규모 은행의 지점장이 지녀야 할 태도가 크게 다르지 않다며, 이스라엘의 스카우트 활동에 깊은 애정을 드러냈다 "고등학교에서는 추억이 그리 많지 않아요. 제 청소년 시절 기억 대부분은 조핌과 관련 있습니다." 현재 야이르의 두 딸 모두 조핌 일원으로 활동하며 값진 경험을 쌓고 있다.

창의성, 자발성, 즉흥성

하루를 내다보는 사람은 씨앗을 심고, 한 해를 내다보는 사람은 나무를 심고, 다음 세대를 내다보는 사람은 교육을 한다.[7]

– 야누슈 코르착(Janusz Korczak)

조핌에서 실시하는 모든 활동은 창의성, 자발성, 즉흥성을 바탕으로 한다. 타히 벤 요세프는 이런 접근법이 조핌의 일상적 활동에 적용되는 방식을 다음과 같이 설명했다.

여름방학 동안 3일에서 5일에 걸쳐 진행되는 연례 프로젝트뿐 아니라 학기 중 이루어지는 일상적인 활동에서도 창의적 사고가 요구됩니다. 예를 들어 조핌에 가입한 청소년은 1년 내내 격주로 마드리크와 함께 팀 활동에 참여합니다. 활동에서 다루는 논의 주제는 부족의 상급자가 선정합니다. 하지만 거기에서 끝이에요. '정의란 무엇인가?'라는 공통의 주제를 던져 줄 뿐, 상급자는 활동에 거의 개입하지 않습니다. 나머지는 전부 16세, 17세 마드리크의 역할이에요.
마드리크는 아이들에게 구체적인 수업 계획을 알려 주지 않습니다.

대신 자신의 팀에 속한 아이들에게 어떻게 주제를 전달할지 결정합니다. 마드리크는 부족에서 선정한 질문을 그룹에 속한 아이들이 편안하고 친숙하게 받아들이도록 아이들의 특기, 관심사에 맞게 조정합니다. 또 아이들이 토론 주제나 활동에 싫증을 느끼면 흥미를 유도하고, 허기를 느끼거나 피곤해하면 간식을 주고, 갈등을 빚으면 중재하는 등 옆에서 도움을 줍니다. 마드리크는 이런 상황에서 스스로 해결책을 찾는 한편 모든 활동을 새롭고 흥미롭게 구성해 아이들의 능동적 참여를 이끌어 내야 합니다. 매년 학기 말이 다가오면 17세 마드리크는 졸업과 입대를 준비하는 18세 선배 마드리크의 빈자리를 채워 후배를 이끌고 혁신을 이루고 업적을 남길 희망에 부풀어 놀랍도록 창의적이고 잘 짜인 여름 캠프를 구상하는 등 예전에 시도해 본 적 없는 새로운 활동을 생각해 냅니다. 조핌은 구체적인 조직이나 활동을 제시하는 대신 청소년이 마음껏 자신을 표현하고 창의력을 발휘할 수 있도록 적절한 무대를 마련해 줍니다.

하지만 단순히 무대를 마련해 주는 것만으로는 놀라운 창의력을 유도할 수 없다. 조핌에 속한 아이들이 끊임없이 아이디어를 생각해 낼 수 있었던 이유는 구조에 있다. 매년 새롭게 최고 마드리크 자리에 오른 아이들은 남들과 다른 업적을 남기고 싶다는 욕구를 강하게 느낀다. 이렇듯 혁신은 조핌의 구조에 내재돼 있다.

기업가를
배출하는 환경

　기업가정신을 함양하려면 창의력 외에도 다양한 요소를 갖춰야 한다. 텔아비브에 거주하는 나르키스 알론Narkis Alon은 가족과 공동체의 일원으로 성장한 어린 시절의 경험이 기업가로 성공하는 데 큰 도움을 줬다고 이야기한다.

　나르키스 알론이 속한 최초의 공동체는 저명한 수학자이자 컴퓨터 공학자였던 아버지 노가 알론Noga Alon과 변호사였던 어머니로 구성된 따뜻한 가정이었다. 나르키스는 유소년기와 청소년기에 다양한 교육 프로그램에 참가했고, 아주 어린 나이부터 자존감을 키워 나갔다.

　그녀는 조핌 활동에 성실히 참여했다. 조핌 청소년 운동을 통해 경영의 구조와 기회를 배우고 창의력을 길렀으며 소속감을 느꼈다. 18세가 된 나르키스는 이스라엘 방위군 정보부대 유닛 8200에 입대해 기업가적 사고방식을 한층 강화했다.

　병역을 마치고 전역한 나르키스는 충격을 받았다. 따뜻한 가정과 친절한 교육체계 속에서 평생을 살아 온 그녀에게 공동체 밖의 세상은 너무나 험난했다. 그래서 전역 군인이 많이들 그러듯 나르키스 또한 해외로 떠났다. 그리고 꿈을 찾아 이스라엘로 돌아왔다.

　오늘날 나르키스는 사람들이 개인적인 성장을 이루고 전문성을 길러 직업을 찾도록 돕는 공동체를 형성하는 데 열중하고 있다. 2011년, 나르키스는 파트너와 함께 제제ZeZe를 창립했다. 제제는 사회적 기업 설립을 목표로 하는 단체로, 재정적 어려움을 겪는 공동체에 지속 가능한 기업을 설립하고 회사가 자리를 잡을 때까지 지원을 제공하면서 일자리를 창출한다. 또한 2013년에 나르키스는 엘리베이션 아카데미Elevation Academy를 창립하고 최고홍보책임자로 근무하며 장애인이나 정통 유대교파와 같이 취약 계층에 속한 공동체가 스타트업을 시작하는 데 도움을 줬다. 나르키스는 텔아비브대학교에서 심리학과 영화영상학 복수학위를 취득했다. 그리고 2016년 전 세계 여성 기업가들을 위한 공동체 더블유라이프Doubleyou.life를 창립했다. 성공한 여성 기업가 나르키스는 오늘날 더블유라이프의 최고경영자로 활약하고 있다.

나르키스는 조핌 공동체가 지닌 특성이 기업가정신 함양에 이상적 환경을 제공한다고 이야기한다. "제 기업가 인생의 첫 걸음은 조핌에서 시작됐어요."[8] 앞서 살펴봤듯 조핌에서는 아이들이 모든 활동을 주도한다. 아이디어 제안부터 마무리까지 프로젝트의 모든 과정이 아이들의 손에 달린 셈이다. 아이들은 실패를 통해 학습하고 역량을 키워 나가며 프로젝트를 성공으로 이끈다. 예를 들어 여름 캠프에 참여한 하니크는 캠프를 조직하고 독특한 나무 구조물을 직접 세우면서 프로젝트를 계획하고 실행하는 방법을 배운다.

"조핌의 프로젝트가 성공하기까지 거치는 과정은 기업가가 회사를 일으키는 과정과 거의 같아요." 나르키스는 설명한다. "먼저 청사진을 그리고 정서적으로 재정적으로 도와줄 사람을 찾아야 합니다. 그리고 실무를 책임질 인재를 구해야 하죠. 무엇보다 내가 동료로 삼고 싶은 사람이 돼야겠죠. 저 사람이 세운 계획이라면 믿을 만하다는 그런 사람이요. 그런 점에서 조핌은 정말 귀한 경험이 되었습니다."

시간이 흐르고 성장할수록 하니크와 마드리크는 더 큰 책임을 맡는다. 당연히 도전 과제도 점점 어려워진다. 아이들은 조핌에서 실시하는 청소년 운동에 참여하며 스스로 어떤 분야에 재능이 있는지, 무엇을 좋아하는지, 어떤 능력을 더 키워야 하는지 확인한다. 나르키스 또한 마찬가지였다.

제가 11학년일 때, 조핌에서는 이전에 시도해 본 적 없는 새로운 도전을 굉장히 강조했습니다. 제가 마드리크로 있던 팀은 연쇄작용이 일어나는 기계 구조물을 만드는 과제를 맡았어요. 부족에서 처음 해 보는 활동이었어요. 우리 팀이 만든 구조물이 부족 대표로 대회에 출품됐고, 전체 부족에서 2등을 차지했습니다. 이 프로젝트로 많은 걸 배웠어요. 프로젝트를 진행하면서 제가 사람을 적재적소에 잘 배치하고, 팀원의 동기를 자극하는 일에 능숙하다는 사실을 알게 됐습니다. 조직 관리 능력이 아주 뛰어나지만 막상 관리자의 입장이 되는 건 싫다는 것도 이때 알았어요.

나르키스는 조핌에서 배운 교훈을 기업 경영에 적용했다. "조핌에서 아이들은 다양한 활동에 참여하면서 시간을 관리하는 방

법과 더 나아가 사람을 다루고 이끄는 기술까지 배웁니다." 그녀는
덧붙였다. "이런 기술은 다른 곳에서도 배울 수 있어요. 조핌이 정
말 특별한 이유는 자신이 어떤 사람인지 파악할 수 있기 때문입니
다."

스스로 하는 힘

이스라엘의 모든 청소년 운동은 지역 공동체, 국가 공동체의 일원으로 책임을 다한다는 가치를 공유한다. 오랜 세월 동안 여러 청소년 운동 단체에서 활동하는 하니크는 기존 프로그램에 참여하든, 새로운 프로그램을 시작하든 다양한 방식으로 공동체에 힘을 보태 왔다. 이스라엘 청소년은 각자 나이와 역량에 맞는 활동에 참가했다. 아이들은 양로원을 방문해 노인을 돕고, 홀로코스트 생존자를 방문하고, 음식을 모아 빈곤층에 나눠 주고, 난민 어린이의 공부를 도왔다. 이외에도 예시는 셀 수 없이 많다.

내 아들이 참여한 활동 중 가장 인상 깊은 프로젝트는 아프리카에서 온 난민 어린이를 위해 생일파티를 열어 준 것이었다. 10명 남짓 되는 이스라엘 어린이들은 난민 어린이들의 생일을 축하하기 위해 거의 매주 모여 파티를 기획했다. 케이크와 초를 준비하고,

파티에서 할 놀이와 활동을 계획하고, 선물을 마련하고, 노래를 연습했다. 아프리카 난민 어린이들은 태어나서 그런 생일파티는 처음이었다며 기뻐했다.

청소년 운동 단체의 구성원은 지역 공동체의 일원으로 활동하며 인생을 바꿔 놓을 수 있는 중요한 경험을 마주한다. 아이들은 또래와 함께 팀을 이뤄 공동체에 기여하는 방법을 배우고 개인으로서 또는 집단으로서 새로운 길을 향해 나아간다.

크렘보
윙즈

크렘보: 초콜릿이 코팅된 마시멜로에 크림을 올려 만든 쿠키. 이스라엘의 겨울 간식으로 10월에서 2월까지 판매한다.

크렘보 윙즈Krembo Wings의 이야기는 16세 아디 알트슐러Adi Altschuler로부터 시작된다. 아디는 열두 살에 신체에 장애가 있는 어린이를 위한 시설과 프로그램을 운영하는 봉사단체 일란ILAN에 가입했다. 아디는 봉사 활동을 하면서 뇌성마비를 앓던 코비 크피르Kobi Kfir를 만났다. 코비는 아디보다 세 살 많았고, 장애가 있는 탓에 대화를 나누기 힘들었지만 둘은 절친한 친구가 됐다. 아디는 코비와 특별한 유대를 쌓았고 곧 크피르 가족의 일원처럼 받아들여졌다.

아디는 코비와 우정을 나누며 코비가 친구들과 함께 보내는 시간을 매우 그리워한다는 사실을 알아차렸다. "코비는 사람과 어울리는 걸 무척 좋아해요." 이스라엘 현지 언론 노카멜스NoCamels와의 인터뷰에서 아디는 말했다. "하지만 일단 학교를 벗어나면 가족과 저를 제외하면 다른 사람을 만날 기회가 없었어요."[1]

2002년 16세가 된 아디는 이스라엘 비영리 청소년 리더십 기구 리드LEAD에 가입해 계획을 세우고, 실행하고, 공동체 프로젝트를 관리하는 방법을 배웠다. 가장 큰 고민을 골라 해결책을 찾으라는 과제를 받은 아디는 그해 말 크렘보 윙즈를 설립했다. 설립 초기에 아디는 코비와 코비의 같은 반 친구들을 대상으로 소박한 활동을 계획했다. 아디는 부모와 의견을 나누고 교통편을 예약하는 등 모든 과정을 직접 준비했다. "크렘보 윙즈가 입소문을 타면서 더 많은 부모님과 친구들, 교육자들이 프로젝트 규모를 키워 보자고 제안했습니다." 하지만 아디는 크렘보 윙즈의 구조를 그대로 유지하기로 결정했다. 대부분의 이스라엘 청소년 운동과 마찬가지로 크렘브 윙즈 또한 청소년이 주도해 운영됐다. 아이들은 운동능력과 인지능력에 문제가 있는 장애아동이 사회와 상호작용하고 이스라엘의 공동체 일원으로 활동할 수 있는 기회를 마련하기 위해 힘을 모았다. 크렘보 윙즈에 소속된 청소년은 참여자이자 가이드이자 강사이자 매니저이자 기획자였다. 아이들은 행사가 원활히 진행되도록 활동을 계획하고, 봉사자를 모집하고, 일정을 조율했다. 이 청소년 운동의 목적은 자원봉사에 참여하는 상담자들의 리더십을 개발하는 데 있었다.

크렘보 윙즈는 몇 년 만에 이스라엘 사람이라면 누구나 알 만한 청소년 운동으로 거듭났다. 회장직을 맡은 아디 알트슐러는 처음 프로젝트를 시작한 이유를 이렇게 설명했다. "코비처럼 장애를 가진 친구들이 외롭지 않도록 사회관계를 맺을 기회를 만들어 주고 싶었습니다. 평범한 사람들과 똑같이요. 하지만 크렘보 윙즈는 장애를 가진 사람들만을 위한 프로젝트가 아니에요. 내가 그리고 우리가 다 함께 어울려 살아가기 위한 선택이었어요."

오늘날 이스라엘 전역에 자리한 47개 크렘보 윙즈 지부에서 다양한 문화적, 종교적, 사회경제적 배경을 지닌 17세에서 21세의 청소년 4,000명이 운동에 동참하고 있다. 장애아동 및 청소년을 사회적 고립으로부터 구하려는 아디의 노력이 결실을 맺었다.

몇 년 전, 아디는 크렘보 윙즈의 시작을 떠올리며 웃었다. "처음에 우리는 그저 열여섯 살 어린애들에 불과했어요. 비전이나 전략, 사업계획도 없었죠." 2009년 아디 알트슐러와 크렘보 윙즈는 이스라엘에서 가장 권위 있는 상인 대통령 자원봉사상Presidential Award for Volunteerism을 수상했다. 2014년 아디는 〈타임〉 지가 선정한 미래의 리더 6인에 이름을 올렸고, 국제연합의 초청을 받아 사회적 기업가정신이 어떻게 개발도상국의 성장을 이끌 수 있는지에 대해 연설했다. 크렘보 윙즈는 청소년에게 사회를 발전시킬 잠재력과 책임이 있다는 신념을 바탕으로 세워졌다. '어리석은 시기'를 지나는 십 대 소년 소녀에게 자원봉사자 70명과 특별한 도움이 필요한 장애아 십 수 명을 책임질 권한이 있다니 쉽게 믿기 힘든 이야기이다. 하지만 이스라엘의 부모와 기관은 아이들이 중요한 프로젝트를 이끄는 데 전혀 불편함을 느끼지 않는다.

크렘보 윙즈 모디인 지부의 전임 지부장 시르는 "책임감이 클수록 성장도 빠르다"며 청소년이 중책을 맡았을 때 얻을 수 있는 이익을 이야기했다. "조직을 어떻게 관리해야 하는지, 또 어려운 상황이 닥쳤을 때 어떻게 대처해야 하는지 배웠습니다. 서른 살이 넘고야 수십 명을 책임져야 하는 위치에 올랐다는 어른도 많으니 우리는 굉장히 어린 나이에 좋은 기회를 잡은 셈이에요." 게다가 더 놀라운 사실은 누구도 청소년에게 권한을 '부여'하지 않았다는 것이다. 아이들은 스스로 책임을 떠맡았다. 아디 알트슐러가 크렘보 윙즈를 설립하는 데는 누구의 지시도 조언도 없었다. 아디는 온전히 혼자서 프로젝트를 생각해 냈다. 오늘날 아디는 존경받는 사회적 기업가로 활동하고 있다. 그리고 이런 길을 선택한 청소년은 아디뿐만이 아니다.

선두에 선
청소년

샤린 피셔^{Sharin Fisher}가 16세 고등학생일 때 이스라엘 방위군 정보부대 유닛 8200은 이미 유명했다. 부대원에게 독자적인 기술력과 사업 능력을 전수하고 부대를 거쳐 간 구성원에게 평생 지속

되는 소속감과 유대감을 심어 주었다.

피셔는 유닛 8200의 엄격한 심사 과정을 통과할 만반의 대비를 했다. 손수 수업과 방과 후 활동을 고르고 아랍어와 컴퓨터 공학을 공부했다. 가정과 학교에서는 피셔를 적극적으로 지지했다.

피셔는 청소년기에 교육의 혜택을 받고 성인이 된 후 유닛 8200에 복무하면서 미래의 사이버 및 컴퓨터 전문가를 기르려면 어린 나이에 훈련을 시작할수록 유리하다는 사실을 깨달았다. 그리고 자신이 누린 혜택을 나누겠다는 목적으로 2013년 창업 준비를 시작했다.

그는 텍사스대학교와 이스라엘 헤르츨리야대학교Interdisciplinary Center Herzliya에서 외교학, 전략학, 국제 관계학 석사 학위를 취득한 후 테크리프트Techlift를 설립했다. 이스라엘 최초로 기술 분야에 초점을 맞춘 청소년 운동으로, 유닛 8200 전우회8200 Alumni Association의 주도 아래 활동했다. 테크리프트에서 실시하는 프로그램은 7학년부터 12학년까지 청소년이 더 높은 목표를 추구하도록 영감을 주고 기술 혁신가 또는 기업가로 성장하기 위해 필요한 기술과 역량을 키우는 데 도움을 줬다.

이스라엘에서 이루어진 혁신이 대개 그렇듯 테크리프트 역시 필요에 의해 탄생했다. 샤린 피셔는 설명한다. "유닛 8200에서 8년간 근무하면서 많은 생각을 했습니다. 군대에서 맞닥뜨리는 문제 중에는 삶과 죽음을 결정할 만큼 중대한 사안도 많았어요. 해결책을 찾으려면 틀에서 벗어나야 했습니다."[2]

유닛 8200은 도저히 해결할 수 없을 것 같은 문제를 해결하라고 요구한다. 이것이 군부대의 교육법이다. 낡은 해결책을 새로운 문제에 적용해 봤자 의미가 없다. 유닛 8200이 병사에게 창의적 사고를 강조하는 이유이다.

피서가 유닛 8200에 근무하던 당시 상부에서 인력 부족을 해결할 방법을 찾으라는 명령이 내려왔다. 기존에 없던 새로운 돌파구를 생각해야 했다. "과학기술 분야에 두각을 나타내는 고등학생이 6,000명 정도인데 유닛 8200에 지원하는 비율이 채 10퍼센트가 안 됩니다. 게다가 그중 시험을 통과한 200명만 최종 입대하죠. 사이버보안 위협이 증가하는 속도를 고려하면 부대는 매년 최소 1,000명을 받아야 합니다. 인력이 한참 부족할 수밖에 없는 구조예요." 피서는 유닛 8200이 흔들리면 나라의 안보가 흔들린다며 인력 부족의 위험을 강조했다.

그는 애초에 인력난이 발생한 원인을 고민했다. "그날 저녁 잠자리에 누워서 이런 생각을 했어요. 군대에서는 교육 체제가 생산한 인재를 기용할 수밖에 없다. 결국 문제는 교육 체제에서 시작된다. 하지만 사이버보안이라는 분야가 생긴 지 이제 겨우 몇 십 년밖에 안 됐는데, 교육부가 하루아침에 전문성을 갖춘 교사를 배출할 수는 없지 않겠는가?" 피서의 예측은 정확했다. 학교에서 사용하는 교수법은 21세기형 문제를 해결하는 데 적절하지 않았다. "우리는 아이들에게 지금껏 없었던 문제를 다룰 수 있도록 가르칠 필요가 있습니다. 아이들은 고정관념에 얽매이지 않고 창의적으로 생각하는 방법, 즉 스스로 학습하는 방법을 배워야 합니다. 그것이 우리 손으로 이스라엘의 미래를 건설해 나갈 수 있는 유일한 해결책입니다." 피셔는 설명했다.

전역 후 그는 이스라엘에 필요한 변화를 주도하기로 마음먹었다. "군생활을 마치고 심판으로 초청받아 해커톤(해킹과 마라톤의 합성어로 정해진 기간 동안 팀을 꾸려 프로젝트를 완수하는 행사—옮긴이)에 참가한 적이 있는데, 과학기술을 향한 열정은 넘치지만 기회가 없어 펼치지 못하는 아이들이 많더라고요. 이스라엘 학생 대부분은 일부 엘리트에게만 제공되는 사이버 교육 프로그램의 혜택을 못 받고 있습니다. 이스라엘이 '스타트업 국가'로 유명하지만 실제 첨단 기술 산업이나 스타트업에 종사하는 인구는 얼마 안 돼요. 그 탓에 이스라엘의 사회경제적 격차는 전 세계 선진국 중 가장 심각한 수준입니다. 아직까지 첨단 기술 및 스타트업 분야에서 활약하는 정통 유대교인, 새로운 이민자, 아랍인은 굉장히 드물어요."

문제의 원인을 파악한 피셔는 테크리프트를 설립해 기술에 열정을 품은 아이들을 가르치는 청소년 운동을 시작했다. 아이의 배경, 성적, 과거 수상 경력은 중요하지 않았다. "우리는 수질오염과 같이 생존에 위협이 되는 문제를 해결하기 위해 오염의 원인을 찾고 정화 필터를 가동하는 로봇을 개발하고 있습니다." 피셔는 테크리프트의 활동을 간단히 설명했다. "테크리프트에서는 로봇 개발 외에도 여러 즐거운 활동을 실시합니다. 방 탈출이 그중 하나예요. 실제로 할 때도 있고, 가상의 게임을 개발할 때도 있는데 어쨌든 컴퓨터 코드를 해독하는 방 탈출 게임을 만든 건 우리가 처음일 겁니다." 하니크는 청소년 운동에 지속적으로 참여하며 경험을 쌓아 마드리크로 활동하도록 장려된다. "교육부가 할 수 없는 일을 청소년 운동이 대신할 수 있어요." 피셔는 주장한다. "우리는 차세대 리더를 키움으로써 이스라엘 기술교육의 미래를 변화할 강력한 인프라를 구축하고 있습니다."

테크리프트는 조핌의 구조와 신념을 바탕으로 설립됐다. 샤린 피셔가 10세부터 조핌의 일원으로 활동한 영향이 크게 작용했을 것이다. 조핌과 마찬가지로 테크리프트에 소속된 아이들은 훗날 유용하게 사용할 수 있는 기술을 익힌다. 피셔와 조핌의 관심사는 일맥상통한다. "저는 취약계층의 아이들이 어엿한 사회의 일원이 되어 활약할 수 있는 기반을 마련하고 싶습니다. 세상에 변화를 가져올 수 있는 무언가를 직접 만드는 인물로 성장하도록 돕는 거죠. 이는 이스라엘의 모든 청소년 운동, 특히 조핌이 추구하는 가치입니다."

MDA

2018년 1월 12일은 이스라엘 중심에 자리한 도시 모디인의 한 구급대원에게 잊을 수 없는 하루였다. 출산이 임박한 산모를 가까운 병원으로 옮기던 중 구급차 안에서 아기를 두 명이나 받았다. 아마 지금 여러분은 '그렇게까지 특별한 사연은 아닌데'라고 생각하고 있을 것이다. 하지만 두 아이의 출생에 열다섯 살의 자원봉사자가 개입했다면? 이야기의 주인공 샤케드 론 탈Shaked Ron Tal을 만나 보자.

그날 샤케드는 전문 자격증을 보유한 구급차 운전사와 다른 두 명의 젊은 자원봉사자와 함께 응급환자를 후송했다. 오전 7시, 37세 산모를 태우고 병원으로 가는 길에 첫 번째 아기가 태어났다. 채 흥분이 가시기도 전에 두 번째 사건이 일어났다. 오전 10시, 진통을 느끼고 구급차를 불러 병원으로 향하던 산모가 귀여운 여자아기를 낳았다. 샤케드는 무척이나 감동했다. "떨림이 멈추질 않았어요. 한 명도 아니고 두 명의 생명이 탄생하는 순간을 함께할 수 있었다니, 정말 대단해요. 산모와 가족 모두 행복하길 바라요. 앞으로 이런 경험을 더 많이 하고 싶어요."[3] 놀랍지만 샤케드는 겨우 15세였다.

그는 적십자와 비슷한 이스라엘 구호기관 마겐 다비드 아돔Magen David Adom, 즉 MDA에서 봉사활동을 했다. 전 세계 각국의 적십자처럼 MDA 또한 간호사를 양성하고, 헌혈 기관과 협력해 혈액을 공급하고 장애인, 빈곤층, 노년층 등 약자를 돌본다. 또한 바다, 도시, 도로 등 다양한 장소에서 구조 서비스를 제공한다. 하지만 적십자와는 한 가지 큰 차이점이 있다. MDA에서 활동하는 자원봉사자 1만 7,000명 중 15세에서 18세의 청소년이 1만 1,000명에 달한다! 놀랍지만 사실이다. 이스라엘 구호단체에 소속된 자원봉사자 가운데 60퍼센트가 '어리석은 시기'를 지나고 있다.

1930년 MDA가 설립되고 이스라엘 청소년은 꾸준히 봉사에 참여해 왔다. 십 대들은 1948년 독립전쟁 청년여단에서 맹활약했고, 1970년대 전쟁터에서 수많은 사상자를 구조했고, 1990년대 테러 사건이 일어나자 누구보다 먼저 나라를 위해 나섰다. 매년 수십만 명이 MDA와 어린 천사들의 도움을 받아 위험에서 벗어나고 있다.

이스라엘 밖의 적십자에서 활동하는 청소년 자원봉사자와 달리 이스라엘 MDA의 어린 봉사자들은 직접 수준 높은 심폐소생술을 실시하고, 교통사고 현장에서 사상자를 구출하고, 골든타임에 부상자를 치료한다. MDA의 청소년 자원봉사자들의 총 봉사 시간은 연간 150만 시간이 넘는다. 더 수준 높은 교육을 원하는 아이들은 대규모 부상자가 발생했을 때 대응하는 방법을 배우고, 여름방학 동안 고급 훈련 코스에 등록해 마드리크 훈련을 받는다. 교육 과정을 수료하면 다른 자원봉사자를 관리하고 근무 순번을 조정하는 등 더 큰 책임을 맡는다.

얼마 전부터 이스라엘에서 청소년 자원봉사자가 구급차에 동승해 의료 활동에 개입하는 일을 두고 논쟁이 일고 있다. 청소년에게 그만한 능력이 있는가? 아직 어린 학생들에게 그렇게 큰 사회적 책임을 지워도 되는가? 찬성과 반대 어느 입장에 서든 이스라엘 청소년이 신체적으로나 정신적으로나 의료 분야에 깊숙이 관여하고 있다는 사실은 변하지 않는다. 청소년 자원봉사자 없이는 지금과 같은 구조 활동을 펼칠 수 없다. 무엇보다 아이들 스스로 더 많이 배우고, 더 많이 돕길 원한다.

이스라엘 청소년은 사회에 큰 공헌을 하고 있다. 도움을 받는 사람도 주는 사람도 동의할 것이다. 아이들은 종종 위험하고 '어리석은' 행동을 저지르지만, 급박하고 격렬한 상황에서는 능동적으로 행동하고 주어진 막대한 책임을 다한다. 이스라엘에서 청소년은 성인이 되길 기다리는 존재 이상이다. 공동체 일원으로서 정치, 사회, 교육, 문화 등 다양한 분야에서 활발히 활동한다.

이스라엘 사회는 청소년이 국가의 현재와 미래를 만들어 가길 기대한다. 물론 십 대 자녀가 구급차에서 직접 의료행위에 개입하는 걸 달가워하지 않는 부모도 있다. 하지만 청소년이 이스라엘 전역을 누비며 어려움에 처한 사람을 돕는다는 사실은 그들이 보호가 필요한 미성숙한 존재가 아닌 어엿한 시민으로 존중받고 있음을 보여준다.

리드

오늘날 이스라엘에서 청소년 운동에 참여하는 인구는 24만 6,500명이 넘는다. 55개가 넘는 단체가 있으며 어떤 목적을 추구하는지 하나하나 열거하기도 어렵다. 하지만 모든 청소년 운동은 한 가지 공통점을 가진다. 청소년이 국가의 일원으로서 사회에 기여하도록 도움을 주는 것이다. 또한 이스라엘 청소년에게는 특권과 동시에 책임이 주어지는데, 아이들은 그런 권리에 따르는 무게를 기쁘게 받아들인다.

이스라엘 청소년은 성숙한 시민으로서 사회를 변화할 수 있는 힘을 가진다. 아이들이 행동에 적극적인 이유가 여기에 있다. 어른들이 그렇듯 아이들 또한 성공할 수도 실패할 수도 있다. 하지만 요점은 도전할 기회가 주어진다는 것이다. 실제로 이스라엘에는 아이들에게 리더 자격을 부여해 사회활동을 주도하도록 독려하는 단체가 흔하다. 리드LEAD 또한 그중 하나다.

리드는 이스라엘 청소년의 리더십 함양을 목적으로 세워졌다. 리드에서는 사회지도, 심리학, 교육 분야 전문가를 초청해 청소년이 직접 프로젝트를 주도할 수 있는 기회를 제공한다. 전 세계 어디에서도 리드와 유사한 청소년 프로그램을 찾기는 힘들다. 프로그램이 추구하는 잠재력을 지닌 16세 청소년이라면 출신 배경과 과거 이력에 관계없이 누구나 가입할 수 있다. 리드의 2년 과정 프로그램인 '앰버서더'는 아이들이 직접 프로젝트를 구상하고, 기획하고, 실행하고, 관리해 사회에 보탬이 되도록 격려한다. 또한 과학, 사회과학, 기업, 정부, 교육 분야를 선도하는 전문가와의 만남 및 연수를 주최해 차세대 리더를 육성한다. 이스라엘에서 16세는 미래를 준비하는 나이이다.

크렘보 윙즈를 설립한 아디 알트슐러를 기억하는가? 그는 리드에서 추진하는 프로젝트를 계기로 크렘보 윙즈를 시작했다. 아디는 겨우 16세에 기업가가 될 기회를 잡았다. 주변의 격려와 리드의 지지를 받으며 부족함 없이 프로젝트를 진행했고, 1년 만에 뜻깊은 결과를 거뒀다.

리드의 하니크는 고등학교 졸업 후에도 졸업생 그룹에 속해 활동을 이어 간다. 16세부터 35세까지 유지되는 리드의 동문 프로그램은 전 세계 각국의 다양한 리더십 단체 중 가장 긴 활동 기간을 자랑한다. 리드를 비롯한 이스라엘의 청소년 단체는 현재를 중요하게 생각한다. 이들은 청소년이 사회를 변화할 능력을 지녔다고 믿는다. 당연히 이스라엘에서 청소년을 무시하거나 얕잡아 보는 사람을 찾기는 힘들다.

크렘보 윙즈, 테크리프트, 리드, MDA 프로그램에는 청소년이 행동의 주체로서 활약한다는 공통점이 있다. 아디 알트슐러, 샤린 피셔, 샤케드 론 탈은 이론가인 동시에 실천가로서 히브리어로 '타클레스tachles'라 부르는 삶의 태도를 보였다. 타클레스에는 실용성의 표현과 요점 파악이라는 두 가지 뜻이 있다. 즉 핵심을 찾아 목표를 향해 똑바로 나아가는 행동을 의미한다.

마그쉬밈과
사이버 걸즈

마침내 이 장에서 소개하는 마지막 프로그램인 마그쉬밈 Magshimim과 사이버 걸즈Cyber GirlZ의 차례가 돌아왔다. 마그쉬밈과 사이버걸즈는 뛰어난 재능을 가진 12세부터 18세까지의 청소년을 대상으로 하는 방과 후 활동이다. 이스라엘 젊은이가 기술 정보 부대에 입대하기 전 어느 정도 관련된 사전 지식을 갖출 수 있도록 온라인 산업 및 컴퓨터 공학을 교육하기 위한 목적으로 시작됐다. 시간이 흐르면서 마그쉬밈과 사이버 걸즈는 이스라엘의 첨단 기술 전문 인력을 양성하는 교육 기관으로 자리 잡았다. 설립 9년째인 2018년까지 1,000명이 넘는 인재가 거쳐 갔다. 전체 졸업생의 70퍼센트가 이스라엘 방위군 사이버정보부대에 입대했다. 유닛 8200을 비롯한 정보부대의 부대원 중 수도권 외 출신 병사가 차지하는 비율은 3퍼센트에서 25퍼센트까지 증가했다. 마그쉬밈은 안보와 경제적 측면의 성장을 유도하고 사회적 격차를 좁힐 수 있는 플랫폼을 마련함으로써 이스라엘에 긍정적인 변화를 가져왔다.

전임 이스라엘 국가사이버국 국장이자 사이버교육센터Cyber Education Center 최고경영자인 사기 바르Sagy Bar는 마그쉬밈 프로그램의 설립 목적이 정보부대의 인력 부족 해소라고 설명한다. "정보부대 업무를 해낼 만한 부대원이 부족했습니다."[4] 사기는 말했다. "21세기에 접어든 지 10년이 지났는데, 이스라엘 정보 산업은 여전히 더 많은 인재를 필요로 했습니다. 사람이 부족한 탓에 산업 전체가 뒤처지고 있었죠." 그는 20년이 넘는 긴 세월 동안 이스라엘 방위군 엘리트 정보부대의 중령으로 복무하면서 복잡한 통합 기술 프로젝트를 주도해 왔다. 다양한 문제의 원인과 해결책을 찾아 안보에 탁월한 공로를 세웠고 대통령과 국방부 장관이 이스라엘 방위상을 내렸다. 하지만 엔지니어, 지도자, 군인으로서 뛰어난 능력을 발휘했다고 마그쉬밈과 사이버 걸즈의 프로그램을 성공으로 이끌

STEP 3 효율 · 161

수는 없다. 사기는 이스라엘의 안보와 정보산업의 미래를 진심으로 걱정했다. 그리고 고민을 거듭한 끝에 두 분야를 결합해 새로운 길을 개척하겠다는 야심찬 계획을 세웠다.

이스라엘 어린이들은 마그쉬밈과 사이버 걸즈 프로그램을 통해 훗날 군대와 사회에서 필요한 기술을 익히고 기업가로서 갖춰야 할 역량을 키울 수 있다. 아이들은 자유롭게 미래를 선택했다. 프로그램에 참여한다고 해서 반드시 특정 부대에 입대해야 하거나 마그쉬밈과 사이버 걸즈에서 배운 기술을 사용해야 할 의무는 없다. 사기는 말했다. "우리는 아이들의 선택지를 넓혀 주고 싶었습니다. 마그쉬밈과 사이버 걸즈는 아이들이 어떤 꿈을 꾸든 최대한 목표에 다가갈 수 있도록 잠재력을 끌어내는 데 초점을 맞추고 있습니다. 이곳에서 익힌 기술을 어디에 어떻게 사용하는지는 전적으로 아이의 의지에 달려 있죠. 우리는 어린 학생에게 새로운 기회와 성장의 밑거름을 제공할 뿐입니다."

그가 말을 이어 나갔다. "마그쉬밈과 사이버 걸즈 프로그램은 기업가의 세계와 비슷한 점이 있습니다. 보통 사람이 보기엔 별 쓸모없어 보이는 뭔가를 만들더니 그걸 맞춤인 분야에 적용해 생각지도 못한 변화를 일으킵니다. 그러면 이제 없어서는 안 되는 사회의 일부분이 됩니다. 청소년을 대상으로 하는 교육 프로그램은 이스라엘의 문화로 정착했습니다. 마그쉬밈과 사이버 걸즈를 비롯한 청소년 운동은 아이들이 문제를 인식하고 해결책을 찾음으로써 긍정적인 사회 변화를 유도할 수 있는 기회를 제공합니다. 그리고 저는 이것이 기업가정신의 본질이라고 생각합니다."

사기는 라시 재단^{Rashi Foundation}과 파트너십을 맺어 마그쉬밈과 사이버 걸즈 프로그램의 전략 수립과 경영 전반에 참여하고 있다. 이스라엘 방위군은 프로그램 확대를 위해 꾸준히 지원해 왔고, 마그쉬밈과 사이버 걸즈 출신이 놀라운 성과를 보이자 민간 기업에서도 해당 프로그램 졸업생을 채용하길 원했다. 심지어 공학 및 사이버 분야를 선도할 미래의 인재를 키운다는 목적의식을 가지고 자선단체를 통해 자금을 투자하는 기업도 있었다.

처음에는 정부 주도로 시작했지만 오늘날 마그쉬밈은 하나의 청소년 운동으로 자리 잡았다. "마그쉬밈과 사이버 걸즈에는 나름의 규칙이 있습니다." 사기는 설명했다. "졸업생과 17세 연수생은 14세, 15세 후배를 가르칩니다. 실제로 17세, 18세 아이들은 여름방학 활동 진행에서 굉장히 큰 역할을 맡고 있습니다. 이런 졸업생 공동체 또한 아이들의 아이디어로 형성됐습니다. 단체에서는 개입하지 않았어요."

사기는 이스라엘의 다양한 청소년 운동을 살펴보면 사회가 청소년을 육성하는 창의적 태도를 확인할 수 있다고 이야기한다. "이스라엘 사회가 젊은 세대의 발전을 대하는 태도는 아주 특별합니다." 아이들은 일상에서 어려움을 극복하고, 청소년 운동에 참여하며 성장한다. 의무복무를 끝내고 전역한 21세 청년은 "훌륭한 정신과 뛰어난 역량을 갖춘 결속력 강한 국가 구성원으로서 넘치는 의욕과 놀라운 행동력을 보여 줍니다." 그래서 미래 계획은 어떻게 되나요? 사기에게 물었다. "우리가 가진 노하우와 전문성을 활용해 전 세계에서 통용되는 교육 매뉴얼을 만들고 싶어요. 더 많은 아이들이 우리가 미래의 기술이라 믿는 지식을 익힐 수 있으면 좋겠습니다."

쉼표

의무복무 제도가 없는 국가의 교육자들은 묻는다. "어떻게 해
야 청소년의 공동체 의식을 기를 수 있을까요? 아이들에게 책임감
과 의무감을 가르치려면 어떤 방법을 사용해야 할까요?" 이들은 이
스라엘 청소년이 군대에서 공동체 의식과 책임감, 의무감을 배운
다고 생각한다. 하지만 내 생각은 다르다. 또한 정말 피치 못한 상
황이 아니라면 의무복무 도입을 추천하지 않는다. 나는 군생활보
다는 긍정적인 목표를 추구하는 이스라엘의 사회 프로그램이 그에
훨씬 큰 영향을 미친다고 생각한다.

우리는 앞 장에서 이스라엘의 청소년 운동이 어떻게 아이들
을 공동체의 일원으로 포용하는지 알아봤다. 이외에도 이스라엘은
높은 시민의식을 갖춘 청년이 국가에 기여할 수 있는 다양한 기회
를 제공한다. 그중 가장 인기 있는 선택지는 한 해 동안 인생을 미

뤄 두고 사회 프로그램에 참여하는 것이다. 물론 학업을 중단하고 사회 활동에 참여하려면 그만한 대가를 치러야 한다. 하지만 과연 득보다 실이 크다고 이야기할 수 있을까?

봉사하는
해

이스라엘에는 고등학교를 졸업한 십 대가 1년간 지역사회 봉사활동에 참여하거나 자기계발의 시간을 가지도록 지원하는 프로그램이 많다. 프로그램은 참가자가(청소년 운동에서와 같이 하니크라고 불린다) 군대에서 맡은 바 책임을 다할 수 있도록 입대 준비를 돕는 한편 사회 참여를 유도하고 선량한 시민의식을 함양하게 한다는 목적을 지닌다. 학부 준비 과정인 메키나와 공공근무 프로그램인 스나트 쉬러트가 가장 흔히 선택된다.

메키나 프로그램에 참가한 청소년은 정규 교육과정에서 벗어나 철학, 심리학, 정치경제학, 문학, 역사 등 다양한 주제를 자유롭게 탐구한다. 스나트 쉬러트 프로그램을 선택한 청소년은 시골이나 낙후된 지역에서 봉사활동을 수행한다.

메키나와 스나트 쉬러트는 미성년과 성년을 연결하는 다리 역할을 한다. 학교를 졸업하고 군복무를 앞둔 청소년은 낯선 환경에서 새로운 경험을 통해 자율성을 키운다. 아이들은 처음으로 가족 곁을 떠나 또래 20명과 함께 삶을 꾸려 나가며 홀로서기에 적응한다. 주어진 예산 안에서 살림을 살고, 갈등과 화해를 반복하면서 진짜 인생을 배운다. 무엇보다 자신이 어떤 능력을 지녔는지, 또 지역사회에 어떻게 기여할 수 있는지 확인하는 시간을 가질 수 있다. 그래서 메키나와 스나트 쉬러트 프로그램은 청소년에게 큰 영향을 미친다.

내 친한 친구 웬디의 두 딸이 메키나를 마쳐서 이런 프로그램을 더 잘 이해할 수 있었다. 웬디는 말했다. "노아와 타마르는 입대 전 1년 동안 메키나에서 보낸 시간을 낭비라고 생각하지 않아요. 오히려 반대죠. 이제 막 18세가 된 아이들은 1년간 그들만의 공동체를 형성해 직접 운영에 참여하며 나이에 비해 막중한 책임을 안게 되죠. 공동체에서 추진하는 모든 프로젝트는 시작부터 끝까지 아이들이 알아서 관리해야 합니다. 주어진 자원은 거의 없어요. 메키나는 고차원적인 가치 기반 교육이자 리더십 훈련이에요. 12년 동안의 교육과정으로는 배울 수 없는 귀중한 수업이라고 생각해요."

메키나 엔 프랏 지부에서 열린 타마르의 졸업식에 참가한 웬디와 가족은 지난 1년간 메키나 프로그램에 참여한 아이들이 사회에 어떤 변화를 가져왔는지 들었다. 타마르는 이스라엘 남부 도시 베에르셰바에서 6세에서 18세까지의 에티오피아 아동을 대상으로 5일간의 캠프를 열었다. 이 프로젝트는 이스라엘의 명절 하누카를 맞아 아이들이 학교를 쉬는 동안 부모가 출근하는 데 도움을 주기 위한 목적으로 추진됐다. 타마르와 팀원은 음식을 마련하고, 활동을 기획하고, 보험에 가입하고, 4,000달러에 이르는 자금을 유치하고, 숙박 장소를 고르는 등 캠프 운영에 필요한 크고 작은 세부사항을 하나하나 직접 준비했다.

놀랍게도 타마르에게 프로젝트 주도권을 맡긴 사람은 아무도 없었다. 타마르는 주변의 요구에 따라 '로쉬 가돌rosh gadol', 즉 대장으로 활약했을 뿐이다. 대장이라고 표현하니 타마르가 오지랖이 넓고 오만한 사람처럼 느껴지지만 이 단어에는 나쁜 뜻이 없다. 로쉬 가돌은 자신을 굉장히 높게 평가해 타인을 아래에 두려는 사람이 아니다. 책임을 기꺼이 맡고 선뜻 행동에 나서 롤 모델이 되는 사람을 가리키는 단어다. 위대한 기업가는 모두 로쉬 가돌의 사고방식을 가진다. 이들은 남들과 다른 시선으로 미래를 보고 퍼즐의 잃어버린 조각을 그리는 능력을 지녔으며 어려운 목표에 도전할 준비가 돼 있다. 그리고 메키나와 스나트 쉬러트 프로그램은 청소년이 로쉬 가돌의 태도를 갖추도록 장려한다. 이렇듯 기업가로서 자질을 키울 수 있는 기회는 이미 마련돼 있고, 기회를 잡을지 말지는 온전히 청소년 자신의 몫이다.

웬디는 1년 사이에 타마르의 책임감과 자립심이 훌쩍 성장했다며 기뻐했다. "나는 타마르가 갭이어를 보내면서 시간을 낭비했다고 생각하지 않아요. 타마르도 그렇게 생각하고요. 타마르는 정해진 활동 기간이 끝나고도 엔 프랏에 반 년간 더 머물기로 결정했어요. 그렇게 입대하기 전 총 18개월을 사회봉사와 리더십 훈련에 할애했죠."

웬디가 말을 이어 갔다. "메키나 프로그램의 위력을 다시 한 번 실감한 계기가 있어요. 런던에서 온 친구에게 엔 프랏의 메키나 프로그램을 소개했는데, 지금 그 친구는 짐바브웨에서 거의 똑같은 프로그램을 통해, 사회 진출을 앞둔 고등학교 졸업생들에게 리더십을 가르치고 있어요."

이스라엘에는 고등학교를 졸업하고 '휴식'을 가지며 봉사활동에 참여하는 청소년이 점차 늘고 있다. 2015년, 18세 청소년의 5퍼센트가 2년에서 3년간의 군복무를 시작하기 전 1년간 지역사회 봉사활동을 선택했다. 20대를 앞두고 대학에 진학하고, 일자리를 찾고, 결혼을 하는 '현실적인 삶'을 미루기로 결정한 것이다. 메키나와 스나트 쉬러트를 비롯한 다양한 프로그램을 통해 봉사활동을 하겠다는 청소년은 해가 갈수록 증가하고 있다. 오늘날에는 자리가 부족할 정도로 경쟁이 치열하고 이런 프로그램의 참가가 경력으로 인정받는다.

칠드런
빌리지

메가딤Megadim은 이스라엘에 자리한 두 SOS 칠드런 빌리지 SOS Children's Villages 중 하나로(전 세계 각지에 500개가 넘는 칠드런 빌리지가 있다), 피치 못한 사정으로 친부모와 함께 살 수 없는 아이들을 돌본다. 〈태블릿Tablet〉의 기자 바버라 밤베르거Barbara Bamberger는 칠드런 빌리지를 "모든 아이를 마을과 공동체의 일부로 받아들여 안정된 가정과 정서적 지지를 제공하겠다는 철학을 바탕으로 설립한 시설"이라고 묘사했다.[1] 밤베르거가 쓴 글의 일부를 발췌했다.

> 메가딤은 이스라엘 북부도시 미그달 하 에멕에 자리한 자급자족 공동체로 이곳에는 신체적, 정신적 학대부터 빈곤과 방치에 이르기까지 다양한 이유로 가족의 품을 떠난 아이들이 모여 산다. 새로운 가족을 찾지 못해 갈 곳이 없는 아이가 최후의 수단으로 찾는 장소가 메가딤이다. 이곳에 거주하는 4세 이상 어린이 약 80명은 8개의 '가족'으로 나뉘어 생활한다. 다양한 연령의 아이들이 각 가정마다 배치되는 '어머니', 즉 아이들을 돌보는 어른의 보호 아래에서 형제자매의 역할을 수행한다.

많은 기관이 그렇듯 메가딤 역시 인력이 부족했고 아이들을 꼼꼼히 돌보는 데 어려움을 겪었다. 하지만 스나트 쉬러트 자원봉사자가 도움을 주면서 메가딤은 안정적으로 공동체를 운영하고 있다. 공동체의 각 가정에는 어머니를 돕고 아이들의 멘토 역할을 할 스나트 쉬러트 자원봉사자가 한 명씩 배정된다. 청소년 봉사자는 여행부터 축하 행사, 프로젝트까지 공동체의 모든 활동에 관여한다. 밤베르거의 설명에 따르면 메가딤은 봉사활동을 하는 청소년에 의해 운영된다고 할 수 있을 만큼 스나트 쉬러트에 큰 도움을 받고 있다. 청소년은 공동체를 깔끔하게 유지하고, 행정업무를 처리하고, 과외활동을 기획하고, 아이들과 함께 텃밭과 사육장을 가꾼다.

　보다시피 스나트 쉬러트에 소속된 청소년은 어린이가 의지하고 존경할 수 있는 어른으로 자라야 한다. 메가딤에서의 경험은 고되지만 의미 있는 성장의 과정이다. 청소년은 사회가 어떤 사람을 필요로 하는지, 자신은 어떤 역할을 할 수 있을지 고민하는 기회를 가진다.

　메키나와 스나트 쉬러트에는 1년 내내 멘토와 사회복지사를 비롯한 성인이 상주하며 과도기를 겪는 청소년에게 적절한 지원을 제공한다. 이렇듯 청소년은 책임감과 독립심을 기르는 동시에 1년 동안 함께 생활하는 성인 지도자와 동료 들에게 충분한 지지를 받는다. 메키나와 스나트 쉬러트 프로그램은 자유와 보호 사이에서 완벽한 균형을 유지하고 있다.

아이들은 왜 인생을
미뤄야 하는가?

　이즈하르 샤이Izhar Shay는 벤처캐피털 회사 카난 파트너스 이스라엘Canaan Partners Israel의 조합원이자, 팟캐스트로 유명한 이스라엘 기술 커뮤니티인 스타트업 스타디움Start-Up Stadium의 설립자이다. 또한 《당신 그대로 아름다운As Beautiful as You》의 저자이기도 하다. 그는 이스라엘 기술 생태계에 지대한 영향을 미친 인물이다.

동시에 샤이는 네 아이의 아버지다. 그중 세 명이 스나트 쉬러트 프로그램에 참가했다. 그가 말하길 "첫째 딸 시르Shir가 봉사활동을 하겠다고 말했을 때 우리 가족은 굉장히 기뻤어요."[2] 올해 26세인 시르는 이스라엘 북부에 자리한 가난한 도시 하데라에서 자폐아동의 학업을 돕고 근처 조핍 부족을 돌보며 1년을 보냈다.

시르는 하데라에서의 경험을 회상했다. "우리는 자폐 증상이 있는 아이들과 일종의 공동체를 형성하기로 했습니다." 시르는 스나트 쉬러트에 참가한 청소년 네 명과 함께 프로젝트를 꾸려 나갔다. 다들 자원봉사를 통해 처음 만난 사이였다. 시르의 설명에 따르면 "우리를 담당하던 어른의 도움이 거의 없었어요. 아마 체제에 문제가 있었던 것 같아요. 어쨌든 계획은 우리 생각대로 잘 풀렸어요. 모든 공동체 구성원이 각자 맡은 역할을 이해했고 사이도 정말 좋았어요. 서로에게 가족이나 다름없었죠."

스나트 쉬러트를 끝낸 시르는 이스라엘 방위군 정보부대 유닛 8200에 장교로 입대했다. 복무를 마치고 사회에 나왔을 때는 이미 20대 중반이었다. "대학 입학과 사회 진출이 남들보다 늦어지니 신경이 쓰이긴 했습니다. 하지만 나이는 중요하지 않아요. 저는 현재에 충실한 인생을 살고 싶어요. 그리고 스나트 쉬러트는 일생에 단 한 번뿐인 기회였으니 놓치지 말아야겠다고 생각했어요." 현재 시르는 텔아비브대학교에서 작업치료학을 공부하면서 간간이 시간을 내 소외 지역 아동의 영어 공부를 돕거나 양로원을 방문해 노인들을 돌보고 있다.

1년간의 봉사활동은 오롯이 시르의 결정이었다. 시르와 함께 자폐아동을 돌본 다른 청소년 또한 자기 의지로 하데라를 찾았다. 메키나와 스나트 쉬러트의 자원봉사자 모두 스스로 프로그램에 등록했다. 어쩌면 진정 독립적인 선택을 한 건 이때가 처음인지도 모른다. 지난 12년간 이스라엘 청소년은 매주 5일에서 6일, 하루 중 몇 시간을 교육제도에 따라 행동해 왔다. 이전까지 청소년이 접한 기관이라고는 학교가 전부였다.

　　대부분의 서구 국가에서는 18세가 되면 또 다른 교육기관에 진학한다. 대학교는 젊은이의 집중력을 끌어올리고, 행동을 평가하고, 탐험하고 실수할 자유를 제한한다는 점에서 고등학교와 크게 다르지 않다.

　　반면 스나트 쉬러트에 참가한 청소년은 무리를 이뤄 살림을 꾸리고 사회적으로 중요하다고 생각하는 분야에서 따로 또 함께 봉사활동을 하며 1년간 독립적인 삶을 산다. 책임감 있는 어른이자 동료이자 롤 모델로서 맡은 바 역할을 충실히 수행하는 스나트 쉬러트의 청소년은 보호자의 그늘에서 벗어나 창의력을 발휘하고 사회적 책임을 다한다. 즉 실패하면 회피할 수 없고 성공하면 공을 나눌 필요가 없다는 뜻이다. 청소년이 최초로 결과에 온전한 책임을 지는 경험인 것이다.

　　발달심리학계의 저명한 사상가 제프리 아네트Jeffrey Arnett는 이스라엘처럼 갭이어를 가지거나 군복무를 하는 나라에서는 청소년이 성인이 된 후 사회에 적응하지 못하는 문제가 현저히 적다고 설명한다. 사회 부적응은 소외감, 반항심, 무관심으로 사회 참여를 회피하는 태도에서 비롯한다. 학교는 청소년이 사회에 진출하자마자 일자리를 찾고 역할을 수행할 수 있도록 준비시키지 않는다. 따라서 고등학교를 졸업하면 대학교에서 공부를 계속하거나, 실무를 전혀 모르는 상태로 일자리를 구하거나, 이도 저도 싫으면 사회생활을 포기하는 수밖에 없다. 무엇을 선택하든 청소년이 바라는 미래가 아니기는 마찬가지다.

청소년은 정규 교육제도를 벗어나 1년간의 갭이어 동안 봉사활동을 통해 자연스럽게 청소년기에서 성인기로 넘어갈 수 있다. 아이들은 사회봉사 프로그램에 참여하면서 프로젝트를 다루고, 목표를 설정하고, 다양한 연령대의 사람과 원만한 관계를 유지하고, 팀을 관리하고, 리더십을 발휘하고, 이론적이고 이념적인 문제를 다루는 지식을 함양하는 등 사회생활에 필요한 다양한 기술을 익힌다.

봉사활동은 틀림없이 사회에 큰 보탬이 되지만, 청소년은 1년 동안 직접 봉사에 참여하면서 하루아침에 사회를 바꾸기는 불가능하다는 사실을 깨닫는다. 애써 준비한 프로젝트가 성과를 거두지 못할 때가 많고, 성과를 거둔다고 해도 거의 눈에 띄지 않는다. 안타깝지만 현실이 그렇다. 노력에 확실한 대가가 따르던 학교와 사랑하는 가족의 울타리 밖에는 통제할 수 없는 세상이 존재한다. 받아들이기 쉽지 않은 현실이다. 따라서 성년을 앞둔 청소년이 좌절을 맛보고 실패를 극복하는 경험은 1년간의 봉사활동에서 마주하는 가장 큰 도전 과제라고 할 수 있다.

그렇다면 우리는 청소년이 인생에서 1년 또는 그보다 긴 시간을 미루도록 장려해야 할까? 정답은 없다. 자원봉사 프로그램에 참여하고 의무복무를 마치면 대학 진학이나 취업이 4년에서 5년 가까이 늦어진다. 이는 틀림없이 아주 긴 시간이다. 1년만 지나도 뒤처진다는 느낌이 들 수 있다. 하지만 만 18세에 대학에 입학하지 않는다고 인생이 크게 바뀌는가? 고등학교를 졸업하자마자 일자리를 찾는 게 도전과 탐험과 좌절과 극복을 반복하며 자신이 속한 사회를 탐구하고 자아를 찾는 경험보다 중요할까? 1만 명에 가까운 이스라엘 청소년이 잠시 숨을 고르고 지역사회에 봉사하며 이 질문의 답을 찾고 있다.

발견
DISCOVERY

검증
VALIDATION

효율
EFFICIENCY

STEP

4

확장과
지속

SCALE AND
SUSTAINABILITY

재개
RENEWAL

이스라엘의 십 대는 자신의 한계를 시험하고, 실험하고, 위험을 감수하는 한편 책임감을 배우고, 자립심을 키우고, 사회에 기여하면서 효율을 높이는 단계이다. 그리고 십 대의 끝자락에서 의무 복무를 시작하는 대부분의 이스라엘 청년은 규모를 확장하는 단계에 돌입한다.

효율적인 기업은 원활히 작동하는 메커니즘을 가지고 있다. 낭비되는 자원이 줄고, 각 부서와 구성원의 역할이 명확히 정해지고, 협력이 이루어지면서 효율이 높아졌다면 이제 규모를 키울 때가 된 것이다.

확장 단계에 접어든 기업은 각기 다른 요소를 통합해 견고한 조직을 형성한다. 이쯤 되면 기업이 어떤 인적 자본을 필요로 하는지 분명하다. 즉 어떤 전문 인력을 보유해야 하는지, 어떤 가치와 문화를 추구하는지에 따라 기업이 보유하는 인적 자본 또한 달라진다. 조직은 대개 임원진 및 경영진, 중간관리자, 팀장, 팀원으로 구성된 형식적인 직급 체계를 채택하고 있다. 조직 구조가 확립된 기업은 덩치를 키우고 시장 점유율을 지키고자 한다.

이스라엘 군대는 수십만 명의 병사로 구성된 대규모 국가조직으로 공적 임무를 수행한다. 여러분은 일반 기업과 군대가 전혀 다른 성격을 지닌 단체라고 생각할 것이다. 또한 군대는 위계질서, 명령, 규율, 획일성을 강조하는 엄격한 조직이라는 고정관념이 있다. 하지만 이스라엘 군대는 이런 이미지에 부합하지 않는다. 오히려 반대라고 봐도 좋다.

군대라는 조직을 생각하면 떠오르는 이미지, 영화와 역사책에서 접한 정보는 잠시 머릿속에서 지우고 내 이야기를 들어 주길 바란다. 이제부터 기업의 규모 확장과 밀접한 군사 체계와 문화를 소개하겠다. 이스라엘 군대라는 새로운 모습을 받아들일 준비가 됐는가?

인적 자본

앞에서 언급했듯, 군대를 생각하면 우리 머릿속에는 엄격한 계급과 경직된 구조가 가장 먼저 떠오른다. 형식과 명령이 그 뒤를 이을 것이다. 우리는 가족과 친구로부터 떨어져 상부의 명령에 따라 표준화된 장비를 다루는 군인에 익숙하다. 군대에서 창의력은 중요하지 않고, 더도 덜도 말고 위에서 내려오는 명령에 따르기만 하면 된다고 생각하는 사람이 많다.

놀랍겠지만 이스라엘 방위군은 매우 전문적인 군사조직이지만 여러분이 상상하는 군대의 모습과는 전혀 딴판이다. 뒤에서 자세히 이야기하겠지만, 이스라엘 청년은 군대에서 전 세계 어느 나라를 가도 할 수 없는 경험을 한다. 이스라엘의 유치원과 놀이터는 미국과 비슷하지만, 몇 가지 주요한 차이점으로 아이들의 활동성이 대폭 커진다. 이스라엘의 청소년기는 유럽, 아시아와 비슷하지만, 역시 몇 가지 차이로 중대한 변화를 가져온다. 마찬가지로 이스라엘 방위군 또한 이스라엘만의 특징을 지닌다.

간단히 설명하자면, 훈련 기간이 끝나면 대부분의 군인은 선임을 (계급이 아닌) 이름으로 부른다. 전투 도중 중요한 사안이 발생하면 소대 차원에서 결정을 내린다. 상황에 따라 사용하는 장비가 달라지고, 스무 살 이상 차이 나는 군인에게 명령을 내릴 때도 있다. 병사 대부분이 최소 20일에 한 번은 휴가를 내고 고향을 방문해 가족, 친구와 함께 시간을 보낸다. 여러분은 이미 100페이지 넘게 책을 읽으며 이스라엘 사회의 면면을 살펴봤으니 위에서 나열한 내용이 크게 놀랍지는 않을 것이다. 이스라엘 사람들은 어렸을 때부터 군 입대를 살면서 당연히 거쳐야 할 과정으로 받아들인다. 하지만 의무복무가 청년에게 지대한 영향을 미치는 중요한 사건이라는 사실은 변하지 않는다. 이스라엘 청년은 군대에서 전혀 예상치 못한 낯설고 새로운 상황을 경험하며 자아를 형성한다.

입대
심사 과정

이스라엘에서 남자는 32개월, 여자는 24개월 동안 의무복무를 해야 한다. 즉 다른 나라의 17세 아이들이 대입이나 취업을 준비하느라 바쁠 때, 졸업을 앞둔 이스라엘 고등학생은 입대를 준비해야 한다는 뜻이다. 실제로 이스라엘 방위군 엘리트 부대에 발탁

되기 위해 노력하는 청소년이 많다. 이스라엘에서 입대는 부모와 떨어져 독립적인 삶을 꾸릴 기회이자 국가와 사회에 공헌하는 첫 걸음을 의미한다.

어떤 의미에서 이스라엘 사람들에게 군 복무는 유소년기와 청소년기를 거치며 쌓은 모든 경험이 정점을 이루는 기간이라고 할 수 있다. 이스라엘 사람이라면 누구나 군대에 가야 한다는 걸 알고 있다. 우리는 아주 어린 시절, 현실을 알고 나서부터 입영통지서가 날아올 때까지 입대를 준비한다. 그리고 마침내 그날이 온다.

공식 통계에 따르면 2015년 이스라엘 방위군 소속 현역군은 17만 6,500명, 예비군은 44만 5,000명에 이른다.[1] 부사관 1명이 군인 4명에서 20명을 관리하고, 소대장 1명이 소대원 20명에서 40명을 두며, 중대장 1명은 40명에서 100명을 지휘할 책임을 가진다.

감히 단언하는데, 이스라엘 방위군의 선별 및 분류 과정은 전 세계 모든 군대를 통틀어 가장 흥미롭다. 게다가 이스라엘 방위군이 채택한 방법은 굉장히 효율적이고 정확할 뿐 아니라 군복무가 끝난 청년이 진로를 선택하는 데 굉장히 중요한 영향을 미친다.

이스라엘 방위군은 어떻게 이제 겨우 17세밖에 안 된 청소년을 꼭 맞는 자리에 배치할까? 이스라엘 방위군은 이력서나 자기소개서를 받지 않는다. 출신배경 또한 고려사항이 아니다. 일반적으로 기업은 직원을 채용할 때 과거의 경력과 이력을 높이 평가하지만, 이스라엘 방위군은 이와 반대로 입대 대상자가 어떤 기술을 익혔는지 확인하고 성장 가능성을 고려한다. 지식과 경험이 아닌 기술과 잠재력을 확인하는 것이다.

이스라엘 방위군의 선발 방법은 첨단기술 및 사이버 분야에서 특히 빛을 발한다. 군대 밖에서도 마찬가지다. 첨단기술과 사이버 산업은 끊임없이 변화하고 있어 예측이 아주 어렵다. 현대사회의 기업이 그렇듯, 군대 또한 변화에 적응해야 한다. 오늘날에는 세대를 거쳐 힘겹게 습득한 기술이 어느 날 갑자기 쓸모를 잃는 경우가 종종 있다. 따라서 군사를 기용하고 인재를 채용할 때 보유한 기술보다 주어진 기술을 다양한 상황에 적용하는 역량을 살펴야 한다. 과거에는 전문 지식이 중요했지만, 이제는 점차 순발력, 유연한 사고, 학습 속도, 변화에 대응하는 태도로 초점이 옮겨지고 있다.

이스라엘의
입대 절차

정식 입대 절차는 17세 무렵부터 시작한다. 이스라엘 국방부로부터 입영통지서를 받은 십 대는 가장 먼저 병역판정검사를 받아야 한다. '첫 명령'을 의미하는 자브 리숀은 기본적인 검사 위주로 이루어진다. 국방부는 모든 입영 대상자와 면담을 거친 후 히브리어를 읽고 쓸 수 있는지 확인하는 절차를 밟는다. 또한 학업 성적 요약본을 제출받아 입영 대상자들이 어떤 기술과 지식을 갖췄는지 유심히 살펴본다.

자브 리슌이 끝나고 얼마 안 돼 두 번째 통지서가 도착한다. 두 번째 소집일에는 전문적인 건강검진을 실시한다. 검진이 끝난 대상자는 '건강검진 결과지'를 들고 심리 상담사에게 면담을 받으러 간다. 상담사는 대부분 입영 대상자보다 기껏해야 한 살에서 두 살 많은 여군이다. 최소 4개월 이상 훈련을 통해 평가기법, 심리학, 대인관계, 정신적 문제 및 스트레스 진단법을 배운다. 이렇게 면담을 실시하는 이유는 대상자의 동기, 스트레스 저항 능력, 사회적 행동 패턴 등 성격 특성을 분석해 가장 적합한 보직을 찾기 위함이다.

노벨상 수상자이자 인지적 휴리스틱의 창시자인 대니얼 카너먼Daniel Kahneman은 그가 21세 때에 입영 대상자 평가 분류 체계를 마련하라는 임무를 받아 오늘날 이스라엘 방위군이 사용하는 심리 상담법을 개발했다. 국방부는 건강검진 및 심리 상담 결과를 바탕으로 신병을 각 부대에 배치한다. 이 과정에서 육군, 해군, 공군이 나뉘고, 일부는 엘리트 부대로 배치된다. 보직이 정해지면 대상자는 보다 상세한 검진을 받고 심리학자와 입대가 예정된 부대의 전문가를 만나 여러 차례에 걸쳐 면담을 진행한다.

지능 검사에서 기준 점수를 충족한 건강하고 건장한 대상자는 이스라엘 방위군 특수부대 기부쉬, 즉 '편대'에 선발된다. 입대 후에도 조건을 달성한 병사 수백 명이 명망 높은 특수부대 입대를 위해 2년에 한 번씩 돌아오는 엄격한 심사에 도전한다. 체력, 근력, 지구력 등 신체적 부분은 물론 인내력, 사회성, 협동심 등 정신적

부분 또한 심사한다. 실제로 후보 병사는 단거리 달리기 기록부터 정신 수양 능력까지 다양한 항목을 평가받는다. 지휘관은 후보 병사가 해당 부대에서 임무를 수행하는 데 필요한 정신적, 신체적 조건을 갖췄는지 확인한다.

기부쉬 입대를 위한 시험과 심리 상담에서 기존의 지식 또는 교육 수준은 중요하지 않다. 부대가 요구하는 정신적, 신체적 조건을 갖췄다면 누구나 특수부대에 지원할 수 있다. 대부분의 부대가 지원자의 역량을 주의 깊게 본다. 즉 지원자가 감당할 수 있는 임무와 감당할 수 없는 임무가 무엇인지, 기술을 얼마나 빨리 배울 수 있는지에 초점을 맞춘다. 일부 해군 보직을 비롯해 특별한 과학적 지식이나 기술을 요구하는 부대도 있지만, 대부분의 엘리트 부대, 전투부대, 전투지원부대, 비전투부대, 심지어 몇몇 정보부대까지 사전 지식이나 기술을 필요로 하지 않는다.

타국
사례

이스라엘에서는 거의 모든 국민이 의무적으로 군복무를 하는데다가 회전율이 높아 위에서 설명한 특별한 선별 과정만 통과한다면 출신 배경이나 성장 환경과 관계없이 누구나 내로라하는 엘리트 부대에 입대할 수 있다. 또한 계급이 높아지면서 상부 지시에 따라 학위를 취득해야 할 수도 있지만, 졸업장이 필수 요건으로 여겨지지는 않는다. 고등학교를 졸업하지 않아도 최고위급 장교가 될 수 있다는 뜻이다.

이스라엘 방위군은 개인의 과거나 학벌에 연연하지 않는다. 오로지 기술, 역량, 잠재력을 평가 기준으로 삼는다. 하지만 대부분의 서구 국가는 이스라엘과 다른 방식을 채택하고 있다. 특히 장교 입대에 필요한 조건에서 굉장히 큰 차이가 있다.

영국군은 학업 성적이 우수한 청년만 장교로 받아들인다. 영국의 군 체계에 따르면 고등학교를 갓 졸업한 십 대도 장교가 될 수 있다. 즉 병사 통솔 훈련을 받으면서 처음으로 군대를 접하는 것이다. 이스라엘 방위군이 군사 및 전투훈련 성적과 또래와 소통하고 교류하는 능력에 큰 비중을 두는 반면, 영국군은 장교를 선발할 때 이런 기준을 고려하지 않는다.

여기에는 두 가지 의미가 있다. 첫째, 청소년기에 고급 교육의 혜택을 받지 못한 사람은 장교가 되기 어렵다. 둘째, 신체적으로나 정신적으로나 군생활에 익숙한 징집병과 대부분의 시간을 책상 앞에 앉아 실제 전투 경험이 있는 병사에게 명령을 내리는 장교 사이에는 견고한 벽이 존재한다. 미국군도 영국군과 크게 다르지 않다. 미군에서는 4년제 대학 졸업자만 장교로 입대 신청을 할 수 있다. 또한 준위는 기술적 전문성을 이유로 특수직 계급에서만 선발한다. 마찬가지로 프랑스 군대에서는 교육 수준이 높을수록 진급 가능성이 커진다.

장교가 전투에 참여하는 등 실질적인 군사 경험이 필요한지에 대해서는 의견이 분분하다. 어느 쪽이 옳다고 이야기하긴 어렵지만, 실제 전투 현장에 투입된 적 없는 장교가 이끄는 군대와 모든 장교가 일반 병사 생활을 거친 이스라엘 방위군 사이에 상당한 차이가 있다는 사실만은 분명하다. 이스라엘에서 장교가 되기 위해서는 먼저 일반 병사로 입대해 훌륭한 장교가 될 잠재력을 증명해야 한다. 이렇게 능력을 인정받아 훈련 과정을 밟아야만 장교로 진급할 수 있다. 장교 또한 부대 내에서 선발하는데, 장교 후보를 결정하는 권한은 입대 직후부터 부대원의 훈련 과정과 복무 태도를 지켜본 장교에게 있다. 부대원이 전장에서 어떤 성격과 기질을 보였는지 고려해 후임 장교를 뽑는 것이다. 하지만 현역으로 복무하는 기간이 짧은 만큼 몇 개월 안에 이 모든 과정이 이루어져야 한다. 이스라엘 방위군은 매우 짧은 시간 내에 장교의 자질을 갖춘 병사를 골라내 6개월 동안 훈련한 후 부대로 복귀시켜 지휘관으로서 남은 복무 기간을 마무리하는 체계를 채택하고 있다.

사례 연구:
이스라엘 방위군 정보부대 유닛 8200

이 책에서 이미 몇 번 언급한 적 있는 정보부대 유닛 8200은 이스라엘에서 가장 규모가 큰 부대로 손꼽힌다. 유닛 8200은 미국의 국가안보국과 같은 중요한 역할을 수행한다. 하지만 이스라엘에서 유닛 8200은 군대를 구성하는 여러 군부대의 하나일 뿐이고,

당연히 부대에 소속된 '전문요원' 또한 젊은 병사가 대부분이다. 다른 부대와 마찬가지로 신병의 능력과 적성은 부대의 임무 수행 결과와 직결된다. 정보부대 유닛 8200의 심사 기준은 굉장히 엄격하다. 전체 입영 대상자 중 시험을 통과하는 인원은 극히 일부다. 게다가 유닛 8200은 입대 지원자의 '배경'을 중요하게 여기는 매우 드문 부대 중 하나다.

여러분이 생각하는 배경과 유닛 8200에서 눈여겨보는 배경에는 큰 차이가 있을 것이다. 유닛 8200이 신병을 뽑을 때 학업 성적을 완전히 배제하지는 않지만, 그보다는 청소년 활동 등 학창시절에 참여한 사회활동에 더 큰 비중을 둔다. 고등학교 재학 당시 뛰어난 창의력과 고정관념에서 벗어난 태도를 보여 준 청소년이 교장의 추천으로 신병 후보에 오르기도 한다. 또한 모든 부대원은 자격 요건 충족과 관계없이 심사 과정에 후보 한 명을 추천할 수 있다. 실제로 부대원 추천으로 유닛 8200에 입대하는 경우가 많다. 이스라엘 방위군의 다른 엘리트 부대와 마찬가지로 정보부대 유닛 8200 또한 모든 조건에 100퍼센트 부합하는 지원자만을 신병으로 선발한다. 이렇듯 선발에 신중에 신중을 기해서, 전국에서 가장 재능 있는 0.01퍼센트의 청소년만 까다로운 심사 과정을 통과해 유닛 8200에 합류한다.

유닛 8200의 심사 과정은 해가 갈수록 정교해지며 끊임없이 진화하고 있다. 심사 기준 또한 점차 복합적으로 변화하고 있다. 30년 전 유닛 8200의 정보병과 기술병 사이에는 뚜렷한 구분이 존재했다. 하지만 시간이 지나면서 둘을 구분하는 경계가 흐려졌고, 이에 걸맞게 새로운 심사 기준이 적용됐다. 정보부대 유닛 8200에 복무하기 위해서는 팀워크, 성실성, 인내심, 컴퓨터 기술, 언어 능력 등 다양한 분야에서 강점을 두루 갖춰야 한다. 부대가 담당하는 업무가 복잡해짐에 따라 심사 과정 또한 복잡해졌다. 신병을 선출할 때 심리 상태는 물론 인지능력, 대인관계능력을 확인하는 섬세한 검사가 고안된 이유가 여기에 있다.

유닛 8200에 지원한 입영 대상자는 인지능력, 언어능력, 프로그래밍, 수학 문제 해결 능력을 평가받는다. 하지만 유닛 8200에서 실시하는 시험은 기존에 학습한 지식이 아닌 새로운 영역에 대응하는 능력을 검증한다는 특징이 있다. 예를 들면 약 5시간 정도 새로운 언어를 가르치고 지원자가 얼마나 빠르게 언어를 습득하는지 관찰하는 방식으로 진행된다. 재능을 보인 지원자는 유닛 8200에 입대해 언어 공부를 계속한다. 아마 시험을 통과한 부대원은 반년 안에 새로운 언어를 유창하게 구사할 것이다.

보직에 따라 특정한 전문 기술을 요구하지 않는 경우도 있다. 대신 심사 과정에서 타인을 격려하는 능력이 얼마나 뛰어난지, 감성 지능이 얼마나 높은지, 시야가 얼마나 넓은지, 상황 판단이 얼마나 빠른지 평가한다. 민간 기업 팀장이 부하직원을 관리하는 데 꼭 대단한 홍보능력이나 엔지니어 지식을 필요로 하지 않듯, 유닛 8200 부대원을 이끄는 데 사이버 분야의 전문 지식을 갖춰야 하는 것은 아니다. 리더십을 발휘해 부대원에게 동기를 부여할 수 있으면 자격은 충분하다.

이외에도 유닛 8200에 입대하려면 8시간 동안 이어지는 인지 능력 평가를 통과해야 한다. 지원자는 실전처럼 구성된 상황에서 팀워크, 리더십, 스트레스 대응 능력, 의견을 간결하고 논리적으로 표현하는 능력을 보여 줘야 한다. 모든 평가 항목을 충족한 지원자에게는 최종 면접 기회가 주어진다. 그리고 마침내 입대가 결정된다.

복무가 시작될 때쯤엔 정보부대든 전투부대든 해군이든 다른 어떤 부대든 이스라엘 방위군의 모든 신병이 이미 조직의 일원으로 받아들여졌을 것이다. 대부분의 심사 과정은 사실 심사가 아닌 교육을 목적으로 한다. 사실 첫 번째 평가에서 시험에 통과할 것인지 탈락할 것인지 이미 결정됐을 확률이 높다. 평가가 막바지에 이르면 지원자가 부대에 적합한지에 대한 의심은 사라지고 어떤 보직이 신병에게 가장 잘 맞을지 고민할 것이다.

이스라엘 방위군 신병 평가가
민간 기업 직원 고용에 미치는 영향

내가 경영하는 회사 신디시스는 이스라엘 방위군의 신병 평가에 큰 도움을 받고 있다. 출신 부대만으로도 직원이 어떤 성격과 특징을 지녔는지, 어디서 동기를 얻는지, 어떤 환경에서 가장 큰 업무 효율을 보여 주는지 짐작이 가능하기 때문이다. 게다가 개인적 특성을 바탕으로 보다 빠르고 정확하게 문제를 해결하고 목표를 달성할 수 있도록 직원을 훈련할 수 있다.

이스라엘 방위군이 입영 대상자 선발 과정에서 살피는 역량은 고용주가 직원을 고용할 때 고려하는 가치와 일맥상통한다.

고용주는 미래에 함께 근무하게 될지도 모르는 입사 지원자의 군 복무 경험을 참고해 어떤 직무 관련 역량과 기술을 지녔을지 추측할 수 있다. 엘리트 부대가 아니라도 마찬가지다. 육군 출신 지원자가 여러 민간 기업에서 필요로 하는 자질을 두루 갖추고 있다는 사실은 이미 증명됐다. 예를 들어 3년 동안 전투부대에서 복무한 지원자에게 뛰어난 프로그래밍 기술을 요구할 수는 없겠지만, 낯선 환경에 잘 적응하고, 지식을 빠르게 습득하고, 동료와 협력하고, 인내심을 발휘하는 모습은 기대해도 좋다.

마지막으로 새로운 직원을 찾는 기업가에게 이스라엘 방위군과 같은 선발 과정을 거치라고 조언하고 싶다. 지원자가 특정 분야에 어떤 지식을 갖췄는지, 어떤 경험이 있는지 살피기에 앞서 어떤 잠재력을 지녔는지에 초점을 맞춘다면 회사에서 바라는 인재를 고용할 수 있을 것이다.

문화

나는 고등학교 3학년, 만으로 17세 반에 이스라엘 방위군 정보부대 유닛 8200 심사 과정에 참가하라는 통지서를 수령했다. 유닛 8200은 최근에 들어서야 유명해졌고 당시에는 그런 부대가 있다는 사실조차 몰랐다. 당연히 어떤 역할을 수행하는지도 알 수 없었다. 정보부대라는 설명이 전부였다. 나는 몇 가지 시험을 치르고 많아 봐야 20대 후반 정도로 보이는 젊은 남자 면접관이 묻는 질문에 대답했다. 몇 달 후, 시험 합격을 축하하는 우편물이 도착했다. 축하할 만한 일인지는 모르겠지만, 어쨌든 정보부대 입대를 원한다면 3개월간의 사전 교육 과정에 참가해야 하며, 고등학교 졸업 직후 8월부터 시작한다는 내용이 적혀 있었다.

나는 정보부대에 입대하기로 결정했다. 18세 생일을 맞이하고 한 달 뒤 교육 과정이 시작됐다. 그렇게 나를 비롯한 입대 예정자들은 이스라엘 중심부 시골 마을에 자리한 공공시설에서 3개월을 보냈다. 군부대 같은 느낌은 전혀 없었다. 20대 초반으로 짐작되는 강사가 제복을 입고 있긴 했지만 강사를 이름으로 불러서 그런지 군대에 와 있다는 생각은 들지 않았다. 나는 30명 남짓한 입대 동기와 함께 매주 5일간, 오전 8시부터 밤 12시까지 이전에 접한 적 없던 완전히 새로운 지식을 배웠다. 심지어 금요일에는 5시간 추가 학습 시간이 주어졌다.

고등학교나 신병 교육 시설이나 교실 풍경은 그대로였지만, 공부하는 방식은 완전히 달랐다. 우리는 '전문가'로부터 특정 주제를 간단히 설명하는 수업을 들었다. (당시에는 전문가라고 생각했지만, 시간이 지난 후 우리를 교육한 강사가 몇 살 많은 젊은 군인이라는 사실을 알게 됐다.) 그야말로 형식적이었고 자습, 즉 자율학습이 전체 학습 시간의 대부분을 차지했다. 다만 교육 과정에서 이야기하는 '자율'은 혼자 하는 공부를 의미하지 않았다. 대개 30명이 다 함께 공부하거나 적당한 규모의 팀을 이뤄 학습했다. 우리는 매일 전문가에게 배운 내용을 아주 긴 시간 동안 탐구하고 고민하고 연습했다. 곧 두 가지를 깨달았다. 첫째, 세상에는 나 말고도 재능 있는 사람이 굉장히 많다. 학창 시절에는 늘 우수한 성적을 거뒀지만, 이곳에서는 평균을 넘기기가 어려웠다. 둘째, 아무리 재능이 뛰어난 사람이라도 혼자서 모든 일을 해낼 수는 없다. 우리는 주어진 과제를 완수하기 위해 서로 의지하고 도와야만 했다. 감당하기 힘들 만큼 고된 시간이었지만 내 인생 전체를 통틀어 그만큼 값진 경험을 찾기도 힘들 것이다.

3개월간의 교육 과정이 끝났고 우리는 공식적으로 입대해 3년간 이어질 군생활을 시작했다. 우리는 부대 내 보직이 정해지기 전 훈련소에서 3주를 보냈다. 마침내 진짜 군사 기지에 발을 들인 기분이었다. 제복을 갖춰 입고 엄격한 시간표에 따라 생활하며 전세계 각국의 군인을 만났다. 이스라엘 방위군이 추구하는 가치와 군대 체계, 프로토콜을 모두 익힌 후 드디어 정보부대 유닛 8200으로 발령 받았다.

정보부대 특성상 내가 유닛 8200에서 맡은 임무와 관련된 내용은 공유하기 어렵다. 하지만 4년이 넘는 복무 기간 동안 단 하루도 허투루 보내지 않았다고 자신 있게 말할 수 있다. 나는 매일 아침 조국의 안위가 우리 부대에 달려 있다고 생각하며 눈을 떴다. 우습겠지만 모든 부대원이 같은 생각이었다. 정보부대 복무 9개월차에 장교 양성 프로그램에 참가할 수 있는 자격이 주어졌다. 장교복무를 선택하면 전역이 1년 늦어지지만, 주어진 기회를 놓치고 싶지 않았다. 6개월 동안 기본 훈련 및 전문 훈련을 수료하고 지휘관으로서 부대에 복귀했다. 유닛 8200에서는 이런 직책을 팀 리더라고 불렀다.

내 군생활을 간단히 설명하자면 이렇다. 전문 교육 과정을 거쳐 고도로 발달한 기술 부대에 합류해 복무하던 중 장교로 발탁돼 지휘관 훈련을 받았다. 훈련을 마치고 6개월 뒤 부대에 돌아와 나머지 24개월 동안 장교로서 이스라엘 정보부대의 최전방을 지켰다. 내 밑에서 복무하던 부대원 15명이 어느새 전역했고, 새로운 부대원을 맞아 신병 교육을 실시했다. 제대를 6개월 앞두고 운 좋게 드문 기회를 잡아 유닛 8200 장교 훈련소 소장으로 복무했다. 나는 이 모든 과정을 23세 이전에 경험했다. 여러분에게는 대단한 여정처럼 보일 것이다. 하지만 사실 이는 많은 이스라엘 청년이 거치는 평범한 경험일 뿐이다.

민중의
군대

타국 군대와 달리 이스라엘 방위군은 군인의 회전율이 굉장히 높다. 이는 이스라엘 방위군의 두드러진 특징 중 하나로, 일반적으로 복무기간이 1년에서 2년 정도 더 긴 장교를 제외하면 각 부대를 구성하는 부대원은 3년마다 완전히 교체된다.

전체 병력이 3년에서 5년마다 바뀐다니, 다른 나라 군대에서는 비슷한 사례조차 찾아보기 힘들다. 예를 들어 미국에서는 4년간 현역 복무를 마치고 4년간 예비군Individual Ready Reserve, IRR으로 활동하거나 직업군인으로 입대해 은퇴까지 군생활을 계속 해야 한다.

회전율은 군대의 조직에 아주 중요한 영향을 미친다. 이스라엘 정보부대 유닛 8200의 경우 5년마다 인적 자본의 90퍼센트가 교체된다. 미국 국가안전보장국에서 병력이 5년마다 바뀐다면 상상이나 할 수 있겠는가? 5년마다 직원의 90퍼센트가 교체되는 대

기업이 세상에 존재하겠는가?

이스라엘 방위군의 높은 회전율이 미치는 영향은 단순히 군대에 국한되지 않는다. 회전율이 높은 만큼 사회에 재적응해야 하는 전역 군인도 많아진다. 게다가 전역 후에도 군생활은 계속된다. 대부분은 예비군으로 30년을 복무해야 하는데, 이스라엘 군대가 '민중의 군대'라 불리는 이유가 여기에 있다. 하지만 이는 빙산의 일각이다.

이스라엘 방위군은 여러 면에서 사회와 밀접한 관계를 맺고 있다. 앞 장에서 이야기했듯 군인은 고향에서 자동차로 6시간 내 이동 가능한 지역에서 복무하며 2주에서 3주마다 휴가를 내고 고향에 돌아가 친구, 가족과 시간을 보낸다. 이스라엘에서는 금요일 오후나 일요일 오전에 버스 정류장, 길거리, 공공장소에서 제복을 입은 군인을 흔히 볼 수 있다. 이렇게 군인과 민간인은 가까운 관계를 유지한다.

게다가 이스라엘 군인은 자신이 성장한 마을 가까이에 복무하는 덕에 자신의 땅을 지킨다는 생각이 아주 강하다. 이스라엘은 면적이 작은 나라인 만큼 대부분의 국민이 집 주변의 산과 계곡을 탐험하며 성장한다. 이후 입대해 국토를 지키는 임무를 맡은 군인은 근무지에 친밀감을 느끼곤 한다. 소중한 가족과 친구가 거주하는 고향 마을과 실제 전투가 벌어지는 현장이 멀지 않으니 사명감은 더욱 커진다.

하지만 이스라엘 방위군 소속 군인, 특히 전투병이 군생활에서 얻을 수 있는 가장 값진 경험은 또래 집단과의 관계일 것이다. 군인이 어려운 상황을 함께 해쳐 나가며 동지애를 느끼고 유대를 쌓는다는 사실은 이미 잘 알려져 있다.

이스라엘 방위군의 끈끈한 유대는 자연적으로, 또 의도적으로 형성된다. 여러 사람이 생활을 공유하면서 고난과 역경을 함께 하다 보면 자연스럽게 강한 유대가 생긴다. 그리고 이스라엘 국방부는 신병 선발 과정에서 형제애와 배려심에 가장 큰 가치를 두며 복무 후에도 끊임없이 동지애를 강조한다. 이런 점에서 유대감은 이스라엘 방위군이 지닌 가장 값진 자산이라고 할 수 있다.

정보부대, 비전투부대, 엘리트 전투부대를 비롯해 많은 이스라엘 군부대가 신병 선발 과정에서 타인과 원만한 관계를 유지하고, 동료를 지지하고, 팀원과 어울리는 능력을 시험한다. 이런 역량을 심사 기준으로 삼지 않았다면, 이스라엘 방위군은 지금과 같은 기능을 수행하지 못했을 것이다. 특수 낙하산 부대 두브데반Duvdevan의 신병 선발 시험 과정을 살펴보자. 시험을 치르느라 신체적으로 정신적으로 힘든 하루를 보낸 17세 지원자들은 팀원 한 명을 들것에 실어 모래언덕을 오르라는 지시를 받는다. 강제성은 없다. 쉬고 싶은 사람은 쉬어도 좋다. 예상했겠지만 실제로 모래언덕 꼭대기에 다다를 수 있는지는 중요하지 않다. 이 시험은 팀원이 땀을 흘리며 언덕을 오르는 동안 앉아서 쉬는 사람을 골라내는 데 목적이 있다. 아무래도 휴식을 선택했다면 다음 단계로 넘어가기 힘들 것이다.

이스라엘 방위군은 출범 이후부터 지금까지 줄곧 동지애를 강조했다. 히브리어로 우정을 의미하는 레우트 또는 아크밧 로카밈은 군인이 복무 동안 배우는 가장 중요한 가치라고 할 수 있다.

동지애는 사기를 진작하고 동기를 부여하는 데 굉장히 큰 역할을 한다. 특히 전장에서 각 부대원은 생존을 위해 서로 의지하며 작전을 펼친다. 캐나다의 군사 연구자이자 역사학자인 앤서니 켈렛Anthony Kellett의 저서 《전투의 동기: 전투에 임하는 군인의 행동 Combat Motivation: The Behavior of Soldiers in Battle》에는 이런 내용이 있다. "이스라엘 군인은 전투를 집단 활동, 협력, 상호 지원을 기반으로 한 사회적 행위로 받아들인다."[1] 전투에 참여한 병사는 서로 의지하고 부대장의 전문성과 통솔력을 신뢰한다. 세르조 카티그나니 Sergio Catignani가 쓴 '군사에게 사기를 불어넣는 법'에 실려 있듯, 이스라엘 방위군의 지휘관은 "뛰어난 대면 리더십, 청렴성, 부지휘관 및 병사와의 상호 신뢰성, 무기와 전투 체제에 대한 믿음을 불어넣는 능력" 등 특별한 자질과 가치를 지녀야 한다.[2]

이스라엘군과 적군의 병력 차이는 이스라엘의 역사적 투쟁에서 가장 두드러진 특징 중 하나다. 안보 및 전략 연구학자 카티그나니의 설명에 따르면 터무니없는 수적 열세에도 불구하고 이스라엘이 외부의 공격을 막아 낼 수 있었던 이유는 "병력의 전문성, 우수한 훈련법, 높은 사기와 질적 측면에서 우위를 점했기 때문"이다.

멜팅폿

이스라엘 방위군이 강조하는 가치인 동지애와 높은 사기는 1950, 1960년대 이스라엘 정부가 실시한 정책에서 비롯됐다. 건국 후 20년 남짓한 세월 동안 이스라엘 지도자는 사회에 정체성을 부여하는 방법을 찾기 위해 노력했다. 고민 끝에 선택한 정책이 바로 멜팅폿melting-pot 정책이다. 정부는 멜팅폿 정책을 통해 전 세계 각국의 전혀 다른 문화권에서 이스라엘로 온 수많은 이민자가 어우러지며 한 민족이라는 소속감을 느끼고 이스라엘만의 차별화된 정체성이 뿌리내리길 바랐다.

하지만 멜팅폿 정책에는 문제가 많았다. 새로운 정착민의 문화를 무시한 채 단합을 위해 개인의 정체성을 공동체에 끼워 맞추는 불상사가 종종 발생했다. 다행히 갈등이 심화되기 전에 단일 문화만을 강조하는 정책은 철회됐고, 서로 다름을 존중하는 접근법이 그 자리를 대신했다. 과정에 문제가 있긴 했지만 멜팅폿 정책은 중요한 업적을 이루었다. 수백만에 이르는 이민자가 자신이 지닌 꿈과 능력을 펼쳐 이스라엘 건설이라는 공동의 목표를 달성할 수 있도록 유도한 것이다.

이스라엘 군대는 그야말로 멜팅폿의 전형이라고 할 수 있다. 다양한 인종과 배경을 지닌 이스라엘 청년이 한데 모여 생활하면서 유독 특색이 강한 문화와 사회적 특징은 어느 정도 누그러지고 새로운 정체성이 형성된다. 어떤 군사 조직이나 멜팅폿을 형성하는 것은 굉장히 중요한데, 특히 이스라엘 방위군처럼 수평적인 조직을 지향한다면 더욱 그러하다(수평적 조직에 관해서는 다음 장에서 자세히 설명할 예정이다). 군대 내에 사회적, 민족적, 경제적 배경으로 인한 차별이 존재한다면 동료 군인과 지휘관 사이에 신뢰가 형성될 수 없다. 군대에서 쌓은 우정, 경험, 역량만으로 자신의 존재를 인정받을 때 진정한 동지애가 싹틀 것이다.

이스라엘 병사의 동지애는 일반 현역 군인이 가지는 유대감을 뛰어넘는다. 앞에서 이야기했듯 이스라엘에서 길을 걷다 보면 군인이 흔히 눈에 띈다. 이뿐 아니라 이스라엘 군인은 비교적 빠르게 사회에 복귀해 예비군으로 활동을 이어 간다. 이스라엘 사회 곳곳에 자리 잡은 군인이 강한 동지애를 가졌음을 어렵지 않게 짐작할 수 있다. 무엇보다 이스라엘에서는 전 국민이 군생활을 경험하니 전 국민이 동지애를 느끼는 셈이다.

정치경제학자 로널드 크렙스Ronald Krebs가 말했듯, 우리는 역사에서 군대가 형성한 강력한 사회적 결속을 확인할 수 있다. "시어도어 루스벨트Theodore Roosevelt 대통령과 진보주의 정치인은 전 국민을 대상으로 군사 훈련을 실시함으로써 미국 해안에 상륙하는 이민자를 '미국화'하길 바랐으며, 소비에트연방의 정치인 레오니트 브레주네프Leonid Brezhnev는 붉은군대Red Army가 시민에 소속감을 부여할 것이라 믿었다."[3] 위대한 지도자들이 의례 그랬듯 루스벨트 대통령과 브레주네프 또한 다문화주의로 발생하는 문제를 해결하고 공동체 의식을 심기 위한 방법으로 의무복무 제도를 시행하고자 했다.

크렙스는 "군대는 고대 그리스 시대부터 사회적 가치를 나타내고 전달하는 핵심 조직으로 이용됐다"며 설명을 이었다. 실제로 20세기 초반에는 징집을 공동체 결속 수단으로 채택하는 나라가 흔했다. 제2차 세계대전이 끝나고 수십 년 만에 독립을 되찾은 아시아와 아프리카 국가는 물론 유럽에서도 이런 현상이 관찰됐다. 크렙스는 이를 "집단의 균열로 인해 흩어지는 국가를 군대라는 실로 이어 붙이려는 시도"라고 표현했다. 하지만 이스라엘의 멜팅폿 정책과 마찬가지로 군대가 국민을 통합하고 사회적, 민족적 차이를 지울 수 있다는 믿음은 곧 깨졌다. 인위적인 멜팅폿 정책은 실패했으나 이스라엘 방위군은 건재했고, 이런 사람 저런 사람이 한데 부대끼며 생활하는 환경에서 다양한 인종이 자연스럽게 어우러졌다.

군부대 밖으로 확장되는
사회적 유대

의무복무 기간이 끝난 뒤에도 레우트는 계속된다. 군 복무로 생성된 사회적 유대는 전역 후 20년간 지속되는 예비군 활동을 통해 점차 강화된다. 실질적인 군사 기능도 중요하지만 그로 깊어지는 사회적 유대야말로 예비군의 진정한 저력이다.

이스라엘 예비군은 매년 직장과 일상을 비롯한 민간인의 삶에서 벗어나 군복을 갖춰 입고 부대로 복귀한다. 이스라엘 국민이라면 누구나 이를 당연하게 생각한다. 그리고 예비군 훈련은 20대 초반에 군대에서 느낀 유대감을 되살리는 데 매우 효과적이다.

이스라엘이 실시하는 대부분의 정책이 그렇듯 예비군 또한 필요에 의해 생겨났다. 이스라엘은 국가 출범 후 줄곧 외부의 위협에 시달려 왔는데, 나라를 지키려는 의욕은 넘쳤으나 그에 비해 병력이 부족했다. 상비군만으로는 도저히 외부의 도발과 공격에 대응할 수 없었다.

루이스 윌리엄스Louis Williams가 저술한 책《이스라엘 방위군: 민중의 군대The Israel Defense Forces: A People's Army》에는 이런 내용이 있다. "거의 모든 국민이 현역으로 입대하는 데다가 전역 전 보직에 따라 예비군이 조직된다. 따라서 군대에서는 민간 사회 계층이 거꾸로 뒤집힌 피라미드 형태를 이루는 경우가 종종 관찰된다. 즉 예비군 훈련에 입소한 대학 교수가 자신이 가르치는 학생에게 명령을 받거나 공장장이 공장에 근무하는 노동자보다 낮은 계급에 속하는 상황이 발생할 수 있다."[4] 이렇듯 군대는 이스라엘 사회 계급 및 계층의 경계를 허무는 데 크게 기여하고 있으며, 국민에게 소속감을 부여하고 서로의 안녕을 책임진다는 의무감을 지운다.

하지만 이스라엘 군대는 단순히 상황에 의해 민간 사회에 소극적(이지만 강력한) 개입을 하는 데 그치지 않는다. 군대는 다양한 사회 분야 사이를 잇는 교량 역할을 하며, 이스라엘에서 중요하게 여기는 사회 문제에 적극 해결책을 제시한다. 윌리엄스는 "독립전쟁이 끝나고 이스라엘 방위군은 드루즈인, 체르케즈 민족, 베두인

족으로 구성돼, 소위 '소수민족 부대'라 불리는 300여단을 창설했다. 소수민족 부대는 오늘날까지 국경 수비 등 여러 기능을 활발히 수행하고 있다"라는 사례를 소개했다.

다른 예로, 이스라엘 방위군 입대 직후 병사들이 수료하는 교육은 군사작전 수행을 위한 전문적 훈련 이상을 제공한다. 이스라엘 방위군은 복무가 끝나고 곧 사회로 돌아갈 청년이 생활에 불편함을 겪지 않도록 준비시킨다. 이스라엘을 찾은 지 얼마 안 된 이민자나 불우한 환경에서 성장해 충분한 교육을 받지 못한 청년을 비롯해 사실상 안보 유지에 기여하는 바가 크지 않은 사람들은 군대에서 히브리어를 배우고 고등학교 졸업장을 따는 등 여러 가지 혜택을 누린다.

게다가 현역으로 복무하는 군인은 이스라엘의 역사, 지리, 자연, 사회를 주제로 일주일 내내 진행되는 교육 세미나에 참여하는 기회를 갖는다. 세미나를 주관하는 이스라엘 방위군 교육부대는 홀로코스트 박물관인 야드 바셈Yad Vashem과 디아스포라 박물관Diaspora Museum에 자리하고 있다. 또한 이스라엘 방위군은 취약 계층 청년을 대상으로 정규 교육과 군사 훈련을 결합한 교육을 실시한다. 이런 교육 프로그램은 이스라엘 방위군에 속한 군사뿐 아니라 사회에서 소외된 집단을 위해 고안됐다. 그러나 국방부가 얻는 이익은 아주 적거나 거의 없다.

텔아비브대학교의 모세 셰이러Moshe Sherer 교수의 설명에 의하면 "이스라엘 방위군은 경제적 어려움 때문에 제대로 교육받지 못한 청년이 전역 후 사회 구성원으로서 역할을 수행할 수 있도록 못다 한 공부를 계속할 기회를 제공하고 사회 통합을 유도한다."[5]

이스라엘 방위군이 민간 부문에 미치는 영향이 큰 만큼 민간 역시 군에 지대한 영향을 미친다. 즉 이스라엘에서는 민간인이 비전투 군사 활동에 적극적으로 참여한다. 예를 들어 다수의 자선단체가 국방 예산으로 충당이 어려운 프로그램을 위해 모금 행사를 진행한다. 이스라엘 군인 복지 협회Association for the Wellbeing of Israeli Soldiers는 군부대에 운동기구와 선물을 보내고 군인의 문화생활을 지원하는 등 다양한 목적으로 자금을 모금한다. 또한 협회에 소속된 자원봉사자는 케이크와 과일을 들고 전장을 찾거나 고향에 남은 가족에게 편지를 전하기도 한다.

이스라엘에서 군대는 떼려야 뗄 수 없는 삶의 일부로, 국민이라면 누구나 꼭 한 번은 군생활을 경험해야 한다. 이스라엘 사람은 끊임없이 군과 사회의 경계를 넘나들며 양쪽에서 얻을 수 있는 강점을 효율적으로 활용하고 있다.

군사자본, 사회적 관계망, 전우회

텍사스대학교 사회학부의 오리 스웨드Ori Swed와 존 버틀러John Butler는 이스라엘 군대와 기술 산업 사이의 상관관계를 연구해 '군사자본'이라는 낯선 개념을 제시했다.[6] 얼핏 국방부의 자산을 의미하는 것 같지만 사실 인적 자본(군대에서 새롭게 취득한 기술), 사회적 자본(새로운 사회 관계망), 문화적 자본(새로운 사회 규범 및 행동 규범)을 통틀어 지칭한다. 스웨드와 버틀러는 군사자본이 이스라엘 기술 산업에서 높이 평가될 뿐 아니라 폭넓게 활용되고 있다는 사실을 발견했다. 통계에 따르면 기술 분야에 종사하는 노동자의 약 90퍼센트가 전역 군인이다. 실제로 기술 관련 직업을 지닌 사람 중 이스라엘 방위군 복무 경력이 없는 사람은 극히 소수다. 관련 통계 자료를 살펴보면 "기술 산업에 종사하는 근로자 중 아랍계 이스라엘인은 3퍼센트에 그친다. 종교적 이유로 병역을 면제받는 유대교 근본주의파 하레딤Haredim이 기술 산업에서 차지하는 비율은 아랍계보다도 낮은 2.4퍼센트에 머물고 있다." 아랍계와 하레딤은 전체 인구의 30퍼센트를 차지한다. 이들은 이스라엘 경제의 큰 부분을 형성하지만 "기술 산업에서만큼은 거의 배제된 것과 마찬가지"라고 해도 무방하다. 사회적 문제는 차치하더라도, 이 통계는 군필자가 병역 미필자에 비해 확연히 우위를 점하고 있음을 보여준다.

이 같은 차이가 나타나는 몇 가지 이유가 있다. 먼저 군필자는 훈련을 거치면서 여러 기술을 습득하고 복무 기간 동안 새롭게 배운 기술을 갈고 닦는다. 하지만 이보다는 군대에서 쌓은 친분이 더 중요하게 작용한다. 스웨드와 버틀러는 더 많은 사람과 관계를 맺을수록 "더 큰 사회적 자본을 소유"한다고 지적했다.

이스라엘 방위군에 복무하는 동안 구축한 사회적 관계망은 전역 후에도 지속된다. 실제로 이스라엘에서는 전역 군인이 설립한 조직, 포럼, 단체 등이 사회적 거점을 형성해 군 복무 중 형성된 동지애를 민간 부문까지 확장한다. 이런 관계망은 복무를 마친 군인이 사회에 적응하는 데 큰 도움을 준다. 대부분의 나라에서는 퇴역 군인의 구직과 사회 재통합을 정부가 주도한다. 라파엘라 디 스키에나Raffaella Di Schiena는 민간조직과 전역 군인의 관계를 알아보는 연구에서 미국의 전역 군인이 노숙자 신세로 전락하는 현상으로 인해 사회 재통합을 담당하는 정부 부처가 어려움을 겪고 있음을 확인했다.

반면 이스라엘에서는 군 복무 이력을 강점으로 인식할 뿐 아니라 군대에서 새롭게 형성한 사회적 관계망이 발돋움의 기회를 제공한다고 생각한다. 이렇듯 이스라엘에서 군대는 사회 재통합을 유도한다. 스웨드와 버틀러의 의견에 따르면 "이스라엘 인구의 70퍼센트 이상이 군 복무가 인맥을 형성하는 데 도움이 된다고 믿으며, 68퍼센트 이상이 이스라엘 방위군 복무 이력이 구직 성공 확률을 높인다고 생각한다."

군대에서 만들어진 사회적 관계망은 종종 전우회 형태로 발전한다. 이스라엘에는 오늘날까지 활발히 운영되는 전우회를 쉽게 볼 수 있는데 그 목적은 다양하다. 부대가 지닌 가치와 정신을 홍보하는 데 초점을 맞춘 전우회가 있고, 전역한 부대원이 사회에 빠르게 적응하고 일자리를 찾도록 도움을 주기도 하고, '생명을 구하는 전사Fighters for Life'처럼 해외여행을 하는 이스라엘 사람이 봉사활동에 참여하도록 격려하는 전우회도 있다.

하지만 수많은 전우회 중 가장 조직적이며 영향력이 큰 단체는 아마 유닛 8200 전우회일 것이다. 유닛 8200 출신 부대원이 이스라엘 기술 및 벤처 산업에서 유명세를 떨치면서 부대의 명성 또한 높아졌다. 유닛 8200에서 복무한 사람들은 전역 후 군대에서 습득한 군사자본을 민간 부문에 성공적으로 결합했다.

1989년에 처음 조직된 유닛 8200 전우회는 다른 전우회와 마찬가지로 부대의 정신과 가치를 이어 가는 데 목적을 두었다. 1만 6,000명이 넘는 회원으로 구성된 유닛 8200 전우회는 오늘날 다양한 분야에서 활약하며 이스라엘 사회 곳곳에 영향력을 미치고 있다.

유닛 8200 전우회의 주제는 변화이다. 이스라엘의 저명한 기업가이자 변화 전문가인 닐 렘퍼트^{Nir Lempert}로부터 그 이야기가 시작된다.

현재 메르 그룹^{Mer Group}의 최고경영자인 닐 렘퍼트는 변화가 필요한 기업을 이끄는 데 탁월한 재능을 보였다. 메르 그룹 취임 전 그는 이스라엘 텔레비전 방송국 채널10의 최고경영자였고 회사를 위기로부터 여러 차례 구했다. 그전에는 이스라엘 멀티채널 텔레비전 회사인 예스^{Yes}의 전무이사였다. 이후 잽 그룹^{Zap Group}이 두꺼운 전화번호부를 찍어 내던 시절부터 10년 가까이 기업의 최고경영자 자리를 지켰다. 세월이 흐르고 책을 한 장씩 넘기며 전화번호를 찾는 사람이 사라지면서 회사도 사라질 지경에 이르렀다. 하지만 렘퍼트는 아날로그 시대에서 디지털 시대로 거의 7년에 걸쳐 일어난 변화를 성공적으로 이끌었다. 변화 전문가인 그가 한 조직에서 근 10년을 머물렀다니 역설적이라 생각할 수 있다. 하지만 사실 입사 시점의 잽 그룹과 10년이 지난 퇴사 시점의 잽 그룹 사이에는 공통점을 찾아보기 힘들 만큼 큰 변화가 있었다.

닐 렘퍼트의 충성심은 그의 명석함만큼이나 높았다. 렘퍼트는 이스라엘 방위군 정보부대 유닛 8200에서 22년을 근무하며 국가에 다방면으로 기여했다. 대령으로 전역한 후에도 렘퍼트와 유닛 8200의 연결고리는 끊어지지 않았다. 오늘날 그는 유닛 8200 전우회 회장이며 기업가가 갖춰야 할 기술과 사고방식을 장려하는 데 노력을 기울이고 있다.

2006년 렘퍼트가 회장직을 맡은 후부터 유닛 8200 전우회는 활동 영역을 확장해 나갔다. 그는 말했다. "우리는 유닛 8200의 정신을 이어가는 데 그치지 않고 사회에 나온 부대원들이 서로 도움을 주고받도록 폭넓은 관계망을 형성했습니다."[7] 회원 수 증가에서 전우회의 성장을 가늠할 수 있다. "설립 직후 수백에 불과했던 전우회 회원이 이제 수십만으로 늘었습니다. 수많은 자원봉사자가 다양한 활동과 프로젝트를 진행하고 있어요."

그가 설명을 이어 갔다. "우리는 회원의 인맥, 지식, 경험, 심지어 유닛 8200이라는 '브랜드'까지 활용해 유닛 8200 전우회의 명성을 전 세계에 알리기로 결정했습니다. 어떻게 하면 이스라엘 사회 전체에 유닛 8200이 선한 영향력을 미칠 수 있을지 고민했습니다. 수많은 활동과 프로젝트를 비롯해 상시로 운영되는 프로그램

5가지를 도입하는 방법을 선택했습니다. 전우회 회원이 아니라도 누구나 프로그램에 참여할 수 있어요. 프로그램 관리 및 실행은 회원의 몫이지만 회원만을 위한 프로그램은 아닙니다. 오히려 일반인의 참여를 최대한 유도하려는 편입니다. 실제로 프로그램 참여자 중에는 전우회 회원보다 비회원이 훨씬 많기도 하고요."

"유닛 8200 전우회는 아직 구상 단계에 있는 신생 기업에 도움을 준다는 목표를 가지고 있습니다. 아이디어보다는 사람에 관심이 많아요. 사람과 사람 사이를 이어 주는 역할을 한다고 생각하면 됩니다. 강연을 주최하고, 사례 연구를 소개하고, 전우회와 외부 커뮤니티를 연결합니다. 이렇게 전우회에 속하지 않은 외부인과 유닛 8200 출신 회원이 만나 관계를 맺으면서 또 다른 공동체를 형성합니다."

2010년, 나는 기술 기업의 고문을 그만두고(주로 법률 고문을 담당했다) 기업가로서 새로운 길을 걷기 시작했다. 유닛 8200 전우회 대표로서 유닛 8200 기업가정신 및 혁신 지원 프로그램8200 Entrepreneurship and Innovation Support Program, 즉 EISP에서 여정의 첫 걸음을 뗐다. EISP는 출신 배경과 관계없이 창업에 처음 도전한 사람에게 유닛 8200 전우회의 인맥을 활용하도록 기회를 제공한다. EISP는 유닛 8200의 핵심 가치와 부대원 선발 과정을 바탕으로 전도유망한 기업가를 발굴하고, 미래가 기대되는 기업가가 유닛 8200 전우회 네트워크를 효과적으로 활용하도록 해 인연을 이어 주는 한편, 비슷한 시기에 놓인 기업가 동료를 소개시켜 준다.

오늘날 이스라엘에서 이 프로그램을 통해 성공을 거둔 스타트업과 기술 회사만 100여 개에 이른다. 그리고 이 기업들이 모여 유닛 8200 EISP 동문회를 만들었다. 이렇게 유닛 8200 전우회에서 파생한 프로젝트가 범위를 넓혀 하나의 독립적 네트워크를 이뤘다.

이외에도 이스라엘에는 군대에서 시작한 인연이 전역 후로 이어져 민간 부문까지 적용된 사례를 쉽게 볼 수 있다. 일례로 닐 렘퍼트와 유닛 8200 전우회는 아랍인과 드루즈인 기업가를 대상으로 하는 프로그램을 만들었다. 렘퍼트는 말했다. "이스라엘에 거주하는 아랍인과 드루즈인은 두 가지 주요한 장애물을 마주하고 있습니다. 첫째, 대부분의 아랍인과 드루즈인은 소외 지역에 삽니다. 둘째, 이들은 소수 계층에 속합니다. 정보부대에 입대하는 아랍인과 드루즈인 자체가 무척 드물고 유닛 8200 네트워크는 고사하고 평범한 사회 관계망도 접근이 쉽지 않은 상황이죠. 그래서 우리는 이들이 기술 산업 생태계의 일부가 될 수 있게끔 최선을 다해 돕고 있습니다. 현재 유닛 8200 전우회는 하이브리드Hybrid라는 프로그램을 논의 중인데, 간단히 설명하자면 신생 기업가와 경험 많은 숙련된 기업가를 한자리에 초청해 몇 개월에 걸쳐 다양한 사례를 논의하는 기회를 제공합니다. 또 유닛 8200 위민투위민8200 Women2Women이라는 프로그램도 있습니다. 유닛 8200에서 복무한 여성 30여 명이 앞으로의 커리어를 좌지우지할 중대한 선택의 기로에 선 다른 여성들에게(유닛 8200 출신이 아니어도 상관없습니다) 멘토로서 실질적 도움이 되는 조언을 건네는 자리를 마련합니다."

이스라엘에서는 시민의 주도로 사회 발전이 이루어지는 경우가 흔하다. 유닛 8200 전우회가 그를 잘 보여주는 사례 중 하나다. 닐 렘퍼트는 말했다. "유닛 8200 전우회에는 공식적인 운영 규칙이 없습니다. 정식으로 급여를 받고 근무하는 직원이 없고 사무실도 없어요. 모든 작업이 자율적으로 이루어진다고 생각하면 됩니다. 제가 회장직을 맡고 있지만 제 역할은 사실 중개자 그 이상도 이하도 아니에요. 일이 제대로 굴러가도록 중간에서 조율하는 게 전부라 할 수 있죠. 우리는 전우회 자금이 원래 목적대로 잘 사용된다는 사실에 큰 자부심을 느낍니다. 전우회에서 실시하는 모든 활동은 처음부터 끝까지 유닛 8200을 전역한 부대원이 직접 책임지고 있습니다."

관리

누가 명령을
내리는가?

체계나 개인이 주어진 상황에 적응하다 보면 생각보다 좋은 결과가 나오기도 하고 나쁜 결과가 나오기도 한다. 오늘날 이스라엘 방위군은 특징적인 태도, 문화, 철학을 형성하고 있지만, 지금과 같은 효율적인 모습을 갖추기까지 수많은 제약을 극복하고 대안을 찾아야 했다. 이스라엘 방위군이 마주한 가장 큰 제약은 인력 부족이었다. 앞서 이야기했지만 이스라엘 방위군의 병력은 매 3년에서 5년마다 완전히 교체되므로 지휘관 계급에 지나치게 의존해서는 곤란하다. 미국의 장교 모집 및 훈련 방식이 아무리 체계적이라도 이스라엘 방위군은 이를 모방할 수 없다. 그만한 자원이 부족하기 때문이다. 이스라엘 방위군은 가능한 범위에서 최선의 방안을 찾았다. 우연인지 필연인지 모르겠지만 현재 아주 원활히 운영되고 있다.

이스라엘 방위군은 다른 군대에 비해 지휘관급 직업군인의 비율이 상당히 낮다. 매년 방위군에 입대하는 신병이 계급과 관계없이 다양한 역할을 수행하도록 훈련받는 이유가 여기에 있다. 이미 내가 복무 당시 어떤 과정을 거쳐 장교가 됐는지 말했지만, 장교 또한 예외가 아니다. 이스라엘 방위군에서 장교가 되는 지름길이란 없다. 대부분의 장교가 나처럼 부대원으로 복무하다가 차출돼 훈련과 교육을 거친 뒤 부대로 복귀해 부대원을 지휘한다. 모든 이스라엘 장교가 한때는 평범한 병사였다. 이런 장교 선출 방식은 전 국민을 병력으로 활용하다가 그중 두각을 보이는 일부를 선택해 지휘관으로 진급시킬 수 있다는 이점을 가진다.

이런 조건들로 인해 이스라엘 방위군에는 타국 군대에서 찾아보기 힘든 수평적 계급 문화가 형성됐다. 대부분의 장교가 원래 복무하던 부대로 돌아가 신병교육과 훈련을 함께 받은 동기를 지휘하는 위치에 오르다 보니 이스라엘 군대에서는 병사와 지휘관 사이의 딱딱하고 수직적인 관계를 보기 어렵다. 장교가 병사를 친근히 받아들이고 병사는 장교를 편안히 대한다. 그렇다고 위계질서가 무너지는 것은 아니다. 병사와 장교는 서로를 존중한다. 한때 훈련과 전투를 함께한 동지였기에 병사들은 그가 장교가 될 수 있었던 이유를 누구보다 잘 안다. 루이스 윌리엄스가 주장하길, 일병이든 하사든 소대장이든 참모총장이든 모든 군인이 같은 처지에서 군생활을 시작했고, 출신 배경이나 과거 경력과 상관없이 입대한 이상 모두 같은 동료로 대우받으니 이스라엘 방위군에서 계급이란 개인이 지닌 역량과 지휘 능력을 인정한다는 징표로 여겨질 뿐이다. 윌리엄스는 말했다. "장교를 달아도 다른 계급과 같은 군복을 입고 같은 음식을 먹는다. 전장에서도 달라지는 것은 없다. 장교는 다른 병사와 같은 식당에서 식사하고 같은 막사에서 함께 생활한다."

이스라엘 방위군의 수평적이고 비계층적인 문화는 책임을 분산하는 효과를 보인다. 군사 역사 연구가 에드워드 루트왁Edward Luttwak이 설명하길 "이스라엘 방위군은 의도적으로 고위급 군인 숫자를 적게 유지한다. 즉 명령을 내릴 장교가 부족하다는 뜻이다. 그리고 장교의 숫자가 줄수록 낮은 계급에 주어지는 자율성이 늘어난다."[1]

시장이라는
전쟁터

〈베두인 러브송Bedouin Love Song〉은 이스라엘의 유명한 발라드로 이따금 텐트를 버려 두고 사막의 모래와 함께 떠도는 방랑자의 이야기를 노래한다. 이 아름다운 노래를 들으면 오늘날 세계의 자녀로 태어나 지구를 여행하는 현대의 방랑자가 떠오른다.

나다브 자프리르Nadav Zafrir는 1970년 키르야트 아나빔 키부츠에 거주하던 사브라(본토 출생자) 부모 밑에서 태어났다. 자프리르가 두 살일 때 부모가 키르야트 아나빔 키부츠에서 모샤브로 이사하면서 첫 여행이 시작됐다. 모샤브는 자프리르의 고향과 전혀 다른 문화적 배경을 지녔고, 그곳에서 자프리르의 아버지는 낙농업을 했다. 아버지를 도와 송아지에게 먹이를 주고 가족의 오렌지 밭에 물을 준 경험은 자프리르의 삶 전반에 큰 영향을 미쳤다. 자프리르의 첫 기억은 급하게 군복을 챙겨 입는 아버지를 뒤로하고 어머니를 따라 대피소로 달려간 것이었다. 어머니의 손에는 대피소 밖에서 제4차 중동 전쟁이 일어나는 동안 유일한 정보원이 돼 줄 트랜스지터 라디오가 들려 있었다.

자프리르가 7세 때 가족 전체가 도미니카 공화국으로 이주했다. 아버지는 당시 이스라엘 외무부에서 진행하던 개발도상국 지원 프로그램의 도움을 받아 도미니카 공화국에 낙농업협동조합을 설립했다. 자프리르는 미국인 학교에 입학해 그곳에서 3년을 보냈다. 이후 자프리르 가족은 이스라엘에 돌아와 2년 정도 머물렀지만 곧 에콰도르 키토로 옮겼다. 아버지는 에콰도르에서 소시지 공장을 경영했다. 자프리르는 18세에 군 입대를 위해 이스라엘로 돌아왔다.

방랑자의 삶은 고단하다. 변화하는 환경에 끊임없이 적응해야 하고, 상황에 떠밀려 평생을 함께하고 싶던 친구와 멀어져야 한다. 새로운 시작을 받아들이는 데는 연습이 필요하다. 나다브 자프리르는 성장기에 이미 충분한 연습을 거쳤다. 세상을 떠도는 동안 많은 것을 잃었던 만큼 많은 것을 얻었다.

자프리르의 군생활에 대해서는 알려진 내용이 많지 않다. 다만 낙하산부대에서 기술부대를 거쳐 특수작전부대로 간 뒤 마침내 유닛 8200로 옮겨 이스라엘 방위군 사이버 사령부를 창설했고 이후 사령부 준장이 되어 부대를 지휘했다고 알려졌다. 모든 장교가 이렇게 차근차근 경력을 쌓아 나가면서 인간관계를 넓힐 수 있는 것은 아니다. 어쩌면 자프리르는 어린 시절에 다양한 문화권을 오가며 낯선 사람들과 관계를 맺고 새로운 문제를 극복해 나가는 과정에서, 훌륭한 장교이자 뛰어난 리더이자 특별한 기업가가 되는 자질을 키웠는지도 모른다.

2013년, 나다브 자프리르는 싱크탱크이자 창작 벤처기업인 팀에잇Team8을 공동설립하고 최고경영자로 취임했다. 이는 자프리르가 기업가로서 이룬 가장 큰 업적이었다. 팀에잇은 빅데이터, 머신러닝, 사이버보안을 결합하는 데 초점을 맞췄다. 자프리르는 사이버 공격에 직접적으로 맞서 싸우는 방법을 택했다. 직접 회사를 세우고, 주어진 모든 자원을 투입해 회사를 키우고, 시장 점유율을 높이고 덩치를 키워라. 그리고 회사가 어느 정도 궤도에 오르면 또 다른 회사를 설립하라. 끊임없이 새로운 아이디어를 떠올려라. '상식'과 '우수 사례'를 지침으로 삼지 마라. 한 가지 의견에 사로잡혀서는 안 된다. 1년에 한 번, 공격과 방어가 난무하는 학습 전쟁에 참여해 승리를 거머쥐어라.

이런 태도를 유지한다면 경쟁에서 앞서 나가고 시장에서 우위를 점할 수 있다. 지금까지 팀에잇의 도움으로 설립돼 사이버

보안 분야에서 성공을 거둔 기업으로는 일루시브 네트워크Illusive Networks, 클래로티Claroty, 시그니아Sygnia, 하이솔레이트Hysolate, 포트시프트Portshift가 있다. 최근 팀에잇은 MIT 교수, 세계적인 수학자와 함께 듀얼리티 테크놀로지Duality Technologies를 공동 설립해 안전한 데이터 변환 방식을 개발하는 데 집중하고 있다.

나다브 자프리르는 사이버보안 분야에서 뛰어난 학자이자 기업가이자 군사 전문가로 인정받아 현재 다양한 기관에서 사이버 관련 자문 위원으로 활동하고 있다.

그는 세상이 점점 복잡해지고 빠르게 변화하는 만큼 관리 체계 또한 그에 맞게 바뀌어야 한다고 설명한다. 이제 엄격한 상명하복 모형을 고수해서는 만족할 결과를 거둘 수 없다. 기존 방식을 버리고 더 느슨하고 수평적이고 유연한 모형을 채택할 필요가 있다. 놀랍도록 빠르게 변화하는 세상에서 천편일률적인 관리 모형을 적용하면서 진정한 진보를 이루기는 어렵다. 기술 산업은 물론 제조, 마케팅, 영업 분야에도 복잡성이 존재한다. 복잡한 세상에서 조직이 살아남기 위해서는 투명한 자료 수집 및 의사결정 과정 체계를 이뤄 끊임없이 대안을 모색하는 한편, 주변의 비판에도 귀를 기울여야 한다. 자프리르는 이야기했다. "민간 기업이든 군사 조직이든 현대 사회에서 수직적 계급 문화는 힘을 발휘할 수 없습니다. 이제는 계급과 관계없이 자유롭게 의견을 나눌 수 있는 문화를 추구해야 합니다."[2]

일단 이스라엘 방위군은 계급 체계가 분명한 단체라는 점을 짚고 넘어가겠다. 다만 나다브 자프리르가 설명하듯 "(일반적인 기업이나 군대와 달리) 이스라엘 방위군의 머리에 해당하는 구성원은 항상 몸통에 해당하는 구성원과 소통합니다. 엄격한 명령 체계를 갖추고 있지만 계급 간에 거리감을 느끼는 경우가 드물어요. 당연히 의사결정은 유연하고 수평적으로 이루어집니다." 앞서 언급했듯 이런 체계 내에서는 하위 계급 또한 전략 수립에 참여하거나 직접 의견을 내지는 않더라도 그 과정을 숙지하고 있어야 한다. 상부에서 내린 명령이 여러 단계를 거쳐 병사에게 전달되기까지 기다리기에는 시간이 부족하다. 이스라엘 방위군은 모든 군인이 조직의 전체 목표를 이해하고 성취를 위해 노력해야 한다.

자프리르는 말했다. "이스라엘 초대 총리 다비드 벤구리온David Ben-Gurion이 강조했듯 모든 군인은 자신이 지휘봉을 쥐고 있다고 생각해야 합니다. 물론 이런 구조가 자리 잡기까지 문제가 없지는 않았어요. 일단 발라간, 즉 혼돈이 빚어지면서 상황을 통제하기가 어려워졌습니다. 하지만 이스라엘 방위군은 곧 질서 유지와 민첩한 대응 사이에서 적절히 균형을 찾았습니다. 수직적 계급문화를 고집해서는 절대 이런 결과를 얻을 수 없었을 것입니다."

자프리르는 군생활을 통해 배운 교훈을 자신의 기업에 적용했다. "팀에잇은 기업 설립을 지원하는 플랫폼이에요. 이를 위해서는 고도로 구조화된 대기업의 연구 능력과 체계적 업무 처리 능력, 스타트업의 민첩성을 두루 갖추어야 합니다. 이렇게 혼돈과 질서 사이를 자유롭게 넘나들지 못한다면 복잡한 환경에서 성공하기가 어렵습니다." 때로는 엄격한 계급이 도움이 되지만 때로는 방해가 된다. 때로는 자유가 필요하지만 때로는 방향성을 제시하는 상관이 필요하다. 혼돈은 허점을 만들지만 질서는 발전을 방해한다. "우리는 가장 창의적인 혁신이 혼돈의 가장자리에서 일어난다고, 발라간에서 오는 사고의 유연성이 혁신의 원동력이 된다고 믿고 있습니다."

사실 리더십은 깊이와 구조만큼 유연성과 신선함을 필요로 하는 기술이다. 나다브 자프리르는 설명했다. "예를 들어, 나와 내 파트너 사이에는 어떠한 계급 차이도 없어야 합니다. 하지만 그렇다고 각자의 전문성과 책임이 사라지지는 않죠. 무엇보다 경영에 관련된 내용을 완전히 투명하게 공유하고, 어떤 분야든 자유롭게 참여하고 의견을 낼 수 있는 분위기를 조성하는 것이 가장 중요합니다."

나다브 자프리르는 지금도 전 세계를 돌아다니며 기업가와 임원을 비롯해 수천 명의 청중에게 복잡한 환경에서 진보를 이루는 방법을 강연하고 있다. 분명한 목적 없이 떠돌던 과거와 달리 오늘날 자프리르는 세계 각국의 기업가, 정치인, 의료인, 학자에게 이스라엘의 혁신 본능과 기술적 전문성을 알린다는 목표를 가지고 여정에 나선다. 그는 세상이 마주한 문제를 해결하려면 "온 지구가 힘을 합쳐야 한다"라고 믿는다. 자프리르는 날 때부터 세계를 집으로 삼았던 만큼 세상에 긍정적인 변화를 가져올 힘을 가졌을 것이다.

이스라엘 방송통신대학교Open University 교수 야길 레비Yagil Levy

는 군사 조직과 민간 기업이 관리직 수를 줄이고 수평적 조직문화를 추구함으로써 비용을 절감할 수 있다고 주장했다. 레비 교수는 수평적 조직이 "중앙에서 내려온 명령이 부대에 전해지기까지 걸리는 시간을 단축하고 부대 간 소통을 원활히 만든다. 낮은 계급에 속한 군인의 결정권이 더 커지고 사건이 발생하면 보다 빠르게 대응할 수 있다. 특히 예측하지 못한 사건이 일어났을 때 수평적 조직은 빛을 발한다"라고 말했다.[3]

이스라엘 방위군이 지난 수십 년간 추구해 온 방향이 드디어 인정받고 있다. 레비 교수는 네트워크중심전이 수평적 조직문화의 징후라고 믿고 있다.

수평적
조직문화

나다브 자프리르가 그랬듯 기업에 수평적 조직 구조를 적용하면 고위급 임원과 평사원 사이의 직급들이 대폭 줄어든다. 임원이나 사장에게 의견을 전할 때 예전만큼 여러 사람을 거칠 필요가 없어진다. 수평적 구조는 보고 체계를 간소화해 의사소통을 빠르고 원활하게 만든다.

수평적 조직문화를 추구하는 기업은 직원에게 권한과 동기를 부여해 의사결정 과정에 적극적으로 참여하도록 유도한다. 회사 입장에서는 창의적 토론을 가능하게 하고 경영에 다양성을 더한다는 이점을 지닌다. 또한 폭넓은 아이디어와 의견을 받아들일 수 있다. 각 직원에게 더 큰 권한이 주어지고 중간 관리 직급이 일부 사라지면서 회사 내 관계자는 물론 외부 고객의 피드백을 신속하고 효율적으로 수용하고 조정할 수 있다.

수평적 조직문화를 부정적으로 인식하는 사람은 군사 조직이 작전을 성공적으로 수행하고 민간 기업을 안정적으로 경영하기 위해 명확한 계급 체계가 필수라고 생각한다. 또한 작은 가게에서 판매직을 담당하는 직원처럼 현장에서 근무하는 사람보다 전체적 결정권을 지닌 사람의 신분이 더 높다고 착각한다. 즉 실무를 담당하고 돌발 상황에 유연하게 대처하고 매일 고객을 응대하는 직원의 능력이 경영에 참여하는 관리직보다 떨어진다는 것이다. 하지만 이는 오해일 뿐이다. 오늘날 성공을 거둔 기업은 대부분 수평적 조직문화를 추구한다.

오토매틱Automattic의 사례를 살펴보자. 오토매틱은 전 세계 웹사이트의 20퍼센트를 수용하는 기업인 워드프레스WordPress의 모회사로 상당한 사업 규모를 자랑한다. 하지만 오토매틱의 직원 수는 200여 명에 불과하다. 직원은 모두 원격으로 근무하며 수평적 조직문화에 따라 자율적으로 일한다. 〈하프라이프Half-Life〉, 〈포탈 Portal〉 등 인기 있는 게임을 다수 제작한 게임회사 밸브Valve는 상하 관계가 전혀 없기로 유명하다.

세계적인 성공을 거둔 기업 W. L. 고어W. L. Gore 또한 수평적 조직문화를 추구한다. 직원 수가 1만 명 이상이지만 직급은 최고경

영자, 팀장, 팀원 세 가지뿐이다. 모든 팀이 8명에서 12명으로 구성
돼 있는데, 팀원 채용부터 급여 지불, 프로젝트 구상 및 실행까지
모든 결정이 팀 단위로 이루어진다. 민주적인 절차를 거쳐 선출된
최고경영자 테리 켈리Terri Kelly가 〈하버드 비즈니스 리뷰〉 기자 팀
카스텔Tim Kastelle과의 인터뷰에서 말했다. 단순히 위에서 내려오는
지시를 따르고 행동을 통제받는 수직적 구조보다 "모든 구성원이
동일한 가치관을 공유하고 주인의식을 느끼는 환경을 조성하면 회
사의 발전에 훨씬 큰 도움이 됩니다. 책임과 권한을 부여받은 개인
은 강력한 리더 한 명이나 엄격한 관료보다 훨씬 훌륭한 감시자 역
할을 수행할 수 있습니다."[4]

37시그널스37signals의 공동창립자이자 최고경영자인 제이슨
프라이드Jason Fried는 〈잉크Inc.〉 지와의 인터뷰에서 말했다. "37시그
널스는 처음부터 수평적 조직문화를 추구했습니다. 사실 수평적
구조는 우리가 추구하는 핵심 가치 중 하나예요. 우리 회사에는 프
로그래머가 8명 있지만 수석 프로그래머는 따로 없습니다. 디자이
너도 5명이지만 수석 디자이너가 없죠. 고객관리팀 직원이 5명인
데 팀장이 없습니다. 우리 회사에는 실무를 하지 않는 관리자 직급
이 아예 없어요."[5] 군사 작전을 수행할 때나 마케팅 캠페인을 추진
할 때나, 핵심은 병사 통솔이나 직원 관리가 아닌 실질적인 업무,
즉 목표를 달성하는 데 있다.

수평적 조직문화는 쉴 새 없이 빠르게 변화하는 환경에서 진
가를 발휘한다. 다수의 독립적인 팀으로 이루어진 기업은 (팀원이 공

동의 목표 달성을 위해 합심한다는 전제하에) 엄격한 수직적 조직보다 유연하고 민첩하게 변화에 대응한다. 마케팅 전문가 크리스티 라코치 비버Christy Rakoczy Bieber는 수평적 조직문화가 팀워크를 향상하고 의사소통을 개선한다고 주장했다. "중간 직급이 줄어드는 만큼 정보 전달이 원활해집니다. 최고 경영진과 평사원 사이의 거리가 가까워지면서 의사소통 효율이 높아집니다."[6] 의사소통이 원활해지면 결정 속도 또한 빨라진다. 관료주의 체계 아래에서는 이렇게 신속하고 원만한 논의와 합의가 이루어지기 힘들다. 여기에 라코치 비버는 "수평적 조직문화에서는 소통이 잘 이루어져서 새로운 정책을 시행하기도 쉬워요"라고 덧붙였다. 또한 수평적 조직문화는 투명성을 강조해 직급이 낮은 구성원이 사업 모델을 이해하고 전략적 사고방식을 가지는 데 도움이 된다.

1967년 6일의 전쟁 사례로 알 수 있듯, 수평적 조직문화는 놀라운 결과를 낳을 수 있다. 문화, 정치, 경제, 비즈니스, 기술 분야의 저명한 기자 파스칼 에마누엘 고브리Pascal-Emmanuel Gobry는 전시 상황을 생생히 묘사했다. 당시 이스라엘 방위군은 구체적인 전략 없이 시나이 반도 침공에 나섰다. 하지만 "이스라엘 방위군은 주요 거점 도시 아리시를 점령한 후 (……) 수에즈 운하까지 거침없이 전진했다. 누군가의 명령이 있었던 것이 아니다. 단지 전장에 투입된 지휘관이 전쟁에 임하며 세운 목표를 고수한 채 전투를 주도했을 뿐이다. 그들은 상부에서 지시가 내려올 때까지 가만히 앉아 기다리는 대신 직접 행동에 나섰다."[7]

임기응변과 최적화

입대를 환영한다! 여러분 앞에는 헬멧, 군복, 구급상자, 소총 등 군대 표준규격에 맞는 장비가 놓여 있다. 사용이 편리하게 장비를 손보겠는가? 아니면 표준규격으로 나온 데는 다 이유가 있으니 굳이 개조할 필요 없이 배급받은 대로 놔두겠는가? 이스라엘 사람이라면 어떻게 할 것 같은가?

별로 놀랍지도 않겠지만, 이스라엘 군인은 입대하는 순간부터 장비와 군복, 심지어 무기까지 자신의 몸에 맞게 개조한다. 여기에는 성능을 개선하려는 목적도 있지만 개성을 나타내려는 의도도 있다. 히브리어에는 이런 행동을 지칭하는 표현이 따로 있다. '쉬프주르shiftzur'이다. 이 단어는 개선, 재창작, 재건을 뜻하는 쉬sh, 프P, 즈tz에서 파생했다. 즉 쉬프주르는 기존 물건이나 장비를 개인의 취향, 선호, 필요에 맞춰 개조하는 행동을 의미한다.

쉬프주르는 이스라엘 방위군에서 흔히 관찰되는 현상이다. 최고의 쉬프주림shiftzurim(쉬프주르의 복수형)은 주변의 선망을 산다. 개조 결과가 훌륭하면 동료 병사는 물론 지휘관까지 그를 따라 장비를 손본다. 거의 모든 군인이 헬멧, 조끼, 무기를 개조한다. 총알이 바닥에 떨어지거나 축축해지지 않게끔 끈으로 탄창을 총기에 붙인 뒤 절연 테이프로 꼼꼼히 감싸는 쉬프주림은 전통처럼 이어져 내려오고 있다.

장교의 지시에 따라 장비를 개조하는 경우도 있지만 순전히 개인적 만족을 위해 소지품에 변화를 주기도 한다. 이스라엘 군인은 다양한 방법으로 무기나 군복을 더 멋있고 독특하고 개성 넘치게 만든다. 예를 들어 병사들은 종종 무기에 부착하는 장식에 부대 휘장을 덧댄다. 사실 헬멧과 무기부터 주말마다 집에 들고 가는 가방까지 거의 모든 장비에서 부대 상징을 찾을 수 있다.

타국 군대에서도 장비를 개조하지만 이스라엘만큼 흔하지도 기꺼이 받아들여지지도 않는다. 예를 들어 미국군에 배급되는 장비는 이미 질이 굉장히 높아 굳이 개조할 필요가 없다. 게다가 미군은 군인에게 개성과 창의력이 중요하지 않다고 생각한다. 하지만 이스라엘 방위군은 필요에 의해서든 부대의 자부심을 표현하기 위해서든 자유롭게 장비를 개조하라고 장려한다.

심지어 이스라엘 방위군에는 쉬프주르만을 담당하는 부대도 존재한다. 노암 샤론Noam Sharon은 다른 동료 군인과 더불어 봉제작업장에서 복무하며 각 전투병의 몸에 꼭 맞게 장비를 개조하는 임무를 수행했다. 샤론은 설명했다. "특정 작전에 맞게 쉬프주르를 하기도 했고, 단순히 개인적인 요청에 따라 장비를 손볼 때도 있었습니다."[1]

대부분은 병사의 요청에 따라 쉬프주르를 실시합니다. 작업장에 직접 조끼를 가지고 와서 어떻게 고쳐 달라고 요청하는 식이죠. 장전 속도를 높여 달라거나 사이즈를 조정해 달라는 등 요구 사항이나 불편 사항이 있는 군인이라면 누구나 쉬프주르 작업장을 찾을 수 있어요. 그러면 우리는 요구에 맞게 장비를 고쳐 줍니다. 물론 개인이 아니라 부대 차원에서 쉬프주르 요청이 들어오기도 해요. 작전에 나가기 전 장비를 최적화하기 위한 목적으로 작업장을 찾는 장교도 많습니다. 원래 있는 장비를 개조하기도 하고, 아예 새 장비를 제작할 때도 있어요. 봉제작업장에 복무하면서 가장 좋았던 점은 사고와 행동에 완전한 자율성이 주어진다는 것입니다. 동기 한 명은 쉬프주르에 필요한 부품 일체를 조달하는 역할을 맡았는데, 구매 목록 작성부터 판매자와 가격 협상까지 모든 과정을 책임지고 진행했습니다. 기본적인 지시와 감독은 있었지만 웬만해서는 부대원의 작업에 개입하지 않았어요. 덕분에 마음껏 창의력과 상상력을 발휘할 수 있었습니다. 군대 안에서 누릴 수 있는 가장 보람찬 경험이라고 생각합니다.

봉제작업장에서 복무를 시작했을 당시 노암 샤론은 겨우 19세였다. 입대 전 디자인, 제작, 바느질한 경험이 거의 없었고, 쉬프주르에 참여하면서 익혔다.

타임 인베스트먼트 그룹The Time Investment Group의 전 최고경영자 겸 경영 파트너이자 캐세이 이노베이션Cathay Innovation의 현 운영 파트너인 유리 바인헤버Uri Weinheber 박사는 쉬프주르가 이스라엘 문화, 특히 이스라엘 방위군에 뿌리 깊게 자리 잡은 즉흥성을 나타낸다고 이야기했다. 바인헤버 박사는 쉬프주르를 "이스라엘의 다양성을 보여 주는 좋은 예"라고 설명했다.[2] "이스라엘 군대는 이스라엘 사회의 축소판으로, 쉬프주르는 이스라엘을 대표하는 문화라고 할 수 있습니다. 이스라엘 사람들은 현재 상태에 만족하지 않고 끊임없이 적응하고 변화하고 개선할 방법을 찾아요. 주어진 환경에 안주하는 법이 없어요. 늘 진보와 발전을 추구하죠. 더 좋은 방향으로 나아가기 위한 노력을 두고 변화를 위한 변화라고 오해하지는 않았으면 합니다. 이스라엘에서는 많은 사람이 즉흥적으로 개선을 이루어 냅니다."

이런 점에서 유리 바인헤버 박사의 커리어는 이스라엘의 철학을 고스란히 담고 있다. 그는 세 가지 경험이 커리어의 큰 축을 구성한다고 이야기했다. 박사는 보병전투병으로 입대 후 장교로 발탁돼 부대원을 이끌었다. 또한 전역 후 예비군 기간 동안에는 엘리트 전투부대를 창설해 초대 사령관을 역임했다. 전역한 뒤에도 박사는 최전방 전투부대에서 대령으로 예비군 복무를 이어 나가며 전장에서 수많은 작전을 지휘했다. 현재 바인헤버 박사는 학자로서 과학, 기술, 사회 사이의 상호관계를 연구하고 있다. 박사 학위

논문 또한 인터넷 상용화로 빚어진 갈등이 기술 개발과 제품 혁신에 미친 영향을 논한다. 그가 주장하길 "갈등이 진보와 혁신의 계기가 될 수도 있습니다."

1990년대 초반 이스라엘 기술 생태계에 뛰어든 유리 바인헤버 박사는 제품 매니저로 사회생활을 시작했다. 혁신을 이룩하고 창의적 해결책을 찾고 획기적인 기술을 개발하는 데 놀라운 열정을 지닌 박사는 곧 부사장직에 올랐다. 이후 혁신적 스타트업을 창업하고 최고경영자로서 놀라운 저력을 보였다. 여기에 그치지 않고 투자회사 최고경영자이자 자본가로서 이스라엘 스타트업 수십 군데에 자금을 유치해 성공한 기업의 탄생에 일조했다. "회사가 보유한 기술을 바탕으로 투자 결정을 내리는 사람들이 있어요. 대부분이 전문 엔지니어죠. 반면 재무구조를 보고 투자를 결정하는 사람들도 있는데, 이 경우에는 대부분이 경영학 학위를 가진 전문 경영자입니다." 바인헤버 박사는 투자 성공 요령을 이렇게 설명했다. "하지만 저는 문제와 해결책을 찾습니다." 박사는 자신의 경험에 빗대어 이야기를 이어 나갔다. "전투 사령관으로 있을 때 매일 하던 일이에요. 사회에서도 똑같습니다. 이런 관점은 연구를 할 때나 스타트업에 투자를 결정할 때 굉장히 유용합니다. 먼저 현 시점에 스타트업이 지닌 문제나 미래에 발생 가능한 문제가 무엇인지 고민하고, 창의적이고 야심찬 해결책을 떠올립니다. 이때 회사가 아닌 고객의 입장에서 생각하는 것이 중요합니다."

유리 바인헤버 박사는 다양한 수단과 방법을 동원해 끊임없이 개선점을 찾는 환경에 익숙하다. 박사에게 즉흥적인 변화는 가장 효율적인 전략이다. "이스라엘 사회 전체가 그렇지만 특히 이스라엘 방위군은 임기응변으로 만들어진 조직이나 마찬가지예요. 임기응변은 떼려야 뗄 수 없는, 필요에 의해 발생한 이스라엘 문화의 일부입니다. 이스라엘 사람들은 미리 정해진 계획에 따르기보다는 즉각적으로 대응 방식을 결정합니다. 이스라엘이 즉흥적인 판단이 필요한 상황에 유독 강한 모습을 보이는 이유가 여기에 있습니다. 어느 조직이나 똑같겠지만 임기응변 능력은 필요에서 나옵니다."

필요에 따라 군인이 장비를 개조하듯, 이스라엘에서 쉬프주르는 매우 흔한 현상으로 여겨진다. 유리 바인헤버 박사는 설명했다. "군인이 직접 장비를 개조하듯 이스라엘에서는 시민이 주도적으로 사회 체계를 바꿔 나갑니다. 덕분에 효율적이고 생산적으로 개선이 이루어지죠. 장비든 사회 체계든 무언가를 개선하고자 하는 욕구와 요구는 '시장', 즉 사용자에게서 비롯됩니다. 저는 쉬프주르가 이스라엘 방위군이 군사들에게 '시장 맞춤형 상품'을 보급하는 과정이라고 생각해요." 바인헤버 박사는 "이런 면에서 군사장비는 사용자의 선호와 취향에 맞게 개조되거나 작전상 필요에 의해 '제조사'로 보내져 변화를 거친 후 다시 배급되는 상품인 셈"이라고 이야기했다. 이스라엘 방위군의 보급품에서 이루어지는 쉬프주르는 이스라엘 사람들이 문제에 대응하는 방식을 잘 보여 준다.

사례 연구:
이스라엘 공군[3]

이스라엘 방위군이 '시장 맞춤형 상품'을 추구한다는 사실은 실수를 통해 배우려는 태도에서 잘 드러난다. 특히 이스라엘 공군은 실수에 굉장히 엄격하게 접근한다.

스티븐 프레스필드Steven Pressfield가 6일 전쟁을 주제로 쓴 책 《사자의 문The Lion's Gate》에는 이런 내용이 나온다. "이스라엘 공군에는 과하다 싶을 정도로 솔직한 보고 문화가 있다. 매일 훈련이 끝나면 각 중대는 회의실에 모여 하루를 되돌아본다. 중대장인 란이 회의실 앞에 서서 하루 동안 저지른 실수를 하나하나 짚어 나간다. 젊은 조종사의 잘못을 지적하기도 하지만, 스스로 모자랐던 부분을 이야기하는 데에도 거침이 없다. 란은 자기비판을 두려워하지 않았고 중대원에게도 같은 모습을 기대했다. 실수했다면 솔직히 인정하고 넘어가면 된다. 자존심은 중요하지 않다. 우리는 실수를 발판으로 삼아 성장해야 한다."[4]

미국군은 보통 군사작전이 끝난 다음 주에 보고회를 갖는다. 휴식을 취하면서 생각을 정리할 시간을 주기 위해서다. 작전에 투입된 군인이라면 계급과 관계없이 자유롭게 보고회에 참여할 수 있으나, 대부분 부대장 주도하에 보고가 이루어진다. 각 보고회에 참여하는 인원은 10명 남짓이다. 프레스필드가 설명하길 "미국에서 '보고가'라고 불리는 사람들은 체계적인 보고 훈련을 받았다. 이들은 조직이 지닌 자원을 비롯해 보고 과정에서 언급이 필요한 정보를 상세하게 파악하고 있을 뿐 아니라 스트레스 상황 대처에 능숙하다." 미국에서 군사 보고가 또는 보고 위원은 일종의 전문가로 여겨지는데, 중립을 지키기 위해 부대 외부에서 초청할 때가 많다.

반면 이스라엘 방위군, 특히 공군의 보고 체계는 미국과 상당히 다르다. 일단 보고 '전문가'가 따로 없다는 점이 가장 눈에 띈다. 지휘 계급의 도움을 받을 때도 있지만, 대개 훈련이나 작전에 참여한 병사가 직접 활동을 보고한다. 외부인은 보고에 개입하지 않는다. 복습과 반성 전 과정은 부대 내에서 이루어진다. 결과가 긍정적이든 부정적이든 자신과 동료 부대원을 비판하고, 작전 수행 과정에서 저지른 실수를 찾아서 분석하고 교훈을 얻는 모든 책임은 부대원에게 있다. 한 가지 다른 점은 보고 내용의 기밀 정보 취급 유무이다. 미국군은 비밀 보장을 중요하게 생각한다. 실제로 미국군 보고서 양식에는 이런 내용이 포함돼 있다. "보고회에서 언급된 내용을 외부에 공개하지 않는다. 보고서를 이후 병사의 잘못을 비난하는 데 사용해서는 안 된다. (……) 보고회를 희생양 식별을 위한 정보 수집으로 사용하지 않는다. 보고회에서 논의한 정보는 상부로 전달하지 않는다."

반면 이스라엘 방위군은 보고회 내용을 공개하는 데 거리낌이 없다. 군인은 자신의 실수가 밝혀져도 수치심을 느끼거나 문책을 당할까 걱정하지 않는다. 이스라엘 방위군에서는 중요한 사건이 발생하면 미래에 비슷한 잘못이 반복되지 않도록 보고 내용을 다른 사람들과 공유해야 한다고 본다.

하지만 이스라엘 방위군의 보고 문화는 단순히 실수로부터 교훈을 얻는 데 그치지 않는다. 이스라엘 군대에 이런 보고 문화를 정착시킨 태도와 철학의 이면에는 임기응변과 최적화 사상이 있다. 문화를 제대로 이해하려면 안에서부터 보면 가장 좋다.

이스라엘 공군의 보고 문화를 설명하는 데 '두그리^{dugri}'보다 적합한 히브리어 단어는 없을 것이다. 두그리는 꾸밈없이 있는 그대로 현상을 이야기하는 자세를 의미한다. 두그리를 갖춘 사람은 부정적인 부분까지 솔직하고 명료하게 이야기한다.

두그리야말로 이스라엘 공군 보고 문화의 핵심이라 할 수 있다. 보고할 때는 사실을 명확하고 이해하기 쉽게 설명해야 한다. 예를 들어, 여러분이 원하는 대로 일이 풀리지 않은 날을 떠올려보자. 거래처에서 중요한 프레젠테이션이 있는 날이다. 열심히 준비했지만 생각만큼 잘 풀리지 않았다. 회사로 돌아오자 동료가 묻는다. "프레젠테이션 어떻게 됐어요?" 여러분이라면 어떻게 대답하겠는가?

아마 "끔찍했어요" 또는 "잘 안 풀렸어요"라고 답하는 사람이 많을 것이다. 이는 감정을 나타내는 대답이다. 하지만 스스로 "내가 무엇을 잘못했고, 내가 원하는 결과를 얻으려면 내일은 어떻게 행동해야 하는가?"라는 질문을 던진다면 대답은 달라진다. 이 질문에 "끔찍했다"는 대답은 맞지 않는다.

이스라엘 공군의 보고 체계는 사건의 핵심을 파악하기 위해 "무슨 일이 일어났나?", "그 일이 일어난 이유가 무엇인가?", "다음에는 어떻게 해야 하는가?"라는 세 가지 질문을 던진다.

　이 질문은 자신을 질책하는 대신 과거의 잘못으로부터 교훈을 얻는 길잡이를 제공한다. "프레젠테이션을 완전히 망쳤어"라는 생각에 사로잡히는 대신 무엇을 왜 잘못했고 앞으로 어떻게 할 것인지를 고민하면 아마 이런 대답이 나올 것이다. "요점을 날카롭게 짚지 못했고, 생각만큼 일목요연하게 내용을 전달하지 못했다. 새벽 2시가 다 돼서야 잠들어 굉장히 피곤했기 때문이다. 앞으로 중요한 프레젠테이션 전날에는 적어도 7시간은 꼭 자야겠다." 이렇게 논리적인 분석에 앞서 "끔찍했다"고 이야기할 수도 있다. 물론 부정적인 감정을 털어 버리는 데 도움이 될 수도 있지만, 미래를 바꾸지는 못할 것이다. 두그리의 가장 큰 이점은 감정적인 부분은 잠시 미뤄 두고 곧장 개선점 찾기에 집중하는 데 있다.

　이스라엘 방위군의 보고 체계가 사실에 초점을 맞추는 이유이기도 하다. 보고 체계에 익숙하지 않은 사람은 보고를 하러 들어가서 엉뚱한 답변을 내놓을 가능성이 높다. 무슨 일이 일어났나? "나쁜 일이 일어났습니다." 이유가 무엇인가? "잘 모르겠습니다." 다음에는 어떻게 해야 하는가? "잘해야 합니다." 보다시피 이 대답에는 사건과 관련된 객관적 정보도 개선 방안과 관련된 다짐도 찾아볼 수 없다. 두그리의 자세를 갖추지 않고 현상이 아닌 감정에 중점을 두었다. 이 경우에 보고를 함으로써 얻는 이익은 거의 없다.

　이외에도 사람들이 사건을 분석할 때 흔히 저지르는 실수가 있다. 책임을 회피하거나 외부에 책임을 전가하는 것이다. 예컨대

착륙 중이던 조종사가 옆바람에 휩쓸려 활주로를 이탈한 상황을 가정해 보자. 조종사는 문제의 원인을 정확히 파악하고 있지만 "무슨 일이 일어났나?"라는 질문에 "옆바람이 불었습니다"라고 대답할지 모른다. 틀린 대답은 아니지만 여기에는 조종사의 책임이 생략돼 있다. 완벽한 대답은 "옆바람이 불었는데 적절히 대응하지 못했습니다"이다.

동일한 사실을 놓고 스스로 "내가 어떤 부분에서 다르게 행동했어야 하는가?"를 묻는 태도는 사건을 통해 교훈을 얻는 가장 좋은 방법이다. 이는 간단하지만 굉장히 중요하다. 타인에게 책임을 전가하려면 끝도 없다.

마지막으로 자주 저지르는 실수는 잘못된 교훈을 얻는 것이다. 자전거를 타다 넘어졌다고 생각해 보자. "나는 자전거를 못 타" 또는 "자전거를 타면 넘어지니까 앞으로는 자전거를 타지 말아야겠어"라는 교훈을 얻어서는 안 된다. 이런 태도는 다음에 자전거를 탈 때 도움이 되기는커녕 도전을 그만두게 만든다.

경험에서 좋은 교훈을 얻는 방법은 간단하다. 자신에게 이렇게 물어보라. "이 교훈이 목표에 도달하는 데 도움이 되는가?", "다른 사람 또한 동일한 사건에서 동일한 교훈을 얻는가?" 예를 들어, 자전거를 타다 넘어진 이유가 정면을 응시하고 페달을 밟는 대신 자전거 바퀴를 쳐다봤기 때문이라고 하자. 자전거를 탈 때는 앞을 봐야 한다는 사실을 다른 사람에게 알려주면 도움이 되는가? 물론이다. "시선을 늘 앞에 두세요. 앞바퀴를 확인하고 싶으면 빠르게 눈을 돌렸다가 곧장 다시 앞을 바라봐야 합니다."

위에서 설명한 보고 체계는 일이 꼭 잘못되지 않았을 때도 유용하다. 긍정적인 피드백에도 똑같은 과정이 적용된다. "어떤 부분이 잘됐는가?"라는 질문은 다음에도 반복할 행동을 알려준다. 스스로 잘한 점을 되돌아보며 사기를 진작하는 효과도 있지만, 한 번 일이 잘 풀렸다고 다음에도 같은 결과를 얻으리라는 보장은 없다. 성공 원인을 구체적으로 파악하면 목표를 달성하는 데 도움이 되며 비슷한 상황에 처한 다른 사람에게 좋은 선례를 남길 수 있다.

이스라엘 공군이 수행하는 모든 임무가 보고로 마무리되는 이유가 여기에 있다. 모든 비행 중대에는 그날의 비행에서 얻은 교훈을 문서화하는 장교가 따로 있다. 이스라엘 공군은 규칙에 따라 작성한 보고서를 같은 중대 조종사와 동일한 전투기를 조종하는 타 중대 조종사는 물론 조직 전체에 배포한다. 이스라엘 공군에는 '자신의 실수로부터 배우는 것보다 타인의 실수로부터 배우는 편이 낫다'라는 유명한 격언이 있다.

내가 저지른 실수뿐 아니라 다른 사람이 저지른 실수를 통해 교훈을 얻는 것은 이스라엘 공군처럼 급변하는 환경에 처한 조직이 변화에 적응하는 가장 좋은 방법이다. 이스라엘 공군은 대규모 군사 조직이지만 기술 스타트업과 마찬가지로 항상 새로운 극복 과제를 마주한다. 하지만 하나하나 직접 실패를 경험하면서 해결책을 찾기에는 시간이 부족하다. 조직이 목표를 달성하기 위해서는 모든 구성원이 끊임없이 긍정적, 부정적 교훈을 공유하면서 즉

홍적으로 문제를 해결할 수 있도록 준비해야 한다.

주체적
사고와 행동

간혹 임기응변을 계획의 부재 및 통제력과 실행력의 부족으로 특징짓는 사람들이 있다. 아주 잘못된 생각이다. 다방면에 걸친 풍부한 지식과 자료, 유연한 사고, 순발력 등 여러 자질을 고루 갖추지 않고는 임기응변이 불가능하다.

영어로 임기응변, 즉 improvise는 '계획하다'는 의미를 가진 라틴어 provisus에서 파생했다. 계획에 부정형 접두사 im이 붙었으니 improvise는 '계획이 없는' 또는 '준비되지 않은'이라는 뜻으로 해석된다. 히브리어로 임기응변은 '일투르iltur'라고 한다. 이는 '즉시 행동하다'라는 뜻을 가진 단어 '레알타르le'altar'에서 나왔다. 허술함을 떠올리게 하는 영어와 달리 히브리어에서 임기응변은 즉흥성을 강조하며 현재에 충실한 느낌을 준다. 이스라엘 사람들에게 일투르는 어떤 문제를 맞닥뜨려도 효율적인 해결책을 생각해 변화하는 환경에 빠르게 적응하는 능력으로 여겨진다. 이스라엘이 그랬듯 자원이 부족하면 임기응변으로 결핍을 이겨 내면 된다. 이 과정이 반복되면 사람들은 점차 자원에 의존하지 않는 방법을 배운다. 자원 부족은 더 이상 문제가 되지 않는다. 이스라엘에서 일투르는 예정에 없이 갑자기 마주한 상황에 대처하려는 태도가 아니다. 계획에 의존하지 않고 순간에 충실하게 살며 적응하는 자세를 의미한다.

예술, 특히 연극과 재즈에서 임기응변은 사전에 계획하지 않았으며 계획할 수도 없는 부분에서 협동을 이루는 데 핵심적인 역할을 한다. 조지 허버George Huber와 윌리엄 글릭William Glick이 공동 저술한 책《조직의 변화와 재설계Organizational Change and Redesign》에 이런 내용이 있다. "구성원이 임기응변에 강한 조직에서는 (……) 최소한의 합의만 이루어지므로 시간이 갈수록 사소한 부분에서 갑작스럽게 발생하는 사건에 대응하는 능력이 향상된다. (……) 이렇게 조직원은 힘을 합쳐 혼자서 달성할 수 없는 목표를 이루는 한편, 다양한 역량을 발휘해 예상치 못한 문제에 대처할 수 있다."[5]

맥락, 기술, 비언어적 소통은 임기응변에 큰 도움이 된다. 타인과 효율적으로 소통하는 능력을 갖추지 않고는 공동의 목표를 추구할 수도, 공동의 목표 달성을 위해 협동할 수도 없다. 마찬가지로 기술이 없으면 주어진 역할을 제대로 수행할 수 없고, 맥락을 이해하지 못하면 애초에 상황 파악이 어렵다. 그래서 적절한 대응이 쉽지 않다. 여기에 그치지 않고 허버와 글릭은 임기응변이 굉장히 단시간 내에 일어난다는 점을 강조했다. "행동이 즉흥적으로 이루어질수록 계획과 실행, 디자인과 제작, 구상과 적용 사이의 시간차가 줄어든다."

사실 모든 사람은 매일 나누는 거의 모든 대화 속에서 임기응변한다. 21세기 영국의 철학자 길버트 라일Gilbert Ryle은 임기응변을 주제로 한 소논문에 이렇게 적었다. "자신이 있는 그 자리, 그 상황에서 어떤 역할을 맡아야 할 것인가 고민할 때 임기응변에 능한 사람은 두 번 다시 오지 않을 한 번뿐인 순간에 적응하려 노력하는 동시에 지금까지 배운 수많은 교훈을 적용한다. 즉흥적인 판단과 인생을 살면서 익힌 요령이 적절한 조화를 이루는 것이다. 즉 이때껏 쌓아 온 역량과 기술을 활용해 예기치 못하게 발생한 기회, 위기, 위험에 대처하는 능력을 지닌다."[6]

미국의 조직이론가 칼 와익Karl Weick은 임기응변에 강한 조직의 특징을 아래와 같이 간단히 정리했다.

1. 상황이 변화하면 언제든 계획을 포기할 수 있다.
2. 조직이 소유한 자원과 자본을 잘 파악하고 있다.
3. 명확한 청사진과 진단 없이도 원활히 운영된다.
4. 구성원의 합의 아래 조직의 기본적 뼈대를 구상한 후 살을 붙인다.
5. 정해진 틀에서 벗어나는 데 거부감이 없다.
6. 먼저 스케치를 하고 그 위에 다채로운 테마, 장식, 주제를 더한다.
7. 새로운 상황을 과거 경험과 연관 지어 인식하는 경향이 있다.
8. 예기치 못한 사건이 발생해도 능숙하게 대처할 수 있다는 자신감을 가닌다.

9. 비슷하게 즉흥적으로 행동하는 동료가 있다.

10. 서로의 성과에 관심을 기울이고 그를 바탕으로 상호작용을 이어가는 데 익숙하다.

11. 다른 사람의 즉흥적인 행동에 맞춰 줄 수 있다.

12. 과거나 미래에 흔들리지 않고 현재에 집중한다.

13. 조직 구조보다 효율적 과정을 중요하게 여긴다.[7]

이스라엘 방위군 및 이스라엘 공군의 보고 체계와 공연 예술 분야에서 공통적으로 관찰되는 원칙은 스타트업과 영리를 추구하는 조직에도 똑같이 적용된다. 나는 문화적 현상으로서 임기응변이 조직의 규모와 관계없이 모든 기업에 도움이 된다고 생각한다. 임기응변을 실용적 기술로 볼 수도 있지만, 일종의 단기 학습으로 생각할 수도 있다. 이는 경험이 행동이나 지식에 체계적 변화를 일으킬 때 학습이 일어난다는 견고한 관점을 바탕으로 한다. 조직 즉흥성을 연구한 앤 마이너Anne Miner, 파울라 배소프Paula Bassoff, 크리스틴 무어먼Christine Moorman은 일반적 학습법이 과거 경험을 통해 행동과 지식을 변화하는 데 반해, 임기응변을 할 때는 그 순간의 경험이 큰 영향을 미친다는 사실을 발견했다.[8] 또한 그들은 팀 또는 기업 단위로 일할 때 임기응변이 가장 효과적인 해결책을 제시할 때가 많다는 사실을 강조했다. 실제로 마이너, 배소프, 무어먼은 한 팀을 이뤄 제품을 획기적으로 바꾸는 데 성공했다. 셋이 즉흥적으로 의견을 나누다가 나온 결과였고 어느 한 명이 특별히 중요한 역할을 했다고 이야기하기가 어렵다.

유사한 임기응변 사례는 아주 많다. 그중 나사NASA의 사례가 특히 인상 깊다. 1970년, 아폴로 13호에 승선한 우주비행사들은 임무를 마치고 무사히 복귀하기까지 수많은 위기를 극복해야 했다. 달을 선회하고 지구 대기권에 진입할 때 비행선에 가해지는 엄청난 열이 그중 하나였다. 나사 엔지니어 팀은 외부 열을 소산, 반사, 흡수하는 알루미늄 열차폐를 개발해 이 문제를 해결했다.

우주비행을 목적으로 개발된 열차폐는 머지않아 개인 주택에 기본적으로 설치되는 단열재로 사용됐다. 나사의 인공위성도 마찬가지다. 1962년 당시 인공위성은 미국과 유럽이 텔레비전 중계를 공유하기 위해 만들어졌지만, 오늘날에는 일기예보를 송출하고, GPS로 자세한 길을 알려주고, 화물기와 여객기의 위치를 추적하고, 첨단 무기에 목적지를 설정하는 등 다양하게 사용되고 있다. 전기 충전소, 연기 탐지기, 자기공명영상MRI, 안경 렌즈 도료, 보철용 소켓은 모두 특수한 목적으로 개발됐지만 다른 산업 분야에서도 유용하다.

이스라엘에도 특정 분야, 그중에서도 군사 분야에서 개발한 발명품이 다른 분야에 사용되는 경우가 많다. 기븐 이미징Given Imaging이라는 이스라엘 의료기술 회사의 사례를 살펴보자. 기븐 이미징은 위장 장애를 탐지, 진단하는 영상 장비를 제조한다. 환자가 알약처럼 생긴 카메라인 필캠PillCam을 삼키면 위장관을 따라 촬영이 이루어진다. 현재 이 기술은 60개가 넘는 국가에서 사용하고 있다. 놀라운 점은 이 기술의 출처에 있다. 알약 카메라 아이디어는 가비 이단Gabi Iddan 박사가 라파엘 군수산업체Rafael Advanced Defense Systems 미사일 부서에 근무할 때 고안했다. 라파엘은 유명한 이스라엘 방산업체로 이스라엘에서 사용하는 방위군의 무기, 군사 및 방위 기술을 개발하거나 수출한다. 그리고 이단 박사가 미사일 부품으로 제조한 소형 카메라는 의료 산업에서 유용하게 활용되고 있다.

이스라엘 쇼핑 애플리케이션 지킷Zeekit 또한 좋은 사례다. 소비자는 지킷을 사용해 옷이나 소품을 걸친 모습을 가상으로 확인할 수 있다. 이스라엘 공군 통신장교와 통신병의 훈련 및 선발을 지휘한 최초의 여성 야엘 비젤Yael Vizel은 32세에 지킷을 공동 창립했다.

도대체 어떻게 된 일일까? 지킷은 고도로 발전한 심층 이미지 구현 기술을 적용해 애플리케이션 사용자의 신체를 스캔한다. 애플리케이션을 활용하면 아주 높은 정확도로 옷이나 소품이 몸에 잘 맞을지 미리 알 수 있다. 비젤은 군 복무 당시 아이디어를 떠올렸다. 이스라엘 공군에서 임무를 수행하던 비젤과 팀원은 군사 작전 용도로 2차원 사진을 3차원 그래픽으로 변환하는 시스템을 개발했다.

비젤은 이 알고리즘 기반 기술이 다른 분야에도 유용하다고 확신했고, '지형' 스캐너를 인체에 응용하는 아이디어를 떠올렸다. 이스라엘에서는 이렇게 혁신이 이루어지는 사례가 아주 많다. 이를 지원하기 위해 따로 설립된 조직도 있다. 1993년, 라파엘 군수산업체는 엘론 일렉트로닉 인더스트리Elron Electronic Industries와 함께 기술 이전 기업인 라파엘 개발 회사Rafael Development Corporation를 창립해 이스라엘 첨단산업의 초석을 마련했다. 이렇게 만들어진 합작회사는 의료, 위생, 항공, 통신 등 다양한 산업 분야에서 수많은 신기술을 탄생시키며 놀라운 저력을 보였다.

현존하는 이스라엘 기술 이전 기업은 모두 17개다. 세계적인 대학교, 연구소, 병원과 활발한 제휴관계를 유지하고 있다. 민간, 학술, 군사 부문의 연계는 단순히 기술 발전을 유도하는 데서 그치지 않는다. 기븐 이미징의 사례로 알 수 있듯, 이는 한 분야에서 다른 분야로 방법, 이론, 사고 및 의사소통 방식을 전달한다. 미사일 기술이 의료계 등 전혀 다른 분야에 진보를 가져올 수 있다는 사실은 아주 중요하다. 이스라엘의 기업가, 시민, 군인은 한 가지 기술을 가지고 다양한 분야를 넘나들며 전혀 다른 활용법을 찾고 있다.

발견
DISCOVERY

검증
VALIDATION

효율
EFFICIENCY

확장과 지속
SCALE AND
SUSTAINABILITY

STEP

5

재개
RENEWAL

지금까지 우리는 이스라엘 유치원의 쓰레기장 놀이터부터 시작해 아이들이 학교에 입학하고 청소년기를 지나 군 복무를 마치는 모습을 '관찰'해 왔다. 이제 여러분은 이스라엘 사람들이 어떻게 아이디어를 떠올리고, 해결책을 찾고, 시장을 구축하고, 효율을 추구하고, 기업체 규모를 키우는지 이해했을 것이다.

막 전역하고 사회에 복귀한 청년과 이제 자리를 잡기 시작한 기업은 넓은 세계로 활동 영역을 확장하며 성장해 나간다. 지금까지 다양한 기술을 배웠지만 세상은 빠르게 변화하고 있고, 경쟁에서 살아남으려면 꾸준히 발전하는 수밖에 없다. 자원은 충분하다. 학창 시절과 군생활을 거치며 폭넓은 네트워크를 형성했고, 노하우를 축적했으며, 관심 분야에서 전문성을 키웠다. 게다가 약간의 상상력만 있다면 다른 분야에서도 전문성을 발휘할 수 있을 것이다. 자원과 기술을 두루 갖췄으니 이제 견문을 넓히고 명성을 떨칠 차례가 왔다.

한계를 극복하기는 결코 쉽지 않다. 하지만 개인이든 기업이든 자신이 지닌 능력을 믿고 낙관을 잃지 말아야 한다. 그렇게 노력하다 보면 일상적이고 편안한 영역에서 벗어나 낯선 세상을 탐험하며 새로운 도전을 마주할 수 있다. 높은 자리에 오르지만 그 자리를 지키지 못하는 사람과 오래도록 뛰어난 성과를 내는 사람의 차이는 끊임없이 탐구하고 도전하고 위험을 감수하는 자세에서 비롯된다.

네트워크 활용

   새로운 직원을 고용하거나 자금 투자처를 찾기 위해 창업자를 면접할 때 나는 늘 상대방을 놀라게 한다. 구직자나 창업자는 경력, 이력, 성과 자료나 지표로 증명 가능한 구체적인 질문에 익숙하다. 하지만 나는 같은 시간 동안 완전히 다른 대화를 나누기로 결정했다. 그들이 지닌 소프트 스킬을 알아보기로 한 것이다. 물론 어떤 소프트 스킬을 갖췄냐는 질문에 솔직한 대답을 듣기는 쉽지 않다. 그래서 나는 교묘하게 접근을 시도했다. 일단 면접 대상자가 참여한 프로젝트와 관련된 내용에 초점을 맞추면서 사실이 아닌 과정에 대해 이야기하도록 유도한다. 예를 들어, 그들이 과거에 맡은 '직위'를 묻는 대신 이렇게 질문한다. "지난 직장에서 어떤 역할을 맡았습니까?" 회사 내에서 맡은 역할을 어떻게 설명하는지 들으면 그 사람이 지닌 사고방식이나 태도를 파악하는 데 큰 도움이 된다.

위와 같은 질문을 던지면 "재무 담당자로 일했습니다"라는 대답 대신 "저는 회사에서 자금줄을 붙잡고 있는 역할을 수행했습니다"라는 대답이 돌아올 것이다. 그러면 나는 어린아이처럼 "왜요?"라고 되묻는다. 이제 중요한 대답이 나오기 시작한다. "회사의 최고경영자가 모험적인 사람이었어요. 균형을 맞출 필요가 있었습니다." 나는 속으로 생각한다. '흠, 이 사람은 균형을 중요하게 생각하는 사람이군.' 이런 답변이 돌아올지도 모른다. "재무 담당자였으니까요. 자금 관리는 재무 담당자가 마땅히 해야 할 일이라고 생각합니다." '좋아, 이 사람의 생각은 조금 다르군.' 둘 중 불필요한 가정을 내려놓고 자유롭게 사고하는 사람은 누구일까? 이력서에 적힌 이력이나 경력만으로는 그 사람이 입사했을 때 어떤 태도를 보여줄지 예상하기 어렵다. 하지만 이런 질문에 대한 대답을 들으면 훨씬 생생한 그림이 그려진다.

전 세계 각지의 기업과 조직 또한 비슷한 변화를 보이고 있다. 지난 몇 십 년 동안과 달리 시간이 갈수록 소프트 스킬을 요구하는 회사가 많아지는 추세이다. 세계경제포럼이 발간한 리포트 《직업의 미래*The Future of Jobs*》에 따르면 "오늘날 구직시장이 노동자에게 바라는 기술은 10년, 심지어는 5년 전과 비교해도 큰 차이가 있다."[1] 사실 "2020년쯤 되면 대부분의 직종에서 중요하게 여기는 기술의 3분의 1 이상이 아직까지 크게 주목받지 않는 요소들로 구성될 것이다. 프로그래밍이나 설비 작동, 제어 기술과 같이 비교적 적용 범위가 좁은 기술보다 설득력, 정서 지능, 타인을 가르치는 능력 등 소프트 스킬에 대한 수요가 산업 전반에 걸쳐 더 커질 전망이다." 그리고 세계경제포럼의 예측은 현실이 됐다.

기술 기업이 입사 지원자의 수학 지식이나 프로그래밍 경험을 아예 보지 않는다는 의미가 아니다. 한 가지 특정 기술 또는 특수한 환경에 국한된 기술만으로는 더 이상 유리한 위치를 선점할 수 없다. 따라서 한 가지 직업에만 적용 가능한 기술을 갈고 닦기보다 다양한 기술을 빠르고 효율적으로 습득하고 여러 분야에 응용할 수 있도록 인지능력과 창의력을 키우는 편이 훨씬 낫다. 과거에는 기업이 로봇처럼 일하는 직원을 바랐다면, 이제는 고도로 발달한 인공지능처럼 다양한 업무처리가 가능한 사람을 선호한다고 생각하면 이해가 쉬울 것이다.

네트워크

앞에서 야심찬 첫걸음을 뗐지만 예상을 뒤엎고 실패한 이스라엘 스타트업 모두에 대해 이야기했다. 혹시 기억하는가? 모두는 이스라엘의 성공한 기업가 도브 모란이 설립했다. 모란은 플래시 메모리 산업에서 견고한 네트워크를 형성했고, 그만큼은 아니지만 모두를 설립하면서 통신 산업에도 탄탄한 네트워크를 만들어 나갔다. 모란은 이스라엘 해군에서 엔지니어로 복무한 경험이 있다. 그는 회사를 세우고 가장 먼저 최고기술책임자와 연구개발 부장을 고용했다. 자신이 통신 분야에 입지가 넓지 않다는 사실을 잘 알았고, 인재를 고용하기 위해 일부러 광범위한 네트워크를 가진 사람을 중역에 앉혔다. 우연찮게 두 사람 다 정보부대 유닛 8200 출신이었는데, 알다시피 유닛 8200은 이스라엘에서 전자통신 분야에서 내로라하는 재능을 가진 인재의 집합소나 마찬가지다. 도브 모란의 전략은 정확히 맞아떨어졌다. 몇 달 만에 모두는 소프트웨어, 하드웨어 엔지니어와 전문가 100여 명을 고용했다. 게다가 군대에서 이미 손발을 맞춰 본 직원이 꽤 많았기에 작업은 무척 원활하고 효율적으로 진행됐다. 호흡이 척척 맞았다. 도브 모란과 최고기술책임자, 연구개발 부장의 네트워크가 합쳐지면서 이스라엘 산업 역사상 최고의 팀이 탄생했다.

기업으로서 모두가 실패한 것은 사실이다. 하지만 새로운 네트워크를 형성했고, 모두에 근무하던 직원은 회사가 문을 닫고 9년이 지난 지금까지 이스라엘 안팎에서 활약하고 있다. 모두 출신 직원이 따로 또 함께 설립한 스타트업과 벤처는 수십 개에 달하며, 그들이 창출한 경제적 가치는 수억 달러에 이른다. 이스라엘의 주말이 시작되는 금요일 오전, 나는 도브 모란을 만났다. 모란은 지난 30년간 금요일 아침마다 5건이 넘는 약속을 잡았다. 대부분이 사업과 관계없는 개인적인 약속이다. 잠깐 계산해 보자. 1년 중 약속이 있는 금요일이 약 30주라고 치고 하루에 약속이 평균 5건이라면 30년 동안 모란은 거의 5,000명을 만났다. 오늘날 모란의 금요일 오전 약속은 하나의 네트워크로 자리 잡았다. 모란은 덕분에 흥미로운 사람을 많이 알게 됐다고 이야기했다. "나는 매주 금요일이 많이 기다려져요." 실제로 모란은 이렇게 말했다.[2] "서로 다른 삶의 단계를 밟아 가고 있는 사람을 만나면 정말 재미있어요. 참여하는 프로젝트도 다양하고 계획도 제각각이죠. 사람들은 아이디어를 공유하거나 조언을 들으려고 저를 찾습니다." 모란은 몇 십 년간 수많은 이들에게 도움을 줬지만 대가는 한 푼도 받지 않았다. 좋은 결과를 얻은 사람이 먼저 돈이나 회사 지분을 챙겨 주려 했지만 거절했다. 그는 웃으면서 설명했다. "사실 금요일 오전 약속은 저한테도 정말 큰 도움이 됩니다. 보수를 받으면 지금처럼 재미있게 열정적으로 이야기를 나눌 수 없을 것 같아요. 서로 도우면서 살아야 합니다. 그게 훌륭한 인생을 사는 방법입니다."

도브 모란과 가까이에서 일해 본 사람은 다들 알겠지만 모란은 '사람이 먼저'라는 신념을 무엇보다 중요시한다. 이는 스타트업 모두가 추구하는 핵심 가치이자 모란의 좌우명이다.

도브 모란과 모두 사례를 비롯해 이 책에서 반복적으로 소개하는 이야기들로 알 수 있듯, 협동은 창의성을 자극한다. 이스라엘에서는 혼자 일하는 사람을 찾기 힘들다. 이스라엘 사람들은 어렸을 때부터 폭넓은 네트워크를 구축한다. 이는 혁신적 아이디어를 떠올리는 데 중요한 역할을 한다. 또한 신선한 아이디어를 활용해 성공적인 기업을 만드는 데에도 네트워크의 영향이 매우 크다. 네트워크가 탄탄하면 한결 수월하게 투자자를 구하고, 사업 파트너를 찾고, 직원을 모집하고, 자원을 얻을 수 있다. 신생 기업은 대부분 그럴듯한 업적이 없는 만큼 잠재력을 증명하기가 쉽지 않다. 하지만 네트워크를 활용해 이런 취약점을 어느 정도 상쇄할 수 있다. 다행히 이스라엘에서는 정부, 기업, 시민이 모두 힘을 합쳐 네트워크를 구축하면서 젊은 기업가와 경험 있는 기업가를 연결하는 기회를 마련하는 데 힘쓰고 있다.

앞서 이스라엘 방위군 전우회 네트워크를 언급했다. 전우회 네트워크에서 탄생한 유닛 8200 기업가정신 및 혁신 지원 프로그램은 사업을 시작한 지 얼마 안 된 신생 기업가의 성장을 돕는다. 특수한 네트워크에 맞춰 특수한 해결책을 제시하는 프로그램도 있다. 정통 유대교도의 첨단산업 참여를 유도하는 카마테크KamaTech, 이스라엘의 아랍인, 드루즈인, 베두인 기업가를 지원하는 하이브리드가 대표적이다. 카마테크와 하이브리드는 소수민족 기업가의 네트워크 형성을 촉진한다. 이외에도 전우회 회원이 학생을 대상으로 스타트업 또는 벤처를 창립하고 운영하는 데 필요한 지식을 가르치는 바이츠만학생기업가클럽Weizmann Institute Students Entrepreneurship Club, 즉 WISe 같은 학술적 네트워크도 있다.

하지만 이렇게 특별한 경우를 제외하고는 대부분 자연스럽게 네트워크가 형성된다. 학창 시절을 함께 보내고, 청소년 운동에 참가하고, 이스라엘 방위군에 입대하고, 해외여행을 하면서 네트워크는 점차 넓어진다. 이스라엘 사람들은 사회관계를 넓히고 유익한 네트워크를 다른 사람과 공유하는 데 주저함이 없다. 이스라엘에서는 깊은 유대감을 형성하지 않아도 상대방이나 지인의 연락처를 가볍게 물어 볼 수 있다. 공동체와 네트워크에 새로운 구성원을 초대하기 위해 꼭 친밀함을 쌓을 필요는 없다. 서로를 소개하고 소개 받으며 기꺼이 관계를 맺는다.

이렇게 다들 네트워크에 의존하면서 살아가니, 이스라엘 사회는 네트워크를 구축하고 확장하는 데 적극적일 수밖에 없다. 이스라엘의 사교활동은 친목을 목적으로 하지 않는다. 시간이 지나면서 저절로 사이가 돈독해지겠지만, 일단은 최대한 많은 사람과 관계를 맺는 게 가장 중요하다. 어쨌든 곧 만나게 될 테니 일면식이 없는 사이라도 상관없다.

이스라엘의 네트워크는 대개 경험을 공유하면서 형성된다. 군대를 생각해 보라. 전역 후 자주 만나지 못해도 부대원의 끈끈한 관계는 오래도록 유지된다. 이스라엘에서는 모든 사람이 어떻게든 서로 관련돼 있다. 완전히 낯선 사람이라고 생각했는데 알고 보니 방콕에서 같은 호스텔에 머물렀다거나, 비슷한 시기에 헤르몬 산에서 군에 복무하며 추운 겨울을 견뎠다거나, 같이 청소년 활동에 참가했거나, 어린 시절에 같은 동네에 살았던 경우가 꽤 흔하다. 조금만 살펴봐도 다들 알고 지내는 사이니 관계를 맺을 때 체면이나 격식을 차릴 필요가 줄어든다. 이스라엘 사람들이 네트워크를 구축하는 방식이 전 세계 기업인들이 인맥을 넓히려는 목적으로 고안한 계획이나 행사보다 뛰어나다는 뜻이 아니다. 다만 이스라엘에서 사람들이 독특한 방법으로 네트워크를 형성하고 활용한다는 점을 설명하고 싶을 뿐이다.

사회적
거리

꼭 이스라엘만의 이야기는 아니겠지만, 이스라엘 사람들은 마음의 거리만큼이나 신체적 거리를 가깝게 유지한다. 텔아비브 로스차일드 거리에서 회의가 있는 날이면 나는 앞뒤로 시간을 넉넉하게 비워 놓는다. 근처를 지나다 보면 투자자, 스타트업 기업가, 대기업 임원, 어린 시절 친구 등 낯익은 얼굴을 여럿 마주치기 때문이다.

이스라엘 사람들이 용무를 기다리느라 줄을 서면 (질서정연한 줄보다는 대강 늘어서 있다고 이야기하는 게 맞겠다) 거의 예외 없이 대화가 시작된다. 레스토랑에서 식사를 하는데 옆 테이블에 앉아 있던 사람이 불쑥 말을 걸기도 한다. 병원 대기실에 앉아 있는데 다소 무례할 수 있는 질문을 던지는 사람도 있다. 길을 걷다 뜬금없이 아이에게 옷을 더 두껍게 입혀야겠다고 조언하는 할머니를 만날지도 모른다. 손자가 아이랑 동갑이라며 공원에서 같이 만나서 놀자고 제안할 수도 있다. 투자자, 다국적기업, 기술 기업이 입주한 고층빌딩에 회의를 하러 가면 십중팔구 엘리베이터에서 이런 질문을 들을 것이다. "누구 만나러 왔어요?" 누구를 만나러 왔다고 대답하면 꽤 유용한 정보를 얻을 수도 있다. "아, 다른 사람도 한번 만나보세요. 괜찮은 투자자가 있거든요."

이스라엘 사람들이 다소 과하다 싶은 친밀감을 유지하는 데는 이유가 있다. 대개 테러의 위협이 잦은 나라에서는 상호작용이 부족한데, 이스라엘에서는 이런 약점을 상쇄하기 위한 노력이 사회적 거리를 축소하는 방식으로 나타났다. 이스라엘 사람들에게 친근한 사회적 관계는 아주 중요한 삶의 일부로, 이스라엘 밖에서도 다양한 방법으로 비슷한 관계를 유지한다.

개방성

갈등이 끊이지 않는 중동 한복판에 자리한 작은 나라 이스라엘은 강대국과 어깨를 나란히 한다. 하지만 서구 국가와 어울리기에는 정치적, 지리적으로 거리가 너무 멀고 이웃 국가와는 경제적으로나 정치적으로나 썩 좋은 관계를 맺지 못해 사실상 고립됐다고 해도 과장이 아니다. 하지만 불리한 조건에도 이스라엘은 건국 이후 70년 남짓한 세월 동안 세계적 기업을 여럿 배출했다. 이스라엘이 오늘날의 위치에 오르기까지, 다양한 세상을 경험하려는 이스라엘 사람들의 노력이 큰 역할을 했다.

이스라엘 사람들은 장기 해외여행을 자주 떠나는 편이다. 2015년 한 해 동안 1개월에서 3개월을 이스라엘 밖에서 보낸 인구가 28만 5,000명, 3개월에서 12개월을 해외에 머무른 사람이 25만 4,000명에 달한다. 같은 해 해외여행을 떠난 이스라엘 사람이 총

310만 명, 그중 두 번 이상 출국한 사람이 무려 120만명이다. 2015년 이스라엘 국민 전체 출국 횟수는 총 590만 번으로 사상 최고 기록을 경신했다. 해외여행을 떠나는 연령대 또한 젊은 층에 국한되지 않았다. 출국자 평균 연령이 40세인 것으로 보아 청년부터 중장년까지 다양한 연령이 여행을 즐긴 듯하다. 2015년 이스라엘 인구가 약 838만 명이었으니 약 37퍼센트가 해외여행을 떠났다는 통계가 도출된다. 미국은 전체 인구 3억 2,240만 명 중 채 23퍼센트에 못 미치는 7,300만 명이 해외여행에 나섰다. 미국과 비교하면 37퍼센트가 얼마나 큰 수치인지 알 수 있다.

유럽연합통계국United Nations Statistics Division은 해외 장기 체류자를 '거주 국가 외 나라에서 1년 이상 머무르는 사람'이라고 정의했다.[1] 이스라엘중앙인구등록소Israeli Central Population Registry에 따르면 2009년 약 54만 2,000명에서 57만 2,000명이 해외로 이민했다. 이 숫자는 꾸준히 증가하는 추세를 보인다.

오늘날 여러 나라에서 인구의 해외 유출이 문제로 떠오르고 있다. 이스라엘 또한 예외가 아니다. 물론 시리아 난민이나 프랑스 이민자(현재 7만 명에 가까운 프랑스 이민자가 캐나다 몬트리올에 거주한다)와 비교하면 얼마 안 되는 숫자다. 하지만 이스라엘 인구를 생각하면 이민자 수가 결코 적다고 할 수 없다. 무엇보다 이민을 제재하는 사회적 분위기에도 불구하고 이스라엘 사람들이 꾸준히 해외로 향하고 있다는 사실이 중요하다.

빅 트립

이스라엘 국제공항에서는 커다란 배낭을 등에 메고 두 눈을 반짝이며 남아메리카, 인도, 중국으로 떠나는 비행기를 기다리는 청년을 쉽게 볼 수 있다. 비행기 이륙까지는 시간이 한참 남았으니 한숨 자도 좋을 텐데, 어찌나 들떴는지 잠시 눈을 붙일 생각조차 하지 않는다. 어쨌든 앞으로 배낭을 베고 잘 기회는 수도 없이 많다. 곧 이들은 낯선 땅의 터미널에서 버스를 기다리며, 네팔의 가파른 산을 오르고 내려와서 지친 몸을 자리에 뉘이고 배고픔을 참아 가며 배낭을 끌어안고 잠에 들 것이다. 몸은 불편하지만 자유로운 여행을 즐기는 청년의 그을린 얼굴에는 행복한 미소가 떠날 줄 모른다.

군 복무를 끝낸 이스라엘의 젊은이는 대부분 아시아나 남아메리카로 긴 여행을 떠난다. 그곳에서 낯선 문화를 경험하고, 생경한 풍경을 마주하고, 다른 여행객과 친분을 쌓는다. 이스라엘에서는 이를 '빅 트립' 또는 '위대한 여정'이라고 부른다. 바르일란대학교Bar Ilan University 심리학부의 쉬무엘 슐만Shmuel Shulman 박사는 여행 기간이 2개월에서 1년 정도 지속된다는 사실을 발견했다. 그가 말했다. "젊은이들이 여행 전 '꼭 가봐야 할 곳' 목록을 작성하긴 하지만 대개는 유연하게 여행지를 선택한다. 마음에 드는 장소가 있으면 몇 주, 심지어 몇 달 동안 같은 곳에 머무르기도 한다. 이국적인 나라를 여행하는 것 자체가 큰 경험이지만 이스라엘 젊은이들은 이에 그치지 않고 위험한 산길을 오르거나 번지점프를 하는 등 다

소 무모한 행동에 도전한다."[2] 이스라엘 배낭여행자의 52퍼센트가
아시아로, 15퍼센트가 남아메리카로, 12퍼센트가 중앙아메리카로,
11퍼센트가 아프리카로, 8퍼센트가 호주 또는 뉴질랜드로 향한다.
미국이나 유럽을 선택하는 사람은 2퍼센트 남짓에 불과하다.

경비는 평균 3만 셰켈에서 5만 셰켈(8,500달러에서 1만 4,000달러)
이 든다. 젊은이들은 1년 이상 일하면서 돈을 모으는데 대부분이
서비스 산업에 종사한다. 그중에서도 웨이터는 가장 흔한 선택지
다. 이렇게 모은 돈은 몽땅 배낭여행에 들어간다. 제정신이 아니라
고 생각하는 사람도 있겠지만 어쨌든 이스라엘 젊은이들은 돈보다
모험을 선택했다.

슐만 박사는 빅 트립에 나선 청년이 "익숙한 문화와 가족으로
부터 떨어져 완전히 낯선 환경"을 접하면서 자신에 대해 알아보는
시간을 가진다고 설명했다. 고향을 떠난 이스라엘 젊은이는 새로
운 장소에서 자신이 무엇을 잘하는지, 강점과 약점이 무엇인지, 어
떤 분야에 관심 있는지, 어떤 상황에서 한계를 느끼는지 깨닫는다.
"이런 관점에서 이스라엘 청년에게 여행이란 자신을 시험하고, 인
생을 연습하고, 성장을 경험하는 시간이라고 할 수 있다. 이뿐 아
니라 여행은 자신이 속한 사회로부터 벗어나 보다 객관적이고 넓
은 시선으로 현실을 직시하는 기회를 제공한다. 여행이 끝나고 이
스라엘로 돌아올 때쯤이면 청년은 과거와 다른 '개인적' 시각을 지
니고 있을 것이다."

이스라엘 사람이 아니라도 세상을 유랑하는 노마드는 많다.

하지만 대부분의 노마드가 혼자 여행을 즐기는 데 반해 이스라엘 노마드는 여럿이 함께하는 여행을 선호하기 때문에 혼자 여행을 시작했더라도 여행지 중간에서 만난 무리에 합류하는 경우가 대부분이다. 심지어 이스라엘 사람들에게 만남의 장소로 사용되는 여행지가 따로 있다. 실제로 "외딴 섬을 홀로 탐험했다"는 사람보다 "항구에서 만난 다른 이스라엘 사람 몇 명과 함께 섬을 둘러봤다"고 자랑하는 사람이 많을 것이다.

이스라엘에서 빅 트립은 특별한 통과의례로 받아들여진다. 사회의 연장자가 규칙을 결정하는 전통의례와 달리 빅 트립은 젊은이의 영역에 해당한다. 하지만 주체가 다를 뿐, 가족과 사회의 품을 떠나 고난과 역경을 경험하면서 자신을 알아 간다는 점에서 빅 트립과 전통의례는 크게 다르지 않다.

여행을 끝내고 돌아온 젊은이는 대부분 학업을 이어가거나, 부모님 집에서 독립하거나, 진지한 관계를 맺는 등 인생의 새로운 국면을 맞이한다. 샬렘 센터Shalem Center가 실시한 조사 결과에 따르면 참가자의 절반 이상이 빅 트립이 학업 진로를 결정하는 데 중요한 영향을 미쳤다고 응답했다. 21세에서 23세 사이 참가자의 63.2퍼센트가 대학원에 진학했고, 일부는 석사 학위 취득 후 박사 과정을 밟았다. 46퍼센트는 여행 도중에, 또는 여행을 마친 직후에 진로를 결정했으며 13퍼센트는 진로를 바꾸기로 결정했다. 이 조사에 참가한 모란 데켈Moran Dekel은 현재 히브리대학교에서 경영학과 동아시아학을 복수전공하고 있다. 데켈은 중국에서 경험한 언어와 문화가 전공을 결정하는 데 결정적인 역할을 했다고 이야기했다.

　이렇듯 빅 트립은 개인적 성장을 돕지만 나아가 사회에 선한 영향력을 미치기도 한다. 특수전투부대에서 8년간의 복무를 마치고 전역한 길리 코헨Gili Cohen은 다른 젊은이들이 그러듯 아내와 함께 태국으로 여행을 떠나기로 결심했다(한 살 반 된 딸은 외할머니에게 맡겼다). 여행을 마치고 집에 돌아왔지만 태국의 어느 금요일 밤, 이스라엘 사람 1,350명이 현지 차바드 사원에서 예배를 올리던 장면이 머릿속을 떠나지 않았다.

　코헨은 전 세계 각지를 여행하는 이스라엘 사람들의 힘을 빌려 이스라엘의 진면목을 세상에 알려야겠다고 생각했다. 〈예루살렘 포스트Jerusalem Post〉 소속 기자 헤르브 케이논Herb Keinon과의 인터뷰에서 코헨은 과거에 아내와 나눴던 대화를 떠올렸다. "국경없는의사회Doctors Without Borders가 전 세계에 의사를 파견해 인류를 돕듯, 이스라엘 방위군 복무를 마치고 해외여행을 떠난 젊은이들이 현지 사람들을 위해 힘을 보탤 수 있다고 생각했습니다. 그래서 이스라엘로 돌아오자마자 생각을 실행에 옮겼습니다."[3]

　길리 코헨은 함께 장교로 복무했던 야이르 아티아스Yair Atias, 보아즈 말키엘리Boaz Malkieli와 함께 계획을 세웠다. 빈곤 지역으로 빅 트립을 떠난 수많은 이스라엘 사람이 조금씩 힘을 보탠다면 큰 도움이 될 것이었다. 코헨과 아티아스, 말키엘리는 "배낭여행객을 일종의 '블루칼라 및 화이트칼라' 인프라로 사용"하기로 결심했다. 코헨이 인터뷰에서 이야기하길 "우리는 조금 다른 형태의 스타트업을 시작하고 싶었습니다." 세 사람은 생명을 위해 싸우는 전사라는 뜻으로 '로카밈 로 그불롯Lochamim L'lo Gvulot'이라는 페이스북 페이지를 열고 영어로 Fighters for Life, 줄여서 FFL로 불렀다. 이들은 리마나 카트만두 등 유명한 여행지로 가기에 앞서 도움이 필요한 지역에서 몇 주간 자원봉사를 하기로 결정했다. 그리고 인도에 봉사단을 파견한다며 함께할 봉사자를 찾는다는 글을 페이스북 페이지에 게시했다. 3일 만에 15명이 참여의사를 밝혔다. 일주일 후 봉사단은 45명으로 늘었다.

오늘날 FFL 페이스북 페이지는 1만 1,000명이 넘는 팔로워를 보유하며, 550명이 현재 인도 35개 지역에서 진행 중인 봉사활동에 참여하겠다고 지원서를 보냈다. FFL에 지원해 뭄바이, 부에노스아이레스, 멕시코시티로 여행을 떠난 이스라엘 청년은 소외 지역 학교에서 아이들에게 영어, 수학, 과학을 비롯한 교과과목은 물론 위생이나 무용, 이스라엘 전통무술인 크라브마가까지 다양한 분야를 가르친다.

FFL 프로그램의 가장 큰 특징 중 하나로 비용 대비 효율이 높다는 점을 꼽을 수 있다. 참가자들이 봉사활동지까지 경비를 자비로 충당하기 때문이다. FFL은 활동 기간 2주 반 동안 숙박비와 활동비만 제공한다. 뭄바이 빈민가 35군데에 열정 넘치는 이스라엘 청년 봉사단을 파견하는 데 드는 비용은 총 1만 1,000달러에 불과하다. FFL은 매년 아르헨티나, 과테말라, 페루, 카트만두, 뭄바이, 우간다 등 도움이 필요한 지역에 10개 봉사단을 파견해 4,000명이 넘는 아이들에게 교육의 기회를 제공한다.

이스라엘 젊은이들에게 빅 트립을 떠나는 목적이나 이유를 물어 보면 온전한 자유를 누리기 위함이라고 대답하는 사람이 꽤 많다. 일단 출국을 결정하고 비행기표를 구한 후 구체적인 계획이나 이동 경로는 일부러 비워 두는 경우가 대부분이다. 거의 평생을 교육체계에 따라 살다 졸업 직후 이스라엘 방위군 복무를 마치고 전역한 20대 중반의 이스라엘 청년에게 빅 트립은 태어나서 처음으로 제대로 누려 보는 완전한 자유나 마찬가지다.

하지만 빅 트립을 단순히 자유를 찾아 떠나는 여행으로 생각하면 안 된다. 이 여행을 통해 젊은이들은 고난과 역경을 극복하는 방법을 배운다. 이스라엘 배낭여행자들은 고된 산행을 빅 트립의 '필수' 과정으로 여긴다. 산행은 짧게는 며칠, 길게는 몇 주까지 이어진다. 대개 고도가 높고 험한 산을 선택한다. 안나푸르나 서킷 트랙, 네팔 랑탕에서 고사이쿤다로 이어지는 산행 코스, 악명 높은 페루 마추픽추의 잉카 종주길, 칠레의 토레스 델 파이네 트랙이 대표적이다. 젊은이들은 위험한 산길을 따라 걷거나 (때로는 면허 없이) 오토바이를 운전하며 낯선 나라를 여행한다. 이렇게 이스라엘 청년은 위험하고 아슬아슬한 경험을 찾아 세상을 돌아다닌다.

바로 얼마 전까지 군대에서 신체적으로나 정신적으로나 충분히 어려움을 겪었을 텐데, 이스라엘 젊은이들은 도대체 왜 여행지에서까지 고생을 자처할까? 이런 행동을 이해하려면 '다브카davka'라는 히브리어의 의미부터 알아야 한다. 히브리어가 대개 그렇듯 다브카는 두 가지 의미를 지닌다. 먼저 다브카는 무례하고 경솔하고 거슬리는 행동을 묘사하는 데 사용된다. 예를 들어, 안식일에 조용한 동네를 지나갈 때 대부분은 라디오나 음악 소리가 밖으로 새어 나가지 않게 창문을 닫고 운전한다. 만약 창문을 활짝 열고 온 동네가 떠나가라 음악을 감상했다면 이는 다브카라 할 수 있다. 반면에 다른 의미의 다브카는 개인적이며 다른 사람에게 어떤 피해도 입히지 않는다. 이스라엘에서는 본인이 아니면 납득하기 어려운 이유로 하는 행동 또한 다브카라고 일컫는다. 위험을 무릅쓰고 히말라야 산을 오르고, 심장 질환을 앓으면서도 마라톤을 뛰는 이유가 무엇이라고 생각하는가? '해냈다'는 감각을 직접 경험하고 느끼고 싶기 때문이다.

젊은 이스라엘 여행자는 다브카의 일환으로 자신을 위험한 상황에 몰아넣는다. 그리고 고난과 역경을 극복한 후 엄청난 성취감과 자부심을 느낀다. 생각해 보면 크게 놀랄 일도 아니다. 쓰레기장 놀이터에서 고물을 가지고 놀던 아이들이 스릴을 즐기는 어른으로 성장했을 뿐이다. 의도했든 의도하지 않았든 이스라엘 사람들은 종종 상당한 지혜를 필요로 하는 상황을 맞닥뜨리는데, 이는 자부심의 원천이 된다. 곁에서 지켜보는 사람은 잘 모르겠지만, 위험하고 어리석은 행동을 하는 당사자에게는 분명한 동기가 있다.

이스라엘 젊은이들은 빅 트립 중에 깨달음을 얻곤 한다. 삶을 보는 시각이 달라져서 돌아오기도 하고, 자신의 포부와 능력을 확인하고 오기도 한다. 여행하면서 자신이 속한 문화와 국가를 새로운 관점에서 보고 앞으로 어떤 태도로 인생을 살아야 할지 확신을 얻기도 한다. 여행을 다녀온 사람은 하나같이 입을 모아 말한다. "빅 트립으로 새로운 세상에 눈을 떴다."

작은 세상

복무를 마치고 대학에 입학하기 전, 나에게는 3개월의 자유 시간이 주어졌다. 나는 유닛 8200에서 사귄 동성 친구 에이나트와 둘이서 멕시코로 6주간 여행을 떠나기로 했다. 여행 중에 여러 차례 계획이 수정되었지만, 어쨌든 우리는 미리 방문할 장소를 찾아 두고 잔뜩 들뜬 마음으로 여행길에 올랐다. 해외여행에 나선 이스라엘 사람들이 대개 그랬듯 우리는 머나먼 타국 땅 멕시코 어느 도시의 작은 호스텔에 묵기로 했다. 그런데 그곳에서 익숙한 히브리어 인사말을 들었다. 다른 이스라엘 사람들이 이미 숙소에 머물고 있었다.

빅 트립에 나서기 전 에이나트와 나는 익숙한 문화와 사람들로부터 최대한 멀어져 낯선 환경을 경험하자고 다짐했다. 하지만 전혀 예상하지 못한 곳에서 들려온 친숙한 인사는 무척 반가웠다. 우리는 이스라엘 사람들과 어울렸다. 든든했다. 고향을 떠나 왔지만 마치 고향에 있는 것 같았다. 나는 플라야 치폴리테라는 외만 해안 마을을 여행하던 중 심한 배탈이 났다. 여행 전체를 통틀어 가장 끔찍한 기억이라고 해도 좋을 만큼 힘들었다. 며칠 내내 아무것도 못 먹었고 침대에 누워 고열과 복통에 시달렸다. 에이나트가 아픈 내 곁을 지켰다. 에이나트 말고도 나를 돌봐 주는 사람이 많았다. 우연히 같은 시기에 해변을 방문한 한 무리의 이스라엘 사람들이 에이나트와 게스트하우스 주인이 나누는 대화를 듣고 두 팔을 걷어붙이고 나섰다. 친분은커녕 안면조차 없는 사이였다. 그들은 72시간 동안 나를 단 1초도 혼자 놔두지 않고 내내 붙어 간병해 줬다.

이스라엘 사람들은 해외에서 동향 사람과 어느 정도 거리를 두려고 노력하는 편이다. 하지만 대부분 비슷한 여행 경로를 선택한다. 겹치는 일정이 많은 만큼 이스라엘 사람끼리 만나서 시간을 함께 보낼 때가 많다. 적극적으로 다른 이스라엘 무리를 찾아 나서는 경우도 있다. 이렇게 만난 사람들은 즐거운 한때를 보낸다. 이들은 다른 이스라엘 사람 수천 명이 이미 묵고 떠난 숙소에서 잠을 자고, 이스라엘 사람이 운영하거나 이스라엘 배낭여행자의 입맛에 맞춰 전통 이스라엘 요리를 판매하는 식당에서 밥을 먹는다. 이스라엘에 남은 친구 또는 가족과 편지, 택배, 심지어 신문을 주고받기 위해 영사관이나 대사관을 찾는 사람도 있다.

여행을 마치고 고향에 돌아온 이스라엘 사람들은 주변에 여행을 적극 권장하고 다닌다. 이미 수많은 여행자가 다녀온 장소도 좋고, 아직 알려지지 않은 곳도 좋으니 이스라엘을 떠나 세계로 나가라고 격려한다. 이스라엘에서는 다른 나라를 방문한 경험, 특히 개발도상국을 방문한 경험을 하나의 사회적 자본으로 받아들인다. 그리고 이스라엘에서는 비슷한 경험을 한 사람끼리 무리를 짓는다. 새로운 사람을 만나 서로의 인생과 미래 계획을 공유할 때도 어떤 나라를 방문했는지, 어떤 여행을 했는지는 빠지지 않는 대화 주제이다.

해외에서 활동하는 이스라엘 기업가들

이스라엘 사람들이 빅 트립(또는 시간이 여의치 않을 때 떠나는 '스몰 트립')만을 위해 해외로 향하지는 않는다. 배움을 더하고 경력을 쌓으러 세계로 나가는 사람도 많다. 빅 트립을 떠난 사람들과 마찬가지로, 고향 밖에서 전문적인 성장을 추구하는 사람들 역시 이스라엘 특유의 네트워크 문화에 큰 도움을 받는다. 이스라엘을 벗어난다고 해서 평생에 걸쳐 형성한 공동체와 네트워크가 쓸모를 잃지 않는다. 이스라엘 사람들은 오히려 해외에서 관계를 더 돈독히 다지고 네트워크를 확장하며 쓸모를 더한다.

ICON 사례를 살펴보자. 이스라엘 협동 네트워크Israel Collaboration Network, 즉 ICON은 실리콘밸리에 기반을 둔 비영리단체로 이스라엘 기업가와 미국 투자자, 관련 산업의 큰손을 이어 주는 역할을 한다. 간단히 설명하자면 ICON은 실리콘밸리에서 사업 기회를 찾는 이스라엘 사람들과 현지 공동체를 이어 준다. ICON에 소속된 이스라엘 기술 기업 창업자, 실리콘밸리 기업가와 투자자는 모임을 가지거나 특정 플랫폼을 공유하면서 정보, 지원, 조언을 주고받는다. 그리고 이 과정에서 교류가 활발해지고 협력이 이루어진다.

ICON의 전무이사인 야스민 루카츠Yasmin Lukatz가 조직의 운전대를 잡고 있다. 타고난 기업가인 루카츠는 이스라엘 공군에서 작전장교로 복무를 마치고 사회에 복귀한 후 본격적으로 커리어를 쌓아 갔다. 루카츠는 텔아비브 포트Tel Aviv Port에서 행사 기획 담당으로서 사회생활을 시작했다. 그 후 텔아비브대학교에서 회계학, 경제학, 법학 학위를 취득하고 스탠퍼드대학교 경영전문대학원에서 MBA 과정을 수료했다. 언스트 앤 영Ernst & Young에서 근무하다 이스라엘에서 가장 판매부수가 높은 신문사 〈이스라엘 하욤Israel Hayom〉을 창간하고 이사회 의장을 맡았다.

야스민 루카츠는 현재 가족과 함께 실리콘밸리에 거주하지만, ICON에서 추진하는 가장 소중한 프로그램 중 하나인 SV101을 위해 종종 이스라엘을 방문한다. SV101은 특별한 기업가 양성 프로그램으로, 이스라엘 창업자 10명을 선별해 실리콘밸리에서 성공하기 위해 꼭 필요한 자질을 교육한다. 교육은 세 가지 목표를 가진다. 첫째, 실리콘밸리 관점에서 피드백을 받는다. 둘째, 실리콘밸리 기업 생태계에 대한 이해도를 높인다. 셋째, 앞에서 언급했듯 실리콘밸리 내부에 네트워크를 형성한다. 매년 수백 명이 넘는 지원자를 제치고 루카츠의 선택을 받은 10명의 기업가가 ICON과 SV101 프로그램의 도움으로 실리콘밸리 기업가 공동체에 발을 들인다.

야스민 루카츠가 이야기하길, 기업가는 혼자만의 힘으로 모든 일을 해결하려는 실수를 저질러서는 안 된다. 실리콘밸리가 목표라면 특히 조심해야 한다. "이스라엘 기업가는 투자자를 찾거나 조언을 구할 때 가능한 인맥을 총동원합니다. 전역하고 몇 년간 연락조차 없던 동기, 형제의 대학교 시절 룸메이트, 심지어 전 여자친구의 삼촌에게 도움을 청할 수도 있어요. 하지만 실리콘밸리에는 입대 동기나 옛날 룸메이트가 없잖아요. 한번 첫인상이 정해지면 바꾸기도 어렵고요. 그래서 ICON이 빛을 발하는 겁니다. 실리콘밸리에서 ICON이 수년에 걸쳐 쌓아 온 관계와 경험은 기업가라면 누구나 바라는 든든한 네트워크와 안전망을 제공합니다. ICON에서 이스라엘 기업가들은 고향을 떠나 왔지만 마치 고향에 있다고 느낍니다. '입에 발린' 칭찬이 아닌 솔직한 조언을 얻고, 아무 조건 없이 도움을 받을 수 있습니다."[4]

우리 주변에는 문제를 인식하고, 그 문제를 해결해야겠다고 생각한 사람에 의해 강력한 네트워크나 기업이 형성되는 사례가 꽤 흔하다. 다르야 헤니그 샤케드Darya Henig Shaked가 설립한 여성 기업가 모임Women Entrepreneurs Act, 즉 위액트WeAct 또한 그중 하나다.

다르야는 2015년 실리콘밸리로 이사했다. 홀로 낯선 나라를 찾아왔지만 혼자인 시간은 잠시뿐이었다. 실리콘밸리에 터를 잡고 얼마 안 돼 다르야는 200명이 넘는 이스라엘 친구를 사귀었다. 다들 스타트업 업계에 몸담은 사람들이었다. 이들은 다르야가 기업가로 성공하는 데 소중한 자원이 되었다.

사업 시작 전 다르야는 이스라엘 방위군 대외관계 부대에서 장교로 복무했다. 이곳에서 우연히 이스라엘 전 총리 에후드 바락Ehud Barak을 만났고, 전역 후 바락 총리와 후임 총리의 고문으로 일했다. 다르야는 짧은 정치계 경험을 정리하고 바르일란대학교에서 법학 학위를 취득한 후 아프리카 대륙 중에서도 사하라 사막 남쪽에 초점을 맞춘 국제적 사모펀드 바이털 캐피털Vital Capital에 입사했다. 그리고 2015년, 다르야는 남편 에얄 샤케드와 함께 실리콘밸리로 이주를 결심했다.

다르야가 기업가가 된 이유는 개인적 꿈이 아니었다. 여러 사람이 경험하는 문제를 해결하고 싶다는 생각을 행동으로 옮겼을 뿐이다. 실리콘밸리로 간 다르야는 수많은 이스라엘 기업가, 특히 여성 기업가로부터 대서양을 건너 새로운 영역에 진출하는 데 두려움을 느낀다는 이야기를 들었다. 다르야는 그들의 고민에 깊이 공감했다. 익숙한 이스라엘 네트워크를 벗어나 실리콘밸리의 낯선 사람들 틈에서 부대껴 살기는 쉽지 않다. 여성이라면 더욱 힘들다. 많이 나아졌다고는 하지만 여성 차별은 사라지지 않았고, 소수 중에서도 소수로 살아남기는 어려웠다.

2016년 다르야는 위액트를 설립해 실리콘밸리의 이스라엘 여성 기업가가 공동체를 구축하고 교류할 수 있는 자리를 마련했다. 2018년에는 여성의 투자 산업 진출을 돕고 긍정적인 변화를 유도하는 벤처를 설립했다. 세 자녀의 어머니가 된 다르야는 실리콘밸리에서 가장 성공한 여성 기업가 중 한 사람으로 규범과 성별의 경계를 무너뜨리는 데 힘쓰고 있다.

2016년 11월, 위액트는 가장 먼저 이스라엘 여성 창업자 20명을 한데 모았다. 위액트는 여성 기업가에게 끈끈한 네트워크가 되었다. 이들은 서로에게 유용한 소프트웨어를 추천하면서 경험을 공유하고 네트워크를 넓혀 나갔다. 여기에 그치지 않고 문화와 성별에 대한 선입견 때문에 발생하는 문제를 해결하는 데 도움을 주고받았고, 기업 경영에 대한 조언을 구했으며, 투자 유치와 관련한 궁금증을 해소했다. 다르야는 이 네트워크가 위액트의 가장 소중한 산물이라고 생각한다며, 이런 결과가 나올 것이라고는 자신도 예상하지 못했다고 말했다.

다르야가 말을 이었다. "어느 나라나 비슷한 조직이 있겠지만, 저는 위액트가 이스라엘의 사회 분위기를 아주 잘 반영하고 있다고 생각합니다. 이스라엘 여성 창업자 대부분이 맞벌이 가정에서 성장했어요. 실제로 이스라엘 여성 대다수가 직장 생활을 합니다. 개인적인 의견이지만, 페미니스트는 이스라엘 방위군에서 장교로 복무하며 다양한 역할을 수행하고 있습니다. 기술 교육을 받았든 받지 않았든, 이스라엘 여성은 대개 여성적이라 인식되는 전공과는 거리가 먼 분야를 선택합니다. 전문직으로 입사한 후에도 '유일한 여성 직원'이 되는 경우가 흔해요. 이스라엘에서는 아이들이 위계질서와 무관하게 자신의 의견을 제시하도록 가르칩니다. 어려운 환경에서도 인내심을 가지고 도전을 계속하도록 장려합니다. 이런 문화 속에서 이스라엘 사람들은 늘 가정하기를 의심하고,

모두를 위해 더 나은 세상을 만들기 위해 노력하며, 기업가의 시각에서 삶을 봅니다. 이런 태도는 네트워크를 구축할 때 엄청난 시너지 효과를 일으킵니다."[5]

이스라엘에는 위액트 외에 여성 기업가의 성장을 독려하는 조직이 많다. 현재 여러 민간조직과 공공단체가 기술 산업에 종사하는 여성을 지지하는 프로그램을 운영한다. 얼마 전에 이루어진 조사 결과에 따르면[6] 여성의 주도로 창립된 스타트업은 8퍼센트로 다른 서구 국가와 대체로 비슷한 수준에 그쳤다. 이스라엘 여성이 남성과 똑같이 현역으로 복무한다는 점을 생각하면 이는 굉장히 낮은 수치다.

2019년 2월, 이스라엘 혁신청Israel Innovation Authority 이사회는 스타트업 단계에서 여성 직원의 비율을 늘리는 기업에 보조금을 제공하는 프로그램을 승인했다. 이 결정은 이스라엘 혁신 생태계에 만연한 성 편견을 좁히고 여성 기업가 수를 늘리는 데 큰 영향을 미칠 것이다. 실제로 이스라엘 혁신청은 2년 내에 혁신청의 지원을 받는 여성 기업가 수를 두 배까지 늘린다는 목표를 가지고 있다.

뉴욕에 기반을 둔 이스라엘 스타트업 또한 강력한 네트워크와 공동체를 형성하고 있다. 가이 프랭클린Guy Franklin의 아이디어로 탄생한 '뉴욕을 장악한 이스라엘 기업가Israeli Mapped in NY' 프로젝트를 살펴보자.

프랭클린은 10대 시절부터 국군 라디오 방송국 갈라츠^{Galatz}에 방송 진행자로 복무할 것이라고 계획을 세웠지만 알다시피 인생은 계획대로 흘러가지 않고, 프랭클린의 희망도 이루어지지 않았다. 국군 라디오 진행자의 꿈이 좌절되자 프랭클린은 건축가로 진로 계획을 수정했다. 하지만 새로운 계획 또한 실패로 돌아갔고, 그는 텔아비브대학교에서 법학과 회계학을 공부한 후 언스트 앤 영에서 회계사이자 컨설턴트로 근무하며 스타트업에 조언을 건넸다. 2012년 프랭클린은 언스트 앤 영 본사가 뉴욕으로 이전하는 기회를 잡으며 자신이 기업가의 운명을 타고났다는 사실을 깨달았다. 이후 쭉 기업가의 길을 걷고 있다.

가이 프랭클린은 뉴욕에서 스타트업 컨설팅을 계속했다. 경력이 쌓이면서 점점 더 많은 이스라엘 사람을 만났다. 생각보다 뉴욕에는 이스라엘 기업가가 굉장히 많았다. 과연 뉴욕에는 얼마나 많은 이스라엘 스타트업이 있는지 궁금했던 프랭클린은 지도를 만들어 보기로 했다.

예상대로 뉴욕에는 이스라엘 스타트업이 넘쳐났다. 2013년에 이미 100개 이상의 이스라엘 스타트업이 뉴욕에서 활동하고 있었다. 이 숫자는 점점 커져 2년 만에 350개를 넘겼고, 이스라엘은 뉴욕 최대 스타트업 수출국으로 자리매김했다. 프랭클린이 제작한 이스라엘 스타트업의 확산을 시각화한 지도는 세간의 이목을 모았다. 하지만 지도에는 한 가지가 빠져 있었다. 바로 관계성이다.

스타트업뿐 아니라 투자자, 정부 관계자, 구직자, 일반 기업,

언론, 서비스 제공자, 행사 기획자 등 다양한 분야에서 가이 프랭클린의 지도에 관심을 보였다. 그리고 뉴욕에 거주하는 이스라엘 사람들은 서로의 존재를 알아채기가 무섭게 네트워크를 형성했다. 지도를 중심으로 온전한 생태계가 만들어지기까지는 그리 많은 시간이 필요하지 않았다.

현재 가이 프랭클린은 혁신의 중심지라 할 수 있는 SOSA 뉴욕 지점에서 총괄 관리자로 근무하면서 기업가와 투자자를 비롯해 관련 산업에 흥미를 보이는 사람들이 친분을 다지는 자리를 마련하고 있다. 프랭클린이 말하듯, 사람은 충분히 모였으니 이제 관계를 활용할 일만 남았다.

ICON, 위액트, 뉴욕을 장악한 이스라엘 기업가는 수많은 사례 중 일부로, 전 세계 각지에서 이스라엘 사람이 구축한 네트워크를 찾아볼 수 있다. 모든 네트워크는 이스라엘의 기술과 혁신에 관심을 기울이면서 '진보'를 이루는 한편 공동체에 속한 사람이 번성하도록 돕는다는 공통점을 지닌다. 기술 산업과 기업가의 세계 밖에서도 활발히 활동 중인 이스라엘 네트워크를 쉽게 찾을 수 있다. 해외에 거주하는 이스라엘 사람들은 수백까지는 아니더라도 최소 수십에 이르는 조직, 플랫폼, 온라인 커뮤니티, 오프라인 커뮤니티, 허브 등을 통해 정보를 교환하고, 네트워크를 구축하고, 서로를 지지하면서 국제사회로 원활히 진출하고 있다.

해외여행을 떠난 이스라엘 사람이 손쉽게 관광 정보 센터를 찾듯, 해외 이주를 선택한 사람 또한 어렵지 않게 새로 정착한 국가의 업무 규정과 구직 현황을 알아보고 이스라엘을 포함해 세계 각지에서 모인 기업가와 친분을 다지는 등 여러 정보를 얻을 수 있다. 빅 트립에 나선 이스라엘 청년과 마찬가지로 지구 반대편에서 사업을 하는 이스라엘 기업가 역시 친밀한 공동체를 형성하며 고향에서와 같은 삶의 방식을 유지한다.

이히예 베세데

지난 30년 동안 이스라엘 기술 산업은 놀라운 발전을 거듭했고 국가 경제에 크게 기여했다. 대략 20년 만에 이스라엘의 평균 수출은 국내총생산의 36퍼센트에 달했고, 같은 기간의 수입은 평균 35퍼센트에 이르렀다. 이스라엘은 미국과 중국에 이어 나스닥 최대 상장 국가로 이름을 올렸다. 2017년 이스라엘에 유입된 해외 직접투자는 약 190억 달러로 사상 최대 액수를 달성했다. 2014년 해외 직접투자가 67억 달러였으니 3년 만에 엄청난 증가를 보인 셈이다.

실제로 이스라엘은 해외 투자와 무역에 적합한 환경을 갖추고 있다. 정부는 관세를 낮추고 국내 규제를 완화해 국제 무역을 활성화했다. 이스라엘에서는 시장 개방성을 높이기 위해 주기적으로 무역 규제를 개혁한다. 법으로 국제표준 도입을 장려하고 있으며, 얼마 전 발의한 결의안은 기존의 이스라엘 표준과 국제 표준을 조화하는 데 초점을 맞추고 있다. 게다가 이스라엘은 외부의 요구가 전혀 없어도 국제 경제 공동체가 정한 기준을 따르기로 결정했다. 마스트리히트 조약Maastricht Treaty과 워싱턴 컨센서스Washington Consensus에서 제시한 지침에 맞춰 재정 정책과 통화 정책을 제정했다. 또한 외화 개혁을 실시함으로써 자국에서만 유통하던 셰켈화의 시장성을 높였다.

이스라엘 정부는 해외 투자자 유치에 필요한 인프라를 구축하는 한편 다국적 기업의 이스라엘 진출을 유도하기 위해 보조금을 지원하고, 세금을 인하하고, 세금 공제 혜택을 제공했다. 이런 노력이 모여 진입장벽이 낮아졌고 초기 자본, 연구개발, 임직원 고용에 들어가는 비용이 상쇄되면서 긍정적인 결과가 이어졌다.

1998년에서 2012년까지 이스라엘 기술 산업 성장률은 연평균 9퍼센트를 기록하며 같은 기간 평균 국내총생산 성장률의 무려 두 배를 넘겼다. 2015년 이스라엘에서 운영 중인 스타트업은 2,355개였고, 스타트업 종사 인구는 전년 대비 35퍼센트 증가해 2만 600명에 달했다. 2010년에서 2015년까지 창업한 기업 2,775개 중 약 15퍼센트인 420개가 2015년에 폐업했다. 이는 세계 평균에 한참 못 미치는 수치였다.

미국 노동통계국Bureau of Labor Statistics과 중소기업부Small Business Administration가 발표한 통계에 따르면 창업 후 2년 내 폐업하는 기업이 33퍼센트라고 한다. 50에서 60퍼센트는 어려운 시기를 이겨 내고 생존했지만, 실패할 확률이 33퍼센트나 된다니 위험을 감수하려는 의지가 웬만큼 크지 않고는 창업에 도전하기 어렵다. 세계 스타트업의 수도 미국이 내놓은 꽤나 우울한 수치에도 불구하고 이스라엘에서는 매년 창업하는 스타트업이 폐업하는 스타트업 수를 넘고 있다.

2010년에서 2014년까지 이스라엘 스타트업 수는 매년 평균 4.4퍼센트씩 늘어났다. 하지만 2014년 이후 새로 창업하는 스타트업 수가 연 평균 6퍼센트씩 줄기 시작했다. 수치로만 보면 스타트업이 하향세에 접어들었다고 생각할 수 있지만, 사실 2016년 스타트업에 근무하는 인구는 2015년에 비해 7퍼센트 증가했다. 이뿐아니라 이스라엘 기술 산업에 종사하는 사람의 임금 또한 전년 대비 평균 6퍼센트 상승했다.

2017년, 이스라엘 스타트업이 유치한 투자금은 총 55억 달러로, 3년 전에 비해 50퍼센트 증가한 액수다. 2018년 이스라엘 첨단 기술 기업은 거래 623건을 통해 64억 달러를 조달하는 데 성공하면서 6년 연속 성장을 이루는 동시에 역대 최고 금액을 경신했다. 2018년 이스라엘 기술 산업에 투입된 총자본은 2017년 대비 17퍼센트 상승하는 데 그쳤지만, 2013년과 비교하면 무려 120퍼센트나 증가했으니 대단한 성장을 이루었다고 할 수 있다.

수년간 이어진 노력 덕분에 실리콘밸리를 제외하면 아직까지 이스라엘의 인당 스타트업 숫자를 넘어선 지역이 없다.

규모가 동일하다고 가정했을 때, 이스라엘 스타트업에 투자

한 자본은 미국 스타트업의 두 배가 넘는다. 유럽과 중국은 이미 앞지른 지 오래다. 게다가 최근 들어 이스라엘에 관심을 보이는 해외 투자자가 급증했다. 혁신 스타트업 투자를 목적으로 설립한 벤처캐피털 또한 적지 않다. 디스럽티브 VC^{Disruptive VC}, TLV 파트너스^{TLV Partners}, 83노스^{83North}, 알레프^{Aleph}가 대표적이다. 이스라엘은 연구개발 분야에서도 엄청난 자본금을 끌어들이고 있다. 투자는 대부분 정부가 아닌 민간 기업에서 이루어졌다.

국가경제회의^{National Economic Council} 의장과 국무총리 경제보좌관을 역임한 유진 칸델^{Eugene Kandel}은 현재 비영리단체인 스타트업 네이션 센트럴^{Start-Up Nation Central}의 최고경영자로 근무하며 전 세계 정부, 기업, 투자자와 이스라엘 혁신 생태계 사이를 이어 주는 징검다리 역할을 하고 있다. 칸델은 이스라엘의 비교우위가 혁신적인 기술적 솔루션 제공에 있다고 설명했다. 시간이 갈수록 복잡다양한 문제가 대두되는 세상에서 이런 능력은 경쟁력을 갖추는 데 큰 도움이 된다. 칸델이 이야기하길, 이스라엘은 지난 100년 동안 온갖 문제를 다뤄 오며 전통적 방식으로는 새로운 문제의 해결책을 찾을 수 없다는 사실을 깨달았다. 이스라엘은 시행착오를 겪으며 혁신적인 솔루션을 생각해 냈고, 덕분에 이스라엘 국민은 충분한 물, 음식, 에너지, 의료 혜택을 누릴 수 있다.

스타트업 네이션 센트럴 외에도 이스라엘 스타트업 생태계와 관련된 정보를 제공하고 개별 구성원의 접근을 돕는 조직은 많다. 이스라엘의 여러 정부기관과 민간단체가 기업 관계자들의 인맥을 넓히고, 통계를 제공하고, 각종 규제를 효율적으로 관리하기 위해 부단히 노력하고 있다. 나만 해도 거의 매일 이스라엘을 방문한 단체와 개인으로부터 만나기를 요청 받는다. 한 나라의 수장이나 세계적 기업의 임원진부터 개발도상국 투자자, 기술 기업가, 경영을 공부하는 학생까지 연락이 오는 곳은 다양하다. 이들은 이스라엘 기술 생태계의 본질을 이해하고 더 나아가 교훈을 얻길 원한다.

완벽은 없다

실제로 이스라엘 기술 생태계는 성공한 기업가를 다수 배출했고 전 세계 기업가들의 중심지로 급부상하고 있지만 아직 완벽과는 거리가 있다. 특히 한정된 인적 자본은 이스라엘이 마주한 가장 큰 위기이자 기회라고 할 수 있다.

이마드 텔하미Imad Telhami는 이스라엘 이스피야의 드루즈인 마을에서 태어났다. 이마드의 가족은 기독교도였다. 중동에서 소수에 해당하는 이스라엘, 그중에서도 소수민족 마을에서 비주류에 속하는 종교를 가지고 있었으니 이마드는 태어나면서부터 소수로 살아가야 했다. 하지만 아버지의 인생관 때문에 소수집단에 속한다는 사실을 강점으로 받아들일 수 있었다. 이마드의 아버지는 의학 공부를 위해 레바논으로 유학을 갔다가 1948년 독립전쟁이 발발한 후 고향으로 돌아왔다. 그리고 형편없는 교육 수준을 보고 마을에 남아 아이들을 가르치기로 결심했다. 아버지는 아이들을 올바른 길로 인도하는 것을 사명으로 삼았다. 돈은 중요하지 않았다. 아이들을 사랑으로 가르쳐야겠다는 생각뿐이었다. 돈이 없어 교재를 못 사거나 현장 학습을 못 가는 아이가 있으면 아버지가 대신 돈을 내 줬다. 단 한 명도 포기하지 않았다. 돈 때문에 가르침을 포기한다니, 생각조차 할 수 없는 일이었다. 이마드의 아버지는 아들에게 사랑과 믿음으로 세상을 변화할 수 있다는 교훈을 줬다. 아버지는 이야기했다. 열심히 살다 보면 저절로 돈을 벌 수 있다. 하지만 돈을 인생의 목표로 삼아서는 안 된다.

이마드의 성장기를 한 단어로 표현하자면 '샬롬shalom'보다 적당한 말이 없을 것이다. 샬롬은 인사말로 사용되는 만큼 아마 가장 잘 알려진 히브리어일 것이다. 샬롬을 직역하면 '평화'라는 뜻이다. 샬롬은 조화를 추구하고 적을 수용한다는 의미를 담고 있기에 어떤 면에서는 다소 비현실적으로 느껴진다. 하지만 이마드는 삶 속에서 샬롬을 실천했다.

물론 이해가 잘 안 되는 사람도 있을 것이다. 소수에 속하는 사람은 선택의 여지없이 다수의 결정에 따를 수밖에 없는데, 이렇게 불공평한 상황에서 어떻게 다수에 해당하는 사람에게 애정을 품을 수 있단 말인가? 이마드는 아버지를 따라 다른 사람을 존중하고 수용하는 방법을 배웠다. 이마드가 나고 자란 드루즈인 마을에는 남성이 반바지를 입거나 양반다리를 하고 앉아서는 안 된다는 풍습이 있었다. 이마드 가족은 드루즈인의 전통을 따르지 않았지만, 이웃의 풍습을 존중하고 받아들였다. 선택의 여지가 없어서가 아니었다. 이웃과 공생하기 위해 환경에 적응했을 뿐이다. 이마드는 드루즈인 마을에서 유소년기를 보내며 희생이 아닌 애정과 존중을 통해 타인을 배려하고 수용하는 어른으로 성장했다. 그가 오늘날 성공한 기업가이자 샬롬의 본보기가 된 데에는 어린 시절의 영향이 컸다.

18세가 된 이마드는 의대 진학을 계획했지만 아버지의 조언을 듣고 이스라엘 중부 라마트간의 셴카 칼리지Shenkar College에서 산업공학과 산업디자인을 전공했다. 대학에 진학한 뒤에도 매주 한 번씩 북적이는 도시를 떠나 고향 마을로 돌아왔다. 대학을 중퇴해서 학위를 받지는 못했지만 이마드의 학업 성적은 뛰어났다. 그는 아모스 벤구리온Amos Ben-Gurion의 눈에 띄어 직물 공장을 운영하는 기업인 ATA에 스카우트됐다. 이마드는 ATA에서도 두각을 드러냈고, 1981년 베게드 오르Beged Or 회장 요시 론Yossi Ron의 제안을 받아 베게드 오르 공장장으로 이직했다. 공장 직원들은 이마드를 반기지 않았다. 유대인 노동자들은 아랍인 공장장을 받아들일 수 없다며 파업에 돌입했다. 하지만 요시 론은 결정을 번복하지 않았고, 이마드는 어린 시절에 터득한 인내, 애정, 존중의 자세로 노동자의 마음을 열기 위해 노력했다. 1년 만에 이마드는 사내에서 가장 사랑받는 공장장이 됐다. 3년 후 그가 퇴사할 때, 노동자들은 이마드의 이직을 반대하며 다시 한 번 파업에 돌입했다. 안타깝지만 두 번의 파업 모두 실패로 돌아갔다. 이마드는 사회에 진출한 후 혹독

한 현실을 경험하면서 귀중한 교훈 하나를 얻었다. 유대인과 아랍인 사이의 갈등은 상황에 의해 빚어진 결과일 뿐, 이스라엘 사회에 내재된 문제가 아니라는 것이다. 이마드는 사람이 모두 비슷하다고 생각했다. "다들 똑같이 숨 쉬고, 먹고, 웃고, 울고, 행동합니다." 이마드는 말했다.[1] "우리 모두는 다 같은 인생의 두려움, 어려움, 기쁨을 공유합니다. 하지만 교류가 단절되면 상대방을 이해하려는 노력을 포기한 채 그저 나와는 다른 사람이라고 분류하고 결국 서로를 미워합니다. 정작 알고 보면 다 같은 사람이고 크게 다르지도 않습니다."

이마드는 베게드 오르를 떠나 델타 갈릴Delta Galil로 직장을 옮겼다. 델타 갈릴은 자사 브랜드 의류회사로 오늘날 전 세계 각지에 1만 명이 넘는 직원을 고용하고 있다. 델타 갈릴의 회장 도브 라우트만Dov Lautman은 이마드와 같은 비전을 공유하며 경영의 모든 과정에서 자신의 신념을 실천했다. 델타 갈릴 최초의 아랍계 공장장인 이마드를 기용한 이유도 크게 다르지 않았다. 도브 라우트만의 신뢰를 받은 이마드는 그야말로 성공가도를 달렸다. 이마드가 보여 준 놀라운 리더십의 바탕에는 어린 시절에 드루즈인 마을에서 얻은 교훈이 그대로 녹아 있었다. 이마드는 애정을 가지고 함께 근무하는 직원을 수용했다. 방법은 간단했다. 유럽이든 미국이든 중동이든 전 세계 어디의 델타 갈릴 공장을 가든 모두가 이해할 수 있는 표현을 찾으려고 노력했다. 이마드는 이런 표현이 '동기'가 돼 줄 것이라 이야기했다. 당연히 그 동기는 돈이 아니었다. 협력과 포용을 이끌어 내기 위해 이마드는 '당신과 함께 근무하는 직장을 사랑합니다'라는 슬로건을 내세웠다. 그가 설명하길 "사랑을 모르는 사람은 없습니다. 문화와 국적을 뛰어넘는 표현으로 딱 알맞죠. 관리자가 밑에서 일하는 직원에게 사랑을 표시해야 한다는 의미가 아닙니다. 까딱 잘못하다간 변호사를 대동하고 법정에 서야 할 일이 생길지도 몰라요. 제가 이야기하는 사랑은 아랍어 단어 '하난'처럼 직원에게 연민을 가지고 '수용과 포용'하는 태도를 가진다는 뜻입니다." 이마드가 델타 갈릴에서 성공할 수 있었던 비결은 직원에게 동기를 부여하는 동시에 회사의 욕구와 직원의 욕구 사이에서 적절한 균형을 찾는 데 있었다.

2007년, 델타 갈릴 근무 25주년을 맞은 이마드와 라우트만은 은퇴를 결심했다. 은퇴 계획을 세우던 중 이마드는 이스라엘에 거주하는 아랍 여성 82퍼센트가 실직 상태라는 충격적인 통계를 발견했다. 기업가로서 사회적 책임을 다해야 할 때였다. 이마드는 밥컴 센터Babcom Centers를 설립하고 고용, 공존, 서비스라는 가치를 추구했다. 밥컴 센터는 이스라엘 내에서 최고의 서비스를 제공하는 기업이 된다는 목표를 설정했는데, 이를 위해서는 가장 먼저 다양성을 확보해야 했다. 이마드는 "밥컴 센터는 다채로운 꽃이 한데 어우러져 만들어진 아름다운 꽃다발이나 마찬가지"라고 이야기했다. 이스라엘 내에 존재하는 모든 문화와 종교의 긍정적인 면을 한자리에 모아 둔 밥컴 센터는 어떤 고객이라도 만족할 수밖에 없는 서비스를 제공했다. 이마드가 설립한 기업은 놀라운 성공을 거둬

하버드경영대학교에서 〈밥컴 센터: 기회의 문을 열다〉라는 사례 연구로 활용되고 있다.

　밥컴 센터는 누구나 인정할 만한 성공을 이룩했지만 이마드는 여전히 진정한 공존과 상생을 향해 갈 길이 멀다고 주장한다. 2013년 이마드는 다음과 같은 질문을 던졌다. "저는 벌써 5년 동안 밥컴 센터를 운영하고 있습니다. 그런데 자기 노력으로 탄생한 기업은 얼마나 될까요? 제가 아버지를 본보기로 삼았듯, 저를 본보기로 삼은 사람은 몇 명이나 있을까요? 인구의 총 20퍼센트를 차지하는 이스라엘 아랍인은 왜 스타트업 국가의 일원이 되지 못하나요?" 밥컴 센터는 이미 놀라운 업적을 이루었지만, 이마드가 품은 포부를 충족하기에는 아직 한없이 부족했다.

　이 문제를 해결하기 위해 이마드는 먼저 문제의 원인을 찾았다. "아랍인이 뛰어난 기업가가 되지 못하는 이유를 5가지로 설명할 수 있습니다." 이스라엘 유대인이 어린 시절에 두려움을 극복하는 방법을 배우는 동안, 이스라엘 아랍인은 두려움에 굴복하는 방법을 배운다. 이런 환경에서 큰 꿈을 꾸기는 어렵다. 이마드는 5가지 두려움을 이렇게 설명했다. 첫째는 실패에 대한 두려움이다. 이스라엘에서 소수에 해당하는 아랍인은 조그마한 마을에 고립돼 성장하면서 자신도 모르는 사이 주변의 평판을 지나치게 의식하게 된다. 내가 실패하면 사람들은 뭐라고 생각할까? 누가 날 보고 비웃지는 않을까? 결국 이들은 실패하고 창피를 당하니 애초에 도전을 포기한다. 둘째는 정부에 대한 두려움이다. 이스라엘 정부는 종종 아랍인과 관련된 부문에 옳지 않은 정책을 펼친다. 따라서 아랍인이 용기를 내 기업을 설립한다고 해도 정부로부터 충분한 지원을 받지 못할 것이라는 인식이 일반적이다. 셋째는 은행에 대한 두려움이다. 정부와 마찬가지로 은행 또한 아랍인에게는 이자, 대출, 신용에서 거의 아무런 혜택을 제공하지 않는다. 게다가 아랍인에게는 토지나 주택을 담보로 요구하는 경우가 많은데, 아랍인이 은행에서 요구하는 대출 조건을 맞추기는 무척 어렵다.

넷째는 성공 사례 부족에 따른 두려움이다. 이마드는 한마디로 이를 정리했다. "성공한 이스라엘 아랍인 기업가는 한 손에 꼽을 수 있을 만큼 드뭅니다." 경험이 풍부한 멘토나 영감을 줄 만한 인물이 부족한 데다가 성공한 기업가는 대부분 유대인이니 더욱 의기소침해질 수밖에 없다. 다섯째는 좁은 네트워크에 대한 두려움이다. 앞에서 자세히 설명했듯, 끈끈한 네트워크는 기업 경영에 큰 도움이 된다. 하지만 보통의 아랍인이 지닌 전문적 네트워크는 마을 자치회장이나 학교 교장이 전부라 해도 무방하다. 이 또한 소중한 인연임은 분명하나 유닛 8200 전우회, 실리콘밸리 기업가 모임, 대학 동문 등 이스라엘 유대인이 속한 네트워크에 비하면 그 영향력이 극히 미약하다.

문제의 원인을 파악했으니 해결책을 찾을 일만 남았다. 이마드는 케미 페레tmChemi Peres, 에렐 마르갈리트Erel Margalit와 함께 타크윈 연구소Takwin Labs를 설립하고 이스라엘 아랍인이 두려움과 맞서 싸우는 데 도움을 주었다. 연구소는 아랍인 기업가에게 재정적

지원을 제공하는 데 그치지 않고 네트워크를 형성할 기회를 마련하고, 다양한 기술을 소개했으며, 전문가의 조언을 얻을 수 있도록 멘토 및 전략 컨설턴트와 만남을 주선했다. 하지만 무엇보다 중요한 점은 이스라엘 아랍인이 자유롭게 꿈을 펼칠 수 있게 됐다는 것이다. 이마드는 말했다. "꿈을 크게 가지세요. 새로운 세상이 펼쳐질 거예요."

단조로운 인적 자본으로 구성된 이스라엘 기술 생태계에서 소외된 이들은 아랍인뿐만이 아니다. 정통 유대교도, 여성, 45세 이상 중장년층 등 다양한 집단이 다양한 이유로 기업가의 길을 걷는 데 어려움을 겪고 있다.

하지만 이스라엘 기술 산업이 꾸준한 성장을 이루어 내면서 기업은 점점 더 많은 인재를 필요로 하게 됐고, 뛰어난 직원을 차지하기 위해 경쟁했다. 시간이 갈수록 재능 있고 숙련된 인력의 부족이 더 크게 느껴졌다. 하지만 위기는 곧 기회가 됐다. 포괄적이고 지속적인 경제 성장을 위해 이스라엘 사회는 모든 잠재력을 활용해 혁신을 이루고자 한다. 이에 정부는 물론 민간 조직까지 소수 집단에 속한 인재를 발굴하는 데 노력을 쏟아붓고 있다.

낙관주의와
기업가정신

경제부 기자와 업계 전문가는 이스라엘 기술 산업이 세계적 수준으로 발전할 수 있었던 배경이 무엇인지 밝혀내고자 한다. 이 책을 쓴 목적도 크게 다르지 않다. 나는 이스라엘 문화의 면면을 살펴보며 무엇이 기업가정신을 함양하는지 알아봤다. 그리고 꼭 사업 분야가 아니더라도 이스라엘 사회 전체에 기업가를 양성하는 문화가 널리 자리하고 있다는 사실을 발견했다. 이스라엘 사람들은 유아기부터 성인기까지 전 생애에 걸쳐 도전과 실패를 반복하며 학습한다. 정신적, 신체적으로 위험을 감수하는 방법을 배운다. 무엇보다 이스라엘 사람들은 모든 일이 잘될 것이라는 맹목적일 만큼 긍정적인 신념을 가졌다. 히브리어로는 이를 '이히예 베세데yiheye beseder'라고 부른다.

이히예 베세데라는 단어 뒤에는 복잡하고 심오한 의미가 있다. 어떤 면에서 이는 우리가 이스라엘답다고 표현하는 모든 자질의 본질과도 같다. 이히예 베세데를 이해하려면 먼저 이스라엘의 언어, 역사, 공동체, 관습 등 핵심을 들여다봐야 한다.

이스라엘의 진정한 사브라 중 한 사람인 케미 페레스가 이해에 도움을 줄 것이다. 케미 페레스는 이스라엘 전 총리이자 전 대통령인 시몬 페레스와 소니아 페레스 사이에서 태어났다. 케미 페레스는 이스라엘 공군에서 전투기 조종사로 복무했으며, 전역 후에는 이스라엘 최초의 벤처캐피털 중 하나인 모펫Mofet을 설립했다. 페레스는 곧 이스라엘 벤처캐피털 업계에서 유명세를 떨쳤다. 이스라엘 벤처캐피털 협회 회장을 역임한 페레스는 오늘날 이스라엘에서 가장 규모가 큰 벤처캐피털 피탕고^{Pitango}를 창립했다.

페레스는 이스라엘 첨단산업이 결실을 맺는 데 낙관주의가 큰 역할을 했다고 이야기한다. "결국 낙관주의는 신념이나 다름없어요. 어떤 일이든 원하는 방향으로 전개될 거라고 믿어야 합니다. 낙관주의는 신념인 동시에 도구이자 마음가짐이에요. 낙관주의는 여러분이 앞으로 나아가도록 동기를 불어넣어 줍니다. 낙관주의 없이는 기업가정신도 없어요."[2]

하지만 낙관주의는 단순히 기업가정신을 함양하는 데에서 그치지 않는다. 페레스는 말을 이어 나갔다. "비관적인 사람보다는 낙관적인 사람이 성공할 확률이 높습니다. 낙관주의가 직접적으로 어떤 결과를 만들어 내지는 않지만 낙관적인 사람은 무엇이든 할 수 있어요. 아버지가 말씀하시길, 비관론자는 새로운 별을 발견할 수 없다고 하셨어요. 돌아가시기 전에 역사는 우리 생각보다 낙관적인 그림을 훨씬 많이 그린다는 이야기를 남기셨죠." 우리는 긍정적이든 부정적이든 변화의 조짐을 못 보고 지나칠 때가 많다. 몇십 년 전 불편하고 어려웠던 생활은 생각조차 않은 채 현재의 기준에 맞춰 삶의 질과 복지 수준을 평가하는 이유가 여기에 있다.

하지만 어느 순간 우리도 모르는 사이에 엄청난 진보가 이루어졌음을 깨닫는다. "이제 더 많은 것들을 더 쉽게 누릴 수 있게 됐습니다. 현대인에게는 이 세상의 모든 혜택을 즐길 수 있는 기회가 주어졌습니다. 물건뿐만이 아니에요. 교육이 개선되고, 이동 범위가 넓어지고, 의료 수준이 높아졌습니다." 페레스는 에볼라 바이러스를 예시로 들었다. "우리는 꽤 빨리, 효과적으로 에볼라 바이러스를 극복했습니다. 기념할 만한 일이죠. 하지만 현대인은 의료진이 온갖 복잡한 질병을 치료하는 데 이미 익숙해져 있어요. 당연히 에볼라 바이러스도 곧 이겨 낼 거라고 믿었습니다. 우리가 조금 덜 낙관적이었다면, 그러니까, 의료 기술에 믿음이 부족했다면, 에볼라 바이러스 치료가 현 시대의 가장 위대한 의학적 진보로 기록됐을지도 모릅니다. 하지만 우리는 낙관적이었습니다. 이히에 베세데. 결국 에볼라 바이러스 또한 인류를 스쳐 가는 질병 중 하나일 것이라 생각했죠."

"어떤 기업가는 순진하리만치 낙관적인 시선으로 세상을 봅니다. 시장의 요구를 정확히 파악하고, 객관적이고 비판적으로 자신의 능력과 기업이 제공하는 제품 및 서비스, 위험 요소를 판단할 수 있다고 생각합니다." 기업가는 이상적인 동시에 현실적이어야 한다. 그리고 젊고 경험이 부족한 기업가일수록 높은 이상을 품는 경우가 많다. "세계적인 기업가 중에는 어렸을 때 사업에 뛰어든 사람이 많습니다. 마이크로소프트를 세운 빌 게이츠, 애플을 설립한 스티브 잡스, 페이스북의 창시자 마크 저커버그가 대표적이에요." 페레스는 이렇게 정리했다. "이런 구체적인 사례는 안락하고 편안한 생활을 포기하면서까지 이상을 실현하고자 하는 젊은이들의 굳은 의지를 잘 보여 줍니다."

낙관주의는 세 가지 종류로 구분할 수 있다. 첫 번째는 자신을 향한 믿음에서 오는 낙관이다. 성패가 달린 문제를 성공으로 이끌 수 있다는 확신이 여기에 속한다. 두 번째는 타인을 향한 믿음에서 오는 낙관이다. 페레스는 설명했다. "제가 투자자로서 낙관적일 수 있는 이유는 상대방을 믿기 때문이에요. 저는 뛰어난 기업가와 함께 일하고 있으며 그들을 전적으로 신뢰합니다. 기업가는 이두 가지 낙관을 적절히 갖추고 있습니다. 이런 특징은 특히 이스라엘 기업가에게서 두드러지게 나타납니다. 훌륭한 기업가는 타인의 능력을 효과적으로 활용하는 한편 자신의 힘으로 무엇이든 해낼수 있다는 믿음을 잃지 않습니다."

복잡한 문화 현상이 모두 그렇듯, 이히예 베세데 또한 단점을 지닌다. 이히예 베세데를 핑계로 정당한 비판을 회피하고, 어려운 문제를 회피하고, 힘든 일을 포기하는 사람들이 있다. 에타이 실로니Etay Shilony 박사는 그의 책 《이스라엘리즘Israelism》에서 충분한 생각과 고민을 거치지 않고 대충 일을 처리하는 이스라엘 조직 문화를 언급하며 비판했다. 실로니 박사에게 이히예 베세데는 이스라엘 기업과 정부의 무관심과 태만을 상징한다.

"이히예 베세데가 이런 부작용을 보이는 이유는 근거 없는 낙관 때문입니다." 페레스가 이야기하길 "뭐든 다 잘될 거라고 말만 하는 사람들이 있어요. 하지만 그렇게 말만 해서는 안 됩니다. 모든 일이 다 잘되도록 행동해야죠. 제대로 노력하지도 않고 문제가 저절로 해결될 거라고 믿는다면 어리석은 생각이에요. 내 마음이

편하려고, 책임을 회피하려고 이히에 베세데를 남용하면 위험합니다. 이히에 베세데를 핑계로 책임을 분산하다가는 끔찍한 결과가 나올 겁니다." 이히에 베세데가 지닌 부정적인 면은 현상의 복잡성을 증명한다. 적절히 활용해 자신의 신념을 강화한다면 기업과 국가에 강력한 무기가 될 수 있다.

세 번째는 결단과 인내에서 나오는 낙관이다. 어반 에어로노틱스Urban Aeronautics 최고경영자 라피 요엘리Rafi Yoeli의 사례를 보자. 요엘리는 도심을 날아다니는 내부 회전자 항공기를 개발하는 데 거의 20년 가까운 세월을 투자했다. 온갖 역경을 마주했으나 포기하지 않고 꾸준히 앞으로 나아갔다. 요엘리는 투자자나 동업자를 구하기 어려운 프로젝트를 추진했다. 조금만 더 하면 될 것 같은데, 성공을 눈앞에 두고 프로젝트가 엎어지기 일쑤였다. 어떻게 사람이 그렇게 한없이 낙관적일 수 있는지 이해하기가 쉽지 않다. 아마 강한 결단과 자신이 위대한 과업을 수행하고 있다는 신념이 어우러져서 실패해도 다시 도전할 수 있었을 것이다. 페레스는 설명했다. "제 아버지는 인간에 대한 믿음과 이번 세대는 물론 다음 세대를 살 사람들을 위해 일한다는 확신이 있었습니다. 그래서 낙관적인 태도를 유지할 수 있었다고 하셨습니다." 낙관주의는 인생을 살아가는 한 방식이다.

이스라엘 사람들이 낙관적일 수 있는 이유를 설명하기는 어렵다. 정치적 여건을 생각했을 때, 이스라엘 사람들이 비관적이라면 오히려 설명이 쉬울 것이다. 페레스는 이스라엘 사회에 내재된 낙관적 태도가 이스라엘에서 겪는 삶의 조건에서 비롯됐다고 주장했다.

"이스라엘 부모는 위험한 지역에서 아이를 키웁니다. 시리아, 레바논, 헤즈볼라에서 겨우 몇 백 미터 남짓 떨어진 이스라엘 북부에 자리를 잡고, 언제 미사일이 날아올지 모르는 가자지구 근처에 마을을 세웁니다. 그리고 자살 폭탄 테러가 몇 번이나 일어났던 예루살렘 거리를 아무렇지 않게 다닙니다. 위험한 걸 알지만 떠나지 않아요. 사랑하는 가족이 있는 집은 따뜻하고 안전한 보금자리가 돼 줍니다. 하지만 현실은 가혹해요. 이스라엘 밖에서는 어떻게 저런 곳에서 아이를 키우면서 살아가나 생각할 수 있습니다." 곳곳에 도사린 위험에도 불구하고 아이들은 집이 안전하다고 느낀다. 두려움이 아니라 희망을 바탕으로 지어졌기 때문이다. 이스라엘의 어머니와 아버지는 상황이 점점 더 나아질 것이라고, 어떤 일이 일어나도 이겨낼 수 있다는 낙관을 가지고 가정을 꾸린다.

"우리는 파라오의 억압에도 살아남았다. 이번에도 우리는 생존할 것이다"

이스라엘의 낙관주의는 유대인의 역사와 깊은 관계가 있다. 유대인은 수많은 박해에서 생존했다. 아직 수많은 이들의 기억에 생생히 남아 있는 끔찍한 홀로코스트 역시 그중 하나다. 이히예 베세데 정신은 이스라엘 문화와 유대인의 역사에서 탄생했다. 즉 이히예 베세데는 생존자가 지니는 삶의 태도라 할 수 있다. 이스라엘의 유명 가수 메이르 아리엘Meir Ariel은 말했다. "우리는 파라오의 억압에도 살아남았다. 이번에도 우리는 생존할 것이다." 이뿐만이 아니다. 이스라엘 사람들은 명절마다 생존을 기념하는 농담으로 만찬을 시작한다. "그들은 우리를 죽이려고 했지만, 우리는 살아남았다. 먹자!" 페레스는 설명을 덧붙였다. "어떤 역경과 위험도 헤쳐나갈 수 있다는 생각은 낙관적 태도는 물론 넘어져도 다시 일어설 수 있다는 의지를 심어 줍니다."

또한 "유대인은 스스로 선택받은 민족이라 믿고 있습니다. 우리는 누구보다 특별하고 강한 민족인 만큼 세계를 더 나은 곳으로 만들 책임을 가집니다. 이스라엘에서는 이런 책임을 '티쿤 올람tikkun olam', 즉 '세상을 수리한다'고 표현해요. 오늘날에는 사회적 정의 실현을 위해 종교적 의미에서 티쿤 올람을 사용합니다. 이스라엘에 거주하는 유대인은 아주 어린 나이부터 티쿤 올람의 가치를 배웁니다. 주변에서 가끔 보이는 맹목적인 낙관주의와 달리 티쿤 올람은 수 세대에 걸친 경험과 생존의 역사를 바탕에 둔 깨어 있는 낙관주의입니다."

2010년 1월, 유대인을 대표해 독일 연방의회 연설에 참여한 이스라엘 대통령 시몬 페레스는 티쿤 올람을 홀로코스트에 대한 해답으로 제시했다. 여기에서 티쿤 올람은 잘못된 과거를 바로잡고 주어진 환경을 개선하려는 노력을 가리킨다. 시몬 페레스의 아들 케미 페레스는 이야기했다. "이스라엘 기업가의 활동 중심에는 티쿤 올람이 있습니다. 기업가가 되려면 어떤 부분이 제대로 작동하지 않는지, 또 어떤 부분에서 개선을 이룰 수 있는지 식별하는 능력을 갖춰야 합니다. 모든 것이 완벽하다면 이히예 베세데 정신 또한 애초에 탄생하지 않았을 것입니다. 지금 상황이 좋지 않더라도 곧 괜찮아진다는 믿음이 이히예 베세데를 만들었습니다."

1950년대부터 이스라엘 사람들은 이스라엘이 직면한 문제에 대책이 될 기적적인 해결법을 찾았다. 한편 비슷한 문제 때문에 어려움을 겪는 이들과 해결법을 공유할 수 있도록 애써 왔다. 이스라엘 남부 사막 지형을 최대한 활용하려는 시도는 혁신적 농업 기술 개발로 이어졌다. 이렇게 개발된 기술은 이스라엘을 벗어나 개발도상국까지 영향을 미쳤고, 더 많은 사람이 풍작을 거두고 음식을 안전하게 보관할 수 있게 됐다. 대표적인 예로 네타핌^{Netafim}의 점적 관수자재를 들 수 있다. 네타핌이 개발한 관수기는 빠른 기간 안에 전 세계로 수출됐다. 얼마 전 출시된 최신 관수기는 자체 정화 기능을 포함하고 있는 데다가 수질이나 수압에 관계없이 유량을 일정하게 유지한다.

티쿤 올람의 적용은 의료 분야에서도 놀라운 발명과 혁신을 이뤄내며 전 세계 의료 서비스의 질을 대폭 향상했다. 최초의 캡슐형 소화관 내시경인 기븐 이미징$^{Given Imaging}$의 필캠^{PillCam}은 위험한 외과적 처치 과정을 대폭 줄여 주었다. 코팍손^{Copaxone}은 다발성 경화증을 치료하는 면역억제제로 이스라엘 바이츠만과학연구소가 개발했다. 이 약으로 의료계는 새로운 국면을 맞았다. SF소설에나 등

장할 것 같은 발명품도 있다. 리워크ReWalk는 하반신이 마비된 환자
가 똑바로 서서 스스로 걸음을 옮기고 계단을 오르게 하는 생체 공
학 시스템으로, 이미 미국 식품의약국의 허가를 받았다.

이스라엘의 혁신은 세계가 기술을 소비하는 방식을 완전히
바꾸었다. IBM이 제조한 최초의 PC CPU 인텔 8088은 이스라엘에
서 디자인했다. 윈도우 운영체제는 대부분 이스라엘 마이크로소
프트에서 개발했다. 펜티엄 MMX 칩 기술은 이스라엘 인텔에서 설
계했다. 북아메리카에서 최초로 사용된 USB 저장장치는 이스라엘
기업 엠시스템스에서 탄생했다.

한 분야의 기술을 다른 분야에 적용할 때도 티쿤 올람이 나타
난다. 위성항법장치 기반의 스마트폰 내비게이션 애플리케이션 웨
이즈Waze는 순차적 길안내 서비스와 사용자의 이동 시간 및 세부
이동 경로를 취합한 정보를 제공함으로써 신개념 지도를 만들었
다. 이스라엘 기술 기업 모빌아이Mobileye는 영상 기반의 첨단 운전
자 지원 시스템을 활용해 충돌 방지 및 완화 기능을 개발했다. 시
각에 장애가 있는 사람이 자율주행자동차를 운전할 때 미처 인식
하지 못한 안내판이나 물체를 음성으로 안내하는 휴대용 시각보조
기기 올캠 마이아이OrCam MyEye를 출시했다.

이외에도 티쿤 올람의 적용으로 맺은 결실이 무궁무진하다.

이히예 베세데는 모든 이스라엘 사람의 마음속에 자리 잡은
복잡 미묘한 사고방식이며, 세대에서 세대를 거쳐 내려왔다. 이히
예 베세데는 유대인의 역사에 깊이 뿌리내린 신념인 동시에 미래를

내다보는 관점이다. 이스라엘 사람들은 이히예 베세데라는 표현을 통해 지금은 잘 보이지 않을지라도 미래에는 상황이 나아질 것이라고 자신을 안심시킨다. 이히예 베세데는 현실을 보고, 희망차고 안정적인 미래를 그리고, 그에 따라 행동을 계획하는 능력이다.

페레스는 말했다. "이히예 베세데는 항해를 돕는 순풍과 같습니다. 우리가 앞으로 나아갈 수 있는 힘을 실어 주죠. 하지만 올바른 방향을 찾는 건 항해사의 몫이에요. 항해사에게 바람과 나침반이 필요하듯 기업가도 마찬가지입니다. 이스라엘을 포함한 세상의 수많은 기업가에게 바람이 따르거나, 나침반이 주어집니다. 하지만 정말 뛰어난 기업가는 두 가지를 모두 갖추고 있습니다."

이히예 베세데는 이스라엘 문화의 중심에서 기업가정신을 이끄는 원동력으로 작용한다. 이스라엘 사람들은 결코 현재에 만족하지 않는다. 그리고 놀라우리만치 밝은 미래가 기다리고 있다. 우리는 온갖 고난과 역경을 이겨내며 변화와 성장을 추구한다.

여러분은 어떤가?

Acknowledgments

감사의 말

나는 이 순간을 위해 내가 가장 좋아하는 히브리어 단어 '피르군firgun'을 아껴 왔다.

피르군은 대가를 기대하지 않고 그 자체만을 목적으로 다른 사람의 즐거운 경험에 참여해 순수하게 공감하는 행동을 의미한다. 피르군을 행하는 사람은 질투심과 이기심을 내려놓고 다른 사람이 이룬 성과와 업적을 마치 내 일처럼 기뻐한다. 자신의 노력으로 타인을 기쁘게 한다는 점에서 피르군과 칭찬은 다르다. 피르군은 칭찬보다 훨씬 강력하다.

나는 이 책을 쓰면서 어려운 상황을 여러 차례 경험했다. 피르군이 아니었다면 완성하지 못했을 것이다. 나의 여정에 함께해 준 수많은 사람에게 감사한다.

가장 먼저, 나의 사랑하는 세 아들 요나탄, 다니엘, 야든에게 고맙다고 말하고 싶다. 나는 매년 자신만의 방식으로 특별하게 성장하는 아이들을 보며 책을 다채롭게 구성할 수 있었다. 수년 동안 훌륭히 자라 준 아이들에게 이 자리를 빌려 마음을 표현한다. 너희들이 어린 시절에 겪은 놀라운 여정을 전 세계 수많은 사람과 공유하고 싶다는 마음에 이 책을 쓰기 시작했다. 앞으로도 너희가 행복하고, 창의적이고, 생생하고, 인상 깊은 인생을 살길 바란다. 소중한 친구, 동료와 함께 뜻깊은 삶을 즐기길. 적재적소에 후츠파를 활용하렴!

나의 사랑하는 파트너이자 가장 좋은 친구이자 남편인 닐Nir에게도 감사의 말을 전한다. 남편과 나의 20주년 결혼기념일에 딱 맞춰 《후츠파》가 출간된다. 남편은 오랜 시간 내 곁에서 큰 꿈을 꾸는 방법을 가르쳐 줬다. 나도 몰랐던 나의 기업가적 면모를 발견해 준 남편에게 고마운 마음뿐이다. 어떤 길을 선택해도 항상 곁에서 응원해 준 사람이 있었고 지금 내가 이 자리에 서 있다. 또 다른 나, 평생의 사랑, 우리가 만난 지 벌써 25년이 넘어가네요. 사랑합니다.

친애하는 파트너 미라Mira와 모티Motty에게 인사하고 싶다. 충분한 여유와 자유를 주어서 내가 나다울 수 있었다. 조금의 강요도 없이 내가 나아가야 할 방향을 알려 주고, 표절에 대하여 염려하지 않고 다양한 사례를 제공해 준 데에도 감사를 전한다. 지금은 돌아가셨지만 나의 어린 시절을 풍요롭게 만들어 준 아버지에게 감사한다. 아버지의 가르침은 언제까지나 내 곁에 남을 것이다.

이스라엘 기술 생태계에 있는 나의 친구와 동료들은 내가 《후츠파》를 집필하는 지난 몇 년 동안 나에게 피르군을 보여 줬다. 그들의 관심과 지지, 비판이 《후츠파》를 완성했다. 《후츠파》는 나의 이야기이자 그들의 이야기이다.

특히 다음 사람들에게 고마움을 표현한다.

시간을 내서 이야기를 들려주고 또 독자에게 공유할 수 있도록 허락한 아디 알트슐러, 아디 샤라바니, 베니 레빈, 케미 페레스, 다르야 헤니그 샤케드, 도브 모란, 유진 칸델, 가이 프랭클린, 가이 루비오, 이마드 텔하미, 이즈하르 샤이와 시르 샤이 부녀, 키라 라딘스키, 마탄 에드비Matan Edvy, 미카 커프만, 나다브 카프리르, 나르키스 알론, 닐 렘퍼트, 노암 샤론, 란 발리에, 사기 바르, 샤린 피셔, 타시 벤 요세프, 유리 바인헤버, 야이르 세루시, 야스민 루카츠, 요나탄 아디리에게 감사한다.

나의 집필 활동을 도운 아디 야노비츠Adi Janowitz, 에이미 프리드킨Amy Friedkin, 안나 필립스Anna Philips, 아리아나 캄란Ariana Kamran, 브라이언 에이브러햄스Brian Abrahams, 차야 글라스너Chaya Glasner, 댄 세너Dan Senor, 웬디 싱어Wendy Singer, 테리 카셀Terry Kassel을 비롯한 PSE 재단 임직원, 다니엘 알폰Daniel Alfon, 에프라트 두브데바니Efrat Duvdevani와 페레스 평화 혁신 센터Peres Center for Peace and Innovation 팀원, 개비 체르톡Gabby Czertok, 가디 제더Gadi Zeder, 고니 아람Gonie Aram, 가이 힐튼Guy Hilton과 스타트업 네이션 팀, 모르 펠레드Mor Peled와 가이 펠레드Guy Peled, 이타이 쉬거Itay Shhigger, 주디 하이블럼Judy Heiblum, 네타

이쉐트Neta Eshet와 리바이 아푸타Levi Afuta, 릭 앨런Rick Allen, 로즈 칸Rose Kahn, 사르 프리드먼Saar Friedman, 셜리 쉴라프카Shirley Schlafka, 사울 싱어Saul Singer, 샤론 블라트Sharon Blatt, 슈키 카폰Shuky Kappon, 시기 나기아르Sigi Naggiar, 수하타 토마스Sujata Thomas, 웬디 레벨Wendy Revel과 백스토리그룹backStorygroup, 요나탄 이도Yonatan Ido에게 고마운 마음을 전한다. 원고를 읽고, 조언을 건네고, 아이디어를 공유하고, 피드백을 준 덕분에 책의 완성도가 높아졌다.

자료 수집을 도와주고 원고를 여러 번 검토해 준 시라 리벨리스Shira Rivelis에게 특별히 고맙다고 말하고 싶다. 시라가 없었다면 출간의 꿈을 이루지 못했을 것이다.

마치 자기 일처럼 함께 기뻐한 신디시스의 소중한 임직원에게 진심으로 고맙다. 이 세상에서 가장 좋은 친구이자 비즈니스 파트너인 셜리에게 감사를 전한다!

마지막으로 나의 새로운 가족 하퍼콜린스 팀에게 감사한다. 출판을 담당한 할리스 하임바우시Hollis Heimbouch와 에이전트 얀 밀러Jan Miller에게 다시 한 번 나를 믿어 줘서, 《후츠파》를 믿어 줘서 고맙다고 이야기하겠다. 서로가 있어서 참 다행이다.

용어 설명

: 기업가정신과 관련된 히브리어 단어

- **다브카 [16장. 개방성]:** 당사자 외에는 이해하기 어려운, 직관에 어긋나거나 바람직하지 않은 것처럼 보이는 행동을 의미한다. 토요일에 종교적 색채가 짙은 동네에서 음악을 크게 틀어 두는 행위가 여기에 속한다. 또한 어떤 아이디어나 제안에 반대를 표시할 때 사용되기도 한다. 예를 들어 빗속에 조깅을 나가자는 의견에 '다브카, 좋다'고 대답할 수 있다.

  다브카는 아랍어에서 유래한 단어로 어떤 일이 의도와 반대로 흘러갈 때 성가심이나 불편을 표현하는 역설이나 함축된 의미로 사용되는 경우가 많다.

  ㉠ "다브카, 일부러 내가 제일 바쁜 날 회의를 잡은 거니?"

- **두그리 [14장. 임기응변과 최적화]:** 말을 빙빙 돌리지 않고 직설적으로 이야기하는 행동을 의미한다. 문장의 앞에 붙어 화자가 다음에 할 말이 전체 대화의 흐름을 바꿀 것임을 나타내는 단어로 문장이 두그리로 시작하면 청자는 화자의 말에 귀를 기울여야 한다. 터키어와 아랍어에서 파생한 현대 히브리 외래어다. 단호하고 불편하게 들릴 수 있지만 진실을 이야기한다는 맥락에서 사용된다.

  ㉠ "두그리, 이 회의가 어떤 목적으로 열린 건지 이해가 안 됩니다."

- **로쉬 가돌 [10장. 쉼표]:** 직역하면 '큰 머리'라는 뜻이다. 로쉬 가돌은 일상적인 히브리어로 꼭 해야 하는 행동 이상을 수행할 때 사용된다. 로쉬 가돌

은 특정한 태도와 사고방식을 갖춘 사람을 지칭한다. 로쉬 가돌은 주변에서 요구하는 것보다 더 많이 생각하고 행동한다. 더 큰 그림을 그리고 결실을 맺기 위해 노력한다. 놀랍게도 로쉬 가돌이라는 표현은 군대에서 나왔다. 명령을 그대로 따르기보다 스스로 생각하길 장려하는 이스라엘 방위군 문화를 엿볼 수 있다. 로쉬 가돌은 타인의 본보기가 된다. 기업가는 당연히 로쉬 가돌이다.

형 구어체에서는 자신에게 기대되는 것 이상으로 주도권을 잡고 책임을 지는 사람을 표현한다. 반의어: 로쉬 카탄rosh katan. 직역하면 '작은 머리'가 된다. 구어체에서는 자신에게 주어진 일 외에는 아무것도 하지 않는 사람을 가리킨다.

예 "시키는 대로만 하지 말고 로쉬 가돌이 돼라."

- **리즈롬 [5장. 자유가 주는 힘]**: '흐름에 따라 움직인다'는 뜻을 지닌다. 일이 자연스럽게 진행되도록 놔두는 것만으로는 충분하지 않다. 리즈롬은 인생에서 예상치 못하게 일어난 사건을 받아들일 수 있는 여지를 마련하고, 계획에 없던 일에 기꺼이 참여하면서 인생을 관망하는 태도를 가리킨다.

  동 '흐르다'는 뜻을 가져, '조렘zorem'하는 사람은 느긋하고, 자발적이며, 계획되지 않은 활동에 기꺼이 열정적으로 참여한다(리즈롬의 동사형은 조렘이다—옮긴이).

  예 "이 계획의 시도에 조렘합니까?"

- **마드리크 [8장. 위기관리능력]**: 마드리크는 학교를 벗어난 교육적, 교훈적 집단에서 가이드 또는 지도자로 활동하는 사람을 일컫는다. 마드리크는 '데레크derech', 즉 '길'을 의미하는 단어에서 파생했다.

- **발라간 [2장. 발라간]**: 바쁜 길거리를 상상해 보라. 노부인이 버스 운전사에게 소리를 지르고 있고, 상인은 정치를 논하고 있다. 청바지에 늘어진 티셔츠를 걸친 기술 기업 임원이 바쁜 걸음을 옮기고 아이들은 쓰레기장 놀이터를 누비고, 휴가를 마치고 부대로 복귀하는 군인은 팔라펠을 구매한

다. 도무지 질서라고는 없는 듯한 혼란 그 자체다. 하지만 보이는 것이 전부가 아니다. 미리 잘 조정된 질서는 없지만 모든 요소가 굉장히 효율적으로 작용하고 있다. 이렇듯 기회와 약속이 가득한 혼돈 상태를 발라간이라고 한다.

⑲ 혼돈을 뜻하는 러시아어에서 파생한 현대 히브리 외래어다. ㉪ 메불간mevulgan

⑧ 레발겐levalgen.

㉫ "그들이 회사를 경영하는 방식은 완전히 발라간이다."

- **샬롬 [17장. 이히예 베세데]:** 직역하면 '평화'라는 뜻을 지닌다. 인사말로도 사용한다. 아마 가장 잘 알려진 히브리어가 아닌가 한다. 샬롬에는 일상적인 의미와 정치적인 의미가 있어 한편으로는 매우 가볍지만 다른 한편으로는 무척 무거운 의미를 가지기도 한다. 축복을 할 때도 사용하고(샬롬 알레카shalom alecha—당신에게 평화가 깃들길), 소명을 나타낼 때도 있으며 (세계 평화), 단순한 인사말로도 쓰인다(샬롬).

⑲ 히브리어로 평화를 의미한다. 넓은 뜻으로는 서로 대치하는 두 당사자 간의 조화와 안정을 나타낸다. 관용적인 히브리어로 흔히 '안녕하세요', '안녕히 가세요'라는 인사말로 사용한다.

- **쉬프주르 [14장. 임기응변과 최적화]:** 쉬프주르는 문제를 파악하고, 해결책을 찾고, 그를 실행 가능한 과제로 분해하는 작업을 뜻한다. 쉬프주르는 경제적인 문화에서 나온 개념으로, 물건이 꼭 고장 나지 않더라도 수선하는 행동을 가리킨다. 예를 들어 이스라엘 방위군에 복무하는 군인은 대부분 직접 바느질을 해서 몸에 꼭 맞는 탄창 케이스를 제작한다.

⑲ 이스라엘 군대에서 사용하는 은어로, 쉬프주르는 장비를 사용자의 기호와 편리에 맞게 수선하는 행동을 의미한다. ⑧ 레샤프제르leshafzer.

- **얄라 [서문]:** '가자!'라는 뜻으로 직역된다. 중요한 일을 빨리 시작하려는

의지를 표현한다. 경솔함, 조급함, 열정을 나타내거나 단순히 추임새를 넣을 때도 사용한다. 드물지만 상대방을 무시하는 의미를 지니기도 한다. 예문으로는 "얄라, 장사는 다른 데 가서 하시오." "얄라, 제대로 알지도 못하면 가만히 있어라" 등이 있다. 이집트어에서 파생한 단어로 이집트인, 페르시아인, 터키인의 사용이 빈번해지고 히브리 영화에서 속어로 자주 등장하면서 유명해졌다. '가자' 또는 '서둘러'라는 의미로 가장 많이 사용한다. 히브리어에서는 다가올 사건이나 활동에 대한 기대감을 표현하는 단어로도 자주 쓴다.

예 "얄라, 시작하자!"

- **이히예 베세데 [17장. 이히예 베세데]:** 가장 이스라엘다운 단어라고 할 수 있다. 어떤 상황에 처해도 모든 일이 다 잘될 것이라는 의미이다. 열쇠를 잃어버렸을 때부터 이혼했을 때까지, 이히예 베세데는 어쨌든 인생은 흘러가고 시간이 지나면 문제는 해결된다는 뜻을 내포한다. 어떻게 보면 무책임하고 무감각하다는 느낌을 줄 수 있지만 사실 이히예 베세데는 인생을 대하는 긍정적 태도에 가깝다. 삶이 언제나 좋을 수는 없다. 하지만 계속 나아가다 보면 결국 다 괜찮아질 것이라는 메시지를 내포한 이히예 베세데는 마음의 안정을 찾고 걱정을 완화하는 데 도움을 준다. 이런 사고방식은 혁신가와 기업가에게 꼭 필요하다.

예 "일자리를 잃을까 봐 너무 걱정하지 마. 이히예 베세데."

- **일투르 [14장. 임기응변과 최적화]:** 직역하면 '임기응변'이라는 뜻이지만 히브리어로는 '즉시 행동하다'라는 의미를 지닌 단어 '레알타르'에 더 가깝다. 일투르를 발휘하면 어떤 문제가 발생하든 빠르고 효율적으로 대처가 가능하다. 이스라엘 사람들은 아주 어렸을 때부터 이런 자질을 갈고 닦는다. 자원이 부족하면 임기응변에 능해질 수밖에 없다. 주어진 자원이 충분하지 않으니 자원에 의존하는 대신 자신에게 주어진 능력을 최대한 발

휘하는 방법을 배우는 것이다.

⑲ 유대교 구전 율법인 미슈나Mishna에서 파생한 단어로 군대에서 은어로 사용하다 현대 히브리어로 자리 잡았다. '임기응변' 또는 '즉각적 행위'라는 의미로 해석된다. 그 자리에서 해결책이나 개선책을 찾는 행동을 가리킨다.

⑧ 레알테르le'alter ⑲ 메울타르me'ultar.

⑩ "끈이 떨어진 건 걱정하지 마. 내가 금방 레알테르할게."

- **카탄 알라이 [3장. 불놀이]**: '별거 아니다'라는 뜻으로, 굳이 직역하자면 '땀조차 나지 않았다' 정도로 해석할 수 있다. 카탄 알라이는 무슨 일이든 해낼 수 있다는 의지를 심어 준다. 누군가 어떤 과제를 '박타나', 즉 작다고 평가한다면 이는 과제의 복잡성이나 과제를 해결하는 데 필요한 자원을 모두 고려해 객관적 관점에서 하는 말이 아니다. 그보다는 주관적 관점에서 힘을 북돋기 위해 자신에게 당부하는 말에 가깝다. 따라서 아무리 어려운 과제가 주어져도 "자, 카탄 알라이"라고 말할 수 있다.

⑩ "곧 일을 그만두는데 걱정되지 않아?" "아니, 카탄 알라이."

- **콤비나 [3장. 불놀이]**: 조합을 의미하는 영어 단어 combination에서 파생한 콤비나는 자신의 이해를 내세우거나 일반적인 규칙에 어긋나는 비정형적인 방법으로 문제를 해결하는 행위를 의미한다. 관료주의 또는 상명하복 체계를 벗어난다는 점에서 가벼운 부정행위로 오해받을 때도 있지만 콤비나라는 표현 자체에는 부정적인 뜻이 전혀 없다. 오히려 긍정적인 해결책을 제시한다.

⑲ combination에서 파생한 단어로 행위자에게 이익이 되도록 체계를 벗어나 비공식적인 해결책을 찾는 행동을 뜻한다. ⑧ 레캄벤lecamben.

⑩ "그쪽에서 수수료를 5퍼센트나 깎았대. 대단한 콤비나야."

- **타클레스 [9장. 스스로 하는 힘]**: 타클레스는 실용성의 표현과 요점 파악이

라는 두 가지 뜻을 지닌다. 정치부터 날씨, 제품의 질까지 다양한 주제에 적용할 수 있다. 이디시어에서 파생한 현대 히브리 외래어다. '끝, 목적, 목표'라고 해석된다. 핵심을 파악해서 목표 지향적으로 행동한다는 의미가 있다.

⑩ "타클레스, 네가 왜 지금까지 그 일을 하는지 이해가 안 됐어. 드디어 퇴사한다니 정말 잘됐다."

• **피르군 [감사의 말]**: 다른 사람의 즐거운 경험을 거드는 행동을 묘사할 때 사용한다. 가장 친한 친구가 오랜 시간 염원해 왔던 일자리를 구했다고 상상해 보라. 어느 날 친구에게 전화가 걸려 와 좋은 소식을 들었을 때 얼마나 기쁘고 자랑스러울지 생각해 보라. 친구의 노력을 누구보다 잘 알고 있기에 그 결실을 진심으로 축하해 줄 수 있다. 피르군은 이스라엘 기술 기업가들이 가장 좋아하는 단어이다.

⑲ 질투심과 이기심을 내려놓고 다른 사람이 이룬 성과와 업적을 마치 내 일처럼 기뻐하는 감정을 의미한다. ⑧ 레파르겐lefargen. 타인을 기쁘게 만들려는 진심 어린 노력으로, 단순한 칭찬과는 다르다.

⑩ "내가 어제 승진 소식을 알렸을 때 다니엘은 진심으로 피르군해 주었어."

• **하니크 [8장. 위기관리능력]**: 하니크는 '시작'을 뜻하는 단어 하니카에서 유래했다. 하니크는 훈련, 지도, 연습을 통해 학습하는 사람을 의미한다.

• **후츠파 [서문]**: 고집이 세고 무례한 태도를 나타낸다. 예를 들어, 아이와 함께 쇼핑하러 온 젊은 어머니에게 처음 보는 사람이 아이의 옷이나 음식, 교육에 대해 지적한다면 그 사람은 후츠파를 행한 것이다. 하지만 후츠파를 긍정적으로 발휘하면 정치적 올바름을 추구하기보다 자신의 목표를 향해 똑바로 나아갈 수 있다. 아람어에서 이디시어를 거쳐 현대 히브리어뿐 아니라 영어로도 자리 잡았다. 부정적인 의미에서 후츠파는 무례하고

공격적인 사람 또는 행동을 일컫지만 긍정적인 의미에서는 대담하고 용감한 사람 또는 행동을 의미한다. 긍정적인 의미의 후츠파는 경영 분야에서 특히 자주 사용한다.

2018년 10월 25일, 이스라엘 혁신 센터 개회식에 참석하기 위해 이스라엘을 방문한 알리바바 창립자 마윈은 "혁신과 후츠파, 즉 용기와 도전" 두 가지를 배웠다고 이야기했다.

㉔ "계약에 서명하기까지 대단한 후츠파를 발휘해야 했다."

서문

1   워런 버핏. 이스라엘 외무부 자료 인용.
     https://mfa.gov.il/MFA/Quotes/Pages/Quote-27.aspx.

2   요나탄 아디리. 인발 아리엘리와 인터뷰 중, 2018년 12월.

3   마원. 이스라엘 혁신 센터 개회식 및 이스라엘 혁신 회담 중. 텔아비브,
     2018년 10월 25일.

01   **쓰레기장 놀이터**

1   말카 하스. 「Children in the Junkyard」, 《Association for Childhood
     Education International 73》, no. 1 (1966).

2   이소벨 반 델 큅, 잉그리드 베르힐. 「Early Development of Entrepreneurial
     Qualities: The Role of Initial Education」 (Zoetermeer: EIM, Small Business
     Research and Consultancy, 1998).

3   암논 질버, 마이클 콜먼Michal Korman. 「The Junkyard as Parable」,
     《Magazine of the Design Museum》, 홀론, 2014.

02   **발라간**

1   알베르트 아인슈타인. 데이비드 버커스David Burkus. 「When to Say Yes to
     the Messy Desk」, 《Forbes》, 2014년 5월.
     https://www.forbes.com/sites/davidburkus/2014/05/23/when-to-say-

페넬로페 그린, 「Saying Yes to Mess」, 《뉴욕타임스》, 2006년 12월 21일.
http://www.nytimes.com/2006/12/21/garden/21mess.html?
pagewanted=print&_r=1.

에릭 에이브러햄슨, 데이비드 H. 프리드먼. 《A Perfect Mess: The Hidden
Benefits of Disorder—How Crammed Closets, Cluttered Offices, and
On-the-Fly Planning Make the World a Better Place》 (New York: Little
Brown, 2006).

제니스 데네그리노트, 엘리자베스 파슨스. 「Disordering Things」,
《Journal of Consumer Behavior 13》 (2014): 89-98.

03 불놀이

킴 코벨Kim Kovelle. 「Tips to Teach Kids How to Build a Campfire」, 《메트
로페어런트MetroParent》, 2018년 7월 27일.
http://www.metroparent.com/daily/family-activities/camping/build-
campfire-tips-teach-kids/.

키타라 웰스. 「Recess Time in Europe vs America」, 《클릭투휴스턴
Click2Houston》, 2016년 3월 10일.
http://www.click2houston.com/news/recess-time-in-europe-vs-
america.

로렌스 E. 윌리엄스, 존 A. 바그. 「Experiencing Physical Warmth
Promotes Interpersonal Warmth」, 《Science 322》, no. 5901 (2008): 606-
607.
http://www.ncbi.nlm.nih.gov/pmc/articles/PMC2737341/.

미카 커프만. 인발 아리엘리와 인터뷰 중, 텔아비브, 2018년 9월 20일.

루스 우모Ruth Umoh. 「Jeff Bezos' Wife Would Rather Have a Child with
9 Fingers than One That Can't Do This」, 《CNBC》, 2017년 11월 21일.

https://www.cnbc.com/2017/11/20/how-jeff-bezos-teaches-his-kids-resourcefulness.html.

04 '우리' 안에 '나'

1   다티아 벤 도르. "My Land of Israel".
    https://ulpan.com/israeli-music/%D7%90%D7%A8%D7%A5-
    %D7%99%D7%A9%D7%A8%D7%90%D7%9C-
    %D7%A9%D7%9C%D7%99-my-land-of-israel/.

2   매튜 J. 혼지, 욜란다 지튼Jolanda Jetten. 「The Individual within the
    Group: Balancing the Need to Belong with the Need to Be Different」,
    《Personality and Social Psychology Review 8》, no. 3 (2004): 248-264.

3   스튜어트 앤더슨. 「40 Percent of Fortune 500 Companies Founded by
    Immigrants or Their Children」, 《포브스》, 2011년 6월 19일.
    http://www.forbes.com/sites/stuartanderson/2011/06/19/40-
    percent-of-fortune-500-companies-founded-by-immigrants-or-their-
    children/#13f9c6827a22.

4   키라 라딘스키. 인발 아리엘리와 인터뷰 중, 텔아비브, 2018년 9월.

5   폴 그레이엄. 「What It Takes」, 《포브스》, 2010년 10월 20일.
    https://www.forbes.com/forbes/2010/1108/best-small-companies-10-
    y-combinator-paul-graham-ask-an-expert.html#22e0cc71acad.

05 자유가 주는 힘

1   로저 하트. 「Environmental Psychology or Behavioral Geography? Either
    Way It Was a Good Start」, 《Journal of Environmental Psychology 7》,
    no. 4 (1987년 12월): 321-329.
    https://www.sciencedirect.com/science/article/abs/pii/S027249
    4487800051.

2   캐서린 타일러Kathryn Tyler. 「The Tethered Generation」, Holy Cross Energy Leadership Academy, 《HR Magazine》, 2007년 5월 1일. https://www.shrm.org/hr-today/news/hr-magazine/pages/0507cover.aspx.

3   존 마크 프로일랜드. 「Parents' Weekly Descriptions of Autonomy Supportive Communication: Promoting Children's Motivation to Learn and Positive Emotions」, 《Journal of Child and Family Studies 24》, no. 1 (2013년 1월): 117-126.

4   리처드 A. 페이브스, 짐 풀츠Jim Fultz, 낸시 아이센버그Nancy Eisenberg 외. 「Effects of Rewards on Children's Prosocial Motivation: A Socialization Study」, 《Developmental Psychology 25》, no. 4 (1989년 7월): 509-515.

5   세계경제포럼. 「2015-2016 국가 경쟁력 보고서」. 클라우스 슈왑Klaus Schwab (2016 제네바 세계경제포럼).

6   가이 루비오. 인발 아리엘리와 인터뷰 중, 텔아비브, 2015년 5월.

7   아디 샤라바니. 인발 아리엘리와 인터뷰 중, 텔아비브, 2016년 7월.

8   에리카 란다우 연구소. 에리카 란다우 연구소 홈페이지. http://ypipce.org.il/?page_id=11.

9   란 발리에 교수. 인발 아리엘리와 인터뷰 중, 텔아비브, 2018년 11월.

06   값진 실패

1   제리 유심. 「Failure: The Secret of My Success」, 1998년 5월 1일.

2   제리 유심. 「The Secret of My Success」, 《United Marine Publications 20》, no. 6 (1979).

3   마이클 조던, Wikiquote, https://en.wikiquote.org/wiki/Michael_Jordan.

4   로라 M. 밀Laura M. Miele. 「The Importance of Failure: A Culture of False Successes」, 《사이콜로지 투데이》, 2015년 3월 12일.

https://www.psychologytoday.com/blog/the-whole-athlete/ 201503/
the-importance-failure-culture-false-success.

5   캐서린 타일러. 「The Tethered Generation」, Holy Cross Energy
Leadership Academy, HR Magazine, 2007년 5월 1일.
https://www.shrm.org/hr-today/news/hr-magazine/pages/ 0507cover.
aspx.

6   애덤 다치스Adam Dachis. 「The Psychology Behind the Importance of
Failure」, 《라이프해커Life-Hacker》, 2013년 1월 22일.
http://lifehacker.com/5978096/the-psychology-behind-the-importance-
of-failure.

7   빈스 롬바르디. Good Reads.
https://www.goodreads.com/quotes/31295-it-is-not-whether-you-got-
knocked-down-it-is-whether-you.

07 확실한 불확실성

1   인터네이션스. 「엑스파트 인사이더Expat Insider」. 2018년 가족생활지수.
https://www.internations.org/expat-insider/2018/family-life-
index-39591.

2   켈리 맥고니걸. 「How to Make Stress Your Friend」, TED 'Ideas Worth
Spreading', 영상 파일, 2013년 6월.
https://www.ted.com/talks/kelly_mcgonigal_how_to_make_stress_
your_friend/transcript?language=en#t-530180.

08 위기관리능력

1   미국 보이스카우트. Youth. https://www.scouting.org/.

2   스카우트. Scouts Be Prepared. http://scouts.org.uk/home/.

3   조핌. Who We Are.

http://www.zofim.org.il/magazin_item.asp?item_
id=696909405721&troop_id=103684.

4 타시 벤 요세프. 시라 리벨리스와 인터뷰 중, 텔아비브, 2016년 9월/ 10
   월.

5 키스 소이어. 「Improvisational Creativity as a Model for Effective
   Learning」, 《Improvisation: Between Technique and Spontaneity》 중,
   마리나 산티Marina Santi 편집 (Newcastle upon Tyne: Cambridge Scholars
   Publishing, 2010), 135-153.

6 야이르 세루시. 인발 아리엘리와 인터뷰 중, 텔아비브, 2018년 11월.

7 야누슈 코르착. 「9 tzitutim meorerey hashra'a shel Janusz Korczak,
   ha'mechanech haultimativy」.
   https://www.eol.co.il/articles/323#, accessed February 2019.

8 나르키스 알론. 시라 리벨리스와 인터뷰 중, 텔아비브, 2016년 9월.

09 스스로 하는 힘

1 타라 리플랜드Tara Lifland. 「Krembo Wings: A Youth Movement Led by
   Children for Disabled Children」, 《노카멜스NoCamels》, 2012년 12월 12일.
   http://nocamels.com/2012/12/krembo-wings-a-social-movement-led-
   by-children-for-disabled-children/.

2 샤린 피셔. 시라 리벨리스와 인터뷰 중, 텔아비브, 2016년 19월.

3 다르야 헤니그 샤케드. 인발 아리엘리와 인터뷰 중, 2017년 6월.

4 사기 바르. 인발 아리엘리와 인터뷰 중, 텔아비브, 2016년 7월.

10 쉼표

1 바버라 밤베르거. 「Volunteer Service Draws Israeli Teens Before They
   Start Stints in Military」, 《태블릿》, 2013년 6월 7일.
   http://www.tabletmag.com/jewish-life-and-religion/133955/volunteer-

service-israeli-teens.

2   이즈하르 샤이, 시르 샤이. 시라 리벨리스와 인터뷰 중, 텔아비브, 2016년 7월.

11 인적 자본

1   위키피디아. '이스라엘 방위군' https://en.wikipedia.org/wiki/Israel_Defense_Forces.

12 문화

1   앤서니 켈렛. 《Combat Motivation: The Behavior of Soldiers in Battle》, 제임스 P. 이그니지오James P. Ignizio 편집 (Dordrecht: Springer Netherlands, 1982).

2   세르지오 카티그나니. 「Motivating Soldiers: The Example of the Israeli Defense Forces」, 《파라미터스*Parameters*》 (2004년 가을): 108-121. http://strategicstudiesinstitute.army.mil/pubs/parameters/articles/04autumn/catignan.pdf.

3   로널드 크렙스. 「A School for the Nation? How Military Service Does Not Build Nations, and How It Might」, 《International Security 28》, no. 4 (2004): 85-124.

4   루이스 D. 윌리엄스. 《The Israel Defense Forces: A People's Army》 (New York: Authors Choice Press, 2000).

5   모셰 셰이러. 「Rehabilitation of Youth in Distress through Army Service: Full, Partial, or Non-Service in the Israel Defense Forces—problems and Consequences」, 《Child & Youth Care Forum 27》, no. 1 (1998): 39-58.

6   오리 스웨드, 존 시블리 버틀러. 「Military Capital in the Israeli Hi-tech Industry」, 《Armed Forces & Society 41》, no. 1 (2015): 123-141.

7   닐 렘퍼트. 시라 리벨리스와 인터뷰 중, 텔아비브, 2017년 2월 12일.

13 관리

1   에드워드 루트왁. 《Start-up Nation: The Story of Israel's Economic Miracle》, 댄 세너Dan Senor 사울 싱어Saul Singer 편집 (New York: Hachette Book Group, 2009), 53-58.

2   나답 자프리르. 인발 아리엘리와 전화 인터뷰 중, 2018년 10월.

3   야길 레비. 「The Essence of the Market Army」, 《Public Administration Review 70》, no. 3 (2010): 378-389.

4   팀 카스텔. 「Hierarchy Is Overrated」, 《하버드 비즈니스 리뷰》, 2013년 11월 20일, https://hbr.org/2013/11/hierarchy-is-overrated.

5   제이슨 프라이드. 「Why I Run a Flat Hierarchy」, 《잉크》, 2011년 4월. http://www.inc.com/magazine/20110401/jason-fried-why-i-run-a-flat-company.html.

6   크리스티 라코치. 「Advantages of a Flat Organizational Structure」, Love to Know, 2010년 8월. http://business.lovetoknow.com/wiki/Advantages_of_a_Flat_Organizational_Structure.

7   파스칼 엠마누엘 고브리. 「7 Steps the US Military Should Take to Be More Like the IDF」, 《포브스》, 2014년 8월 25일. http://www.forbes.com/sites/pascalemmanuelgobry/2014/08/25/7-steps-the-us-military-should-take-to-be-more-like-the-idf/#741acd8ef834.

14 임기응변과 최적화

1   노암 샤론. 시라 리벨리스와 전화 인터뷰 중, 2016년 10월.

2   유리 바인헤버. 인발 아리엘리와 인터뷰 중, 텔아비브, 2017년 8월.

3   버스틸Verstill의 공동창립자이자 최고경영자, 이스라엘 공군 예비군 장교 마탄 에드비와 공저.

4   스티븐 프레스필드. 《The Lion's Gate: On the Front Lines of the Six Day War》 (New York: Penguin Publishing Group, 2015).

5   조지 P. 허버, 윌리엄 H. 글릭 외. 《Organizational Change and Redesign》 (Oxford: Oxford University Press, 1995).

6   길버트 라일. 「Improvisation」, 《Mind 85》, no. 337 (1976): 69-83.

7   칼 E. 와익. 「Introductory Essay—improvisation as a Mindset for Organizational Analysis」, 《Organization Science 9》, no. 5 (1998): 543-555.

8   크리스틴 무어먼, 앤 S. 마이너. 「Organizational Improvisation and Organizational Memory」, 《Academy of Management Review 23》, no. 4 (1998년 10월): 698-723.

15   네트워크 활용

1   세계경제포럼. 「The Future of Jobs: Employment, Skills and Workforce Strategy for the Fourth Industrial Revolution」, Global Challenge Insight Report, 2016년 1월.

2   도브 모란. 인발 아리엘리와 인터뷰 중, 텔아비브, 2016년 9월.

16   개방성

1   유럽연합통계국. 「International Migration」, 유럽연합, 2017년. https://unstats.un.org/unsd/demographic/sconcerns/migration/migrmethods.htm.

2   쉬무엘 슐만. 「The Extended Journey and Transition to Adulthood: The Case of Israeli Backpackers」, 《Journal of Youth Studies 9》, no. 2 (2006년 5월): 231-246.

3   헤르브 케이논. 「Using the Power of Israeli Backpackers to Help the World」, 《예루살렘 포스트》, 2016년 10월 17일.

http://www.jpost.com/Israel-News/Using-the-power-of-Israeli-backpackers-to-help-the-world-470232.

4   야스민 루카츠. 인발 아리엘리와 인터뷰 중, 텔아비브, 2017년 6월.

5   다르야 헤니그 샤케트. 인발 아리엘리와 인터뷰 중, 텔아비브, 2017년 6월.

6   2018년 인적 자본 조사 보고서. 이스라엘 혁신청.

     https://www.dropbox.com/s/2cesfwevfpddgem/2018%20Human%20Capital%20Report.pdf?dl=0.

17   이히예 베세데

1. 이마드 텔하미. 인발 아리엘리와 인터뷰 중, 텔아비브, 2018년 11월.

2. 케미 페레스. 인발 아리엘리와 인터뷰 중, 텔아비브, 2017년 11월.

Bibliography
참고문헌

에릭 에이브러햄슨Eric Abrahamson, 데이비드 H. 프리드먼David H. Freedman.
《A Perfect Mess: The Hidden Benefits of Disorder—How Crammed
Closets, Cluttered Offices, and On-the-Fly Planning Make the World a
Better Place》. New York: Little, Brown, 2006.

오퍼 아데렛Ofer Aderet. 「Erika Landau, Educator Who Stressed Learning
through Emotion, Dies」《하아레츠*Haaretz*》, 2013년 8월 6일. http://
www. haaretz. com/israel-news/1. 540088.

나르키스 알론Narkis Alon. 시라 리벨리스Shira Rivelis와 인터뷰 중. 2016년 9월.

야니브 알트슐러Yaniv Altshuler. 「Complex Networks」《소셜 피직스*Social Physics*》,
2014년 1월 15일 http://socialphysics. media. mit. edu/blog/2015/8/4/
complex-networks.

——. 「Hubs and Centers of Information」. 《소셜 피직스》, 2014년 1월 19일.
http://socialphysics. media. mit. edu/blog/2015/8/4/hubs-and-centers-
of-information.

——. 「Networks. 」《소셜 피직스》, 2014년 1월 14일. http://socialphysics. media.
mit. edu/blog/2015/8/4/networks.

——. 「Six Degrees of Separation」. 《소셜 피직스》, 2014년 1월 18일. http://
socialphysics. media. mit. edu/blog/2015/8/4/six-degrees-of-
separation-1.

——. 「Small World Networks」. 《소셜 피직스》, 2014년 1월 17일. http://

socialphysics. media. mit. edu/blog/2015/8/4/small-world-networks.

Amplifier. 「Krembo Wings: A Youth Movement for Children with and without Disabilities」. https://www. krembo. org. il/.

스튜어트 앤더슨Stuart Anderson. 「40 Percent of Fortune 500 Companies Founded by Immigrants or Their Children」.《포브스》, 2011년 6월 19일. http://www. forbes. com/sites/stuartanderson/2011/06/19/40-percent-of-fortune-500-companies-founded-by-immigrants-or-their-children/#13f9c6827a22.

인발 아리엘리의 인터뷰. 요나탄 아디리Yonatan Adiri, 2018년 12월, 텔아비브.

——. 란 발리서Ran Balicer 교수, 2018년 11월, 텔아비브.

——. 가이 프랭클린Guy Franklin, 2017년 6월.

——. 미카 커프만Micha Kaufman, 2018년 9월, 텔아비브.

——. 케미 페레스Chemi Peres, 2017년 11월, 텔아비브.

——. 키라 라딘스키Kira Radinsky, 2018년 9월, 텔아비브.

——. 가이 루비오Guy Ruvio, 2015년 5월, 텔아비브.

——. 야이르 세루시Yair Seroussi, 2018년 11월, 텔아비브.

——. 다르야 헤니그 샤케드Darya Henig Shaked, 2017년 6월.

——. 아디 샤라바니Adi Sharabani, 2016년 7월, 텔아비브.

——. 웬디 싱어Wendy Singer, 2018년 6월, 예루살렘.

——. 유리 와인허버Uri Weinheber, 2017년 8월, 텔아비브.

——. 나다브 자프리르Nadav Zafrir, 2018년 10월, 통화.

세르비아 육군. 「Quelle carriere a l'armee de Terre」. https://www. sengager. fr/decouvrez-larmee-de-terre/nos-parcours.

J. 젠슨 아넷J. Jensen Arnett.《Debating Emerging Adulthood: Stage or Process?》. New York: Oxford University Press, 2011년.

——.《Emerging Adulthood: The Winding Road from the Late Teens through the Twenties》. Oxford: Oxford University Press, 2014년.

──. 「A Theory of Development from Late Teens through the Twenties」. 《American Psychologist 55》, no. 5 (2000): 469-480.

J. 젠슨 아넷J. Jenson Arnett. 《The Oxford Handbook of Emerging Adulthood》. Oxford: Oxford University Press, 2016년.

시반 아비탄Sivan Avitan 외. 「Junkyard: Part A+B.」 유튜브YouTube 영상. 나티 스트럴Nati Struhl 편집. https://www.youtube.com/watch?v=nk2C5Y6DcrE, https://www.youtube.com/watch?v= hOLxgMAwwas.

바버라 밤베르거Barbara Bamberger. 「Volunteer Service Draws Israeli Teens Before They Start Stints in Military」. 《태블릿Tablet》, 2013년 6월. http://www.tabletmag.com/jewish-life-and-religion/133955/volunteer-service-israeli-teens.

브라이언 K. 바버Brian K Barber. 《Adolescence and War: How Youth Deal with Political Violence》. Oxford: Oxford University Press, 2009년

나마 바르온Naama Bar-On. 「Mechanisms of Chaotic Disorder: Order and Disorder as They Are Created and Alternated by Members of System」. 《아티드넷Atidnet》. http://www.amalnet.k12.il/MADATEC/articles/B7_00003.asp.

폴 T. 바르톤Paul T. Bartone, 에이미 B. 아들러Amy B. Adler. 「Event-Oriented Debriefing Following Military Operations: What Every Leader Should Know」. Research for the Soldier. Washington, DC: USAMRU-E US Army Medical Research Unit-Europe, 2015년.

아다 베커Ada Becker, 리지 다비디Lizi Davidi. 「Organizing the Educational Environment」. http://www.gilrach.co.il, 2000년 7월.

기팃 벤하임Gitit Ben-Haim. 「Junkyard」. http://web.macam.ac.il/~tamarli/gitit/index.htm.

타시 벤 요세프Tashi Ben Yosef. 시라 리벨리스와 인터뷰 중. 2016년 9월/10월, 텔아비브.

데이비드 베르코비츠David Berkowitz. 「1.6 Degrees of Separation」. 《소셜 미디어 인사이더Social Media Insider》, 2012년 6월 5일. https://www.mediapost. com/publications/article/176182/16-degrees-of-separation.html.

아비브 베르텔Aviv Bertele. 「Mechaker: Tiyul acharei ha-tzvah machria b'bchirat to'ar」. 《와이넷Ynet》, 2014년 2월 26일. http://www.ynet.co.il/ articles/0,7340,L-4492098,00.html.

스므리티 바갓Smriti Bhagat 외. 「Three and a Half Degrees of Separation」. 페이스북Facebook, 2016년 2월 4일. https://research.fb.com/three-and-a-half-degrees-of-separation/.

레라 보로딧스키Lera Boroditsky. 「How Does Our Language Shape the Way We Think?」. 《엣지Edge》, 2009년 11월 6일. https://www.edge.org/ conversation/lera_boroditsky-how-does-our-language-shape-the-way-we-think.

Boundless Management. 《Flattening Hierarchies》. 2016년 5월. http:// oer2go.org/mods/en-boundless/www.boundless.com/business/ textbooks/boundless-business-textbook/organizational-structure-9/ trends-in-organization-68/flattening-hierarchies-321-3983/index.html/.

미국 보이스카우트 연맹. The Adventure Plan (TAP). https://bsatap.org/.

영국 육군 장교 모집 단계. https://apply.army.mod.uk/how-to-join/joining-process/officer-recruitment-steps.

데이비드 브로뎃David Brodet. 「Israel 2028 Vision Strategy for Economy and Society in a Global World」. Israel Science and Technology Commission and Foundation, 2008년 3월.

벤슨 브래드포드 브라운Benson Bradford Brown, T. S. 사라즈와티T. S. Saraswati. 《The World's Youth: Adolescence in Eight Regions of the World》. Cambridge: Cambridge University Press, 2002년.

에리카 브라운Erika Brown. 「Swallow This」. 《포브스》, 2002년 6월 10일 https://

www.forbes.com/forbes/2002/0610/139.html.

안나 이자벨라 브르제진스카Anna Izabela Brzezińzska. 「Becoming an Adult—contexts of Identity Development」. 《Polish Psychological Bulletin》 44, no. 3 (2013): 239-244.

마틴 부버Martin Buber, 로널드 그레고르 스미스Ronald Gregor Smith. 《Between Man and Man》. London: Routledge, 2002년.

라이언 W. 부엘Ryan W. Buell, 조슈아 D. 마르골리스Joshua D. Margolis, 마곳 에이런 Margot Eiran. 「Babcom: Opening Doors」. Harvard Business School Case 418-026, 2018년 6월.

노동통계국. 기업가정신과 미국 경제. 경영 고용 지표, 2016년 4월 28일. https://www.bls.gov/bdm/entrepreneurship/entrepreneurship.htm.

세르조 카티그나니Sergio Catignani. 《Motivating Soldiers: The Example of the Israeli Defense Forces》. Parameters (US Army War College Quarterly) 34, no. 3 (2004년 가을): 108-121. https://ssi.armywarcollege.edu/pubs/parameters/articles/04autumn/catignan.pdf.

CBS. 2011-2016년 이스라엘 스타트업. 이스라엘 스타트업 관련 CBS 데이터베이스. 2018년 5월 21일.

중앙통계청. 「Se'i b'mispar ha-yetziotl'kh ul: 9.5 milion yetziot」 (「출국 항공편 기록: 총 950만 회」). http://www.cbs.gov.il/reader/newhodaot/hodaa_template.html?hodaa=201628007.

샤하르 차이Shahar Chai. 「Shnat Sherut in Jeopardy: 18-Year-Olds Will Not Volunteer before the Army?」. 《와이넷》 2015년 8월. http://www.ynet.co.il/articles/0,7340,L-4691482,00.html.

노이 차임Noy Chaim. 「This Trip Really Changed Me: Backpackers' Narratives of Self-Change」. Annals of Tourism Research 31, no. 1 (2004): 78-102.

———. 「'You Must Go Trek There': The Persuasive Genre of Narration among Israeli Backpackers」. Narrative Inquiry 12, no. 2 (2002): 261-190.

아르자 처치먼Arza Churchman, 아브라함 워치먼Avraham Wachman. 《Kibbutz-Children Who Volunteer for a Shnat-Sherut in the Youth-Movement in the City: The Characteristics of the Experience and Its Influence on the Process of Maturation》. Kibbutz Education in Its Environment, 유발 드로어Yuval Dror 편집. Ramot: Tel Aviv University, 1997년.

E. 콜레오니E. Colleoni, A. 아르비드슨A. Arvidsson. 「Knowledge Sharing and Social Capital Building. The Role of Co-Working Spaces in the Knowledge Economy in Milan」. Unpublished report. Municipality of Milan: Office for Youth, 2014년.

마틴 코린Martine Corijn, 에릭 클리징Erik Klijzing. 《Transitions to Adulthood in Europe》. Dordrecht: Springer Science & Business Media, 2001년.

애덤 다치스Adam Dachis. 「The Psychology behind the Importance of Failure」. Life-Hacker, 2013년 1월 22일. http://lifehacker.com/5978096/the-psychology-behind-the-importance-of-failure.

크리스 대넌Chris Dannen. 「Inside GitHub's Super-Lean Management Strategy—and How It Drives Innovation」. Fast Company, 2013년 10월 18일. https://www.fastcompany.com/3020181/open-company/inside-githubs-super-lean-management-strategy-and-how-it-drives-innovation.

예체즈켈 다르Yechezkel Dar, 숄 킴히Shaul Kimhi. 「Military Service and Self-Perceived Maturation among Israeli Youth」. Journal of Youth and Adolescence 30, no. 4 (2001): 427-448.

Debriefing. 「A Quick Overview of Various Debriefing Techniques」. 2017년. http://www.debriefing.com/debriefing-techniques/.

딜로이트 디벨롭먼트Deloitte Development. 《2015 Global Venture Capital Confidence Survey Results: How Confident Are Investors?》 New York: Deloitte, 2015년.

제니스 데네그리노트Janice Denegri-Knot, 엘리자베스 파슨스Elizabeth Parsons. 「Disordering Things」. Journal of Consumer Behavior 13 (2014): 89-98.

라파엘라 디 스키에나Raffaella Di Schiena, 기르트 레텐스Geert Letens, 에일린 반 아켄Eileen van Aken, 제니퍼 패리스Jennifer Farris. 「Relationship between Leadership and Characteristics of Learning Organizations in Deployed Military Units: An Exploratory Study」. Administrative Sciences 3 (2013): 143-165.

나다브 도프먼 구르Nadav Doffman-Gour. 「Matana mi-shomayim: pituchei ha-chalal shekvasu et kadur ha-aretz」(「위에서 내려온 선물: 우주개발, 지구를 휩쓸다」). 《긱타임Geektime》, 2011년 9월. http://www.geektime.co.il/nasa-tech-on-earth/.

모르 드보르킨 포겔만Mor Dvorkin-Pogelman. 「Children's Books: The Gangs Are Back on the Shelves」. City Mouse, 2014년 6월 30일. http://www.mouse.co.il/CM.articles_item,608,209,76376,.aspx.

자프라 드웩Tzafra Dweck. 「Comparative Study of American and Israeli Teenagers' Attitudes toward Death」. Master's thesis, North Texas State University, 1975년.

노엘 딕Noel Dyck, 아미트 베레드Amit Vered. 《Young Men in Uncertain Times》. New York: Berghahn Books, 2012년.

캐서린 엑셀스톤Kathryn Ecclestone, 게르트 비에스타Gert Biesta, 마틴 휴스Martin Hughes. 《Transitions and Learning through the Life Course》. New York: Routledge, 2010년.

이코노미스트 스태프Economist Staff. 「Culture Shock for French Immigrants—in French Canada」. 《이코노미스트Economist》, 2017년 5월 4일. http://www.economist.com/news/americas/21721675-mutual-incomprehension-takes-newcomers-surprise-culture-shock-french-immigrantsin-french.

EISP. 「8200 EISP 2017」. http://www.eisp.org.il/en/home.

립 엠프슨Rip Empson. 「Startup Genome」. TechCrunch, Startup Ecosystem Report 2012. 2019년 3월 26일. https://techcrunch.com/2012/11/20/startup-genome-ranks-the-worlds-top-startup-ecosystems-silicon-valley-tel-aviv-l-a-lead-the-way/.

에리카 란다우 연구소Erika Landau Institute. The Erika Landau Institute Home Page http://ypipce.org.il/?page_id=11.

리처드 A. 페이브스Richard A. Fabes. 「Effects of Rewards on Children's Prosocial Motivation: A Socialization Study」. Developmental Psychology 25, no. 4 (1989년 7월): 509-515.

스테파니 페른하버Stephanie Fernhaber, 패트리샤 P. 맥두걸Patricia P. Mcdougall. 「New Venture Growth in International Markets: The Role of Strategic Adaptation and Networking Capabilities」. 《International Entrepreneurship》 중, 딘 A. 셰퍼드Dean A. Shepard 편집, 111-115. New York: Emerald Insight Publishing, 2015년.

스탠리 피셔Stanley Fischer. 「Stanley Fischer: The Openness of Israel's Economy to the Global Economy and the Importance of Israel's Joining the OECD」. Globes Business Conference, 2006년 12월 11일.

샤린 피셔Sharin Fisher. 시라 리벨리스와 인터뷰 중. 2016년 10월, 텔아비브.

잉군 피요르토프트Ingunn Fjørtoft. 「The Natural Environment as a Playground for Children: The Impact of Outdoor Play Activities in Pre-Primary School Children」. Early Childhood Education Journal 29, no. 2 (2001): 111-117.

제이슨 프라이드Jason Fried. 「Why I Run a Flat Hierarchy」. Inc., 2011년 4월. http://www.inc.com/magazine/20110401/jason-fried-why-i-run-a-flat-company.html.

론 프리드먼Ron Friedman. 「Buffet: 'Israel Has a Disproportionate Amount of Brains」. 《예루살렘 포스트Jerusalem Post》, 2010년 10월 13일. https://

www.jpost.com/Business/Business-News/Buffett-Israel-has-a-disproportionate-amount-of-brains.

존 마크 프로일랜드John Mark Froiland. 「Parents' Weekly Descriptions of Autonomy Supportive Communication: Promoting Children's Motivation to Learn and Positive Emotions」. Journal of Child and Family Studies 24, no. 1 (2013년 1월): 117-126.

야엘 가톤Yael Gaaton. 「Children Do Grow on Trees: Children in Mitzpe Ramon and the 'Forest Kindergarten'」. 《왈라 뉴스Walla News》, 2016년 4월 19일. http://news.walla.co.il/item/2954044.

레우벤 갈Reuven Gal. 《A Portrait of the Israeli Soldier》. New York: Greenwood Press, 1986년.

《긱타임Geektime》. 2015년 연간 보고서: 「Startups and Venture Capital in Israel」. 《긱타임》, 2016년 1월. http://www.geektime.com/2016/01/11/annual-report-2015-startups-and-venture-capital-in-israel/.

비비안 장Vivian Giang. 「What Kind of Leadership Is Needed in Flat Hierarchies」. 《패스트컴퍼니》, 2015년 5월. https://www.fastcompany.com/3046371/the-new-rules-of-work/what-kind-of-leadership-is-needed-in-flat-hierarchies.

낸시 깁스Nancy Gibbs. 「The Growing Backlash against Overparenting」. 《타임Time》, 2009년 11월. http://content.time.com/time/magazine/article/0,9171,1940697,00.html.

《글로브스Globes》. 「How Israeli High-Tech Happened」. 《글로브스》, 2003년 8월 28일. http://www.globes.co.il/en/article-258771.

파스칼 엠마누엘 고브리Pascal-Emmanuel Gobry. 「7 Steps the US Military Should Take to Be More Like the IDF」. 《포브스》 2014년 8월 25일. http://www.forbes.com/sites/pascalemmanuelgobry/2014/08/25/7-steps-the-us-military-should-take-to-be-more-like-the-idf/#741acd8ef834.

조이 고데시아보이스Joy Godesiabois. 「Network Analysis in an International Entrepreneurial Environment」. 《International Entrepreneurship》, 딘 A. 셰퍼드Dean A. Shepard 편집, 137-164. New York: Emerald Group Publishing, 2015년.

앤드류 골드버그Andrew Goldberg. 「Democratizing Corporate Innovation: Why Top Down Rarely Works」. 《인더스트리위크IndustryWeek》, 2012년 3월 27일. http://www.industryweek.com/global-economy/democratizing-corporate-innovation-why-top-down-rarely-works.

폴 그레이엄Paul Graham. 「What It Takes」. 《포브스》, 2010년 10월 20일. https://www.forbes.com/forbes/2010/1108/best-small-companies-10-y-combinator-paul-graham-ask-an-expert.html#22e0cc71acad.

피터 그래이Peter Gray. 《Free to Learn: Why Unleashing the Instinct to Play Will Make Our Children Happier, More Self-Reliant, and Better Students for Life》. New York: Better Books, 2013년.

페넬로페 그린Penelope Green. 「Saying Yes to Mess」. 《뉴욕타임스》, 2006년 12월 21일. http://www.nytimes.com/2006/12/21/garden/21mess.html?pagewanted=print&_r=1.

미리 그레이Miri Grey. 「War Room」. 《마코Mako》, 2011년 10월 29일. http://www.mako.co.il/home-family-kids/education/Article-2ddf7ac34f05811004.htm.

말카 하스Malka Haas. 「Children in the Junkyard」. Association for Childhood Education International 73, no. 1 (1996): 345-351.

로저 하트Roger Hart. 「Environmental Psychology or Behavioral Geography? Either Way It Was a Good Start」. Journal of Environmental Psychology 7, no. 4 (1987년 12월): 321-329. https://www.science direct.com/science/article/abs/pii/S0272494487800051.

데일 F. 헤이Dale F Hay. 「Peer Relations in Childhood」. Journal of Child

Psychology and Psychiatry 45, no. 1 (2004): 84-108.

기르트 호프스테드Geert Hofstede. 「Individualism」. Clearly Cultural: Making Sense of Cross Cultural Communication http://www.clearlycultural. com/geert-hofstede-cultural-dimensions/individualism/.

——. 「What about Israel?」. Hofstede Insights International. 2019년 3월 26일. https://www.hofstede-insights.com/country/israel/.

올라프 홀자펠Olaf Holzapfel, 갈리아 바오르Galia Bar-Or. 「Interview with Malka Haas and Kloni Haas」. Vimeo. https://vimeo.com/156767854.

숄 혼Shaul Hon. 「Let the Kid Search for Himself」. Historical Jewish Press, 1970년 7월 8일. http://jpress.org.il/Olive/APA/NLI_Heb/SharedView. Article.aspx?parm=W8f1VbCHvN1uSmXtkCP8KMqD7PhWKQy88Y1Fh 6j%2BCCgDSkTk%2FQ4AZWJQgR1457%2B2Yw%3D%3D&mode=imag e&href=MAR%2f1970%2f07%2f08&page=13&rtl=true Maariv.

매튜 J. 혼지Matthew J. Hornsey, 욜란다 제튼Jolanda Jetten. 「The Individual within the Group: Balancing the Need to Belong with the Need to Be Different」. Personality and Social Psychology Review 8, no. 3 (2004): 248-264.

폴 하워드 존스Paul Howard-Jones, 제인 테일러Jayne Taylor, 레슬리 서튼Lesley Sutton. 「The Effect of Play on the Creativity of Young Children during Subsequent Activity」. Early Child Development and Care 172, no. 4 (2002): 323-328.

조지 P. 후버George P. Huber, 윌리엄 H. 글릭William H. Glick 외. Organizational Change and Redesign.

Oxford: Oxford University Press, 1995년. 엘리 후르비츠Eli Hurvitz. 「LinkedIn Profile for Eli Hurvitz」. 《링크드인LinkedIn》, 2018년. https://www. linkedin.com/pulse/talent-chutzpah-hard-truth-eli-hurvitz.

ICON. 「Bridging the Israeli and Silicon Valley Tech Ecosystems」. 2017년.

http://www.iconsv.org/.

Institution of Society and Youth, Ministry of Education. 2019년 3월 26
  일. http://cms.education.gov.il/EducationCMS/Units/Noar/
  TechumeiHaminhal/ChinuchChevrathi/TenuothNoar.htm.

인터네이서스. 「The Best Destinations for Expat Families」. Expat Insider,
  2018. https://www.internations.org/expat-insider/2018/family-life-
  index-39591.

——. 「Family Life Index」. Family Life Index 2016년. https://
  inassets1-internationsgmbh.netdna-ssl.com/static/bundles/
  internationsexpatinsider/images/2016/reports/family_life_index_full.
  jpg.

이스라엘혁신청. https://innovationisrael.org.il/en/.

——. 「Israel Innovation Authority Launches Incentive Program for Female-
  Led Startups.」https://innovationisrael.org.il/en/news/israel-innovation-
  authority-launches-incentive-program-female-led-startups. 2019년 2월.

IVC Research Center and ZAG S&W Zysman, Aharoni, Gayer & Co. Quarterly
  report, Q1 2018.

——. 「Summary of Israeli High-Tech Company Capital Raising—2018」. https://
  www.ivc-online.com/Portals/0/RC/Survey/IVC_Q4-18%20Capital%20
  Raising_Survey_Final.pdf.

일라 제로넨Eila Jeronen, 주하 제로넨Juha Jeronen. 「Outdoor Education in Finnish
  Schools and Universities」. Studies of Socio-Economic and Humanities 2
  (2012): 152-160.

Joint Council of Pre-Military Academies (Mechinot). 「Home—the Joint Council
  of Mechinot」. http://mechinot.org.il.

조나단 카플란Jonathan Kaplan. 「The Role of the Military in Israel」. Jewish
  Agency for Israel, 2015년. http://www.jewishagency.org/society-and-

politics/content/36591.

팀 카스텔Tim Kastelle. 「Hierarchy Is Overrated」. Harvard Business Review,
2013년 11월 20일. https://hbr.org/2013/11/hierarchy-is-overrated.

허브 케이논Herb Keinon. 「Using the Power of Israeli Backpackers to Help the
World」.《예루살렘 포스트Jerusalem Post》, 2016년 10월 17일. http://www.
jpost.com/Israel-News/Using-the-power-of-Israeli-backpackers-to-
help-the-world-470232.

앤서니 켈렛Anthony Kellett.《Combat Motivation: The Behavior of Soldiers in
Battle》, 제임스 P. 이그니지오James P. Ignizio 편집. Dordrecht: Springer
Netherlands, 1982년.

라이언 켈티Ryan Kelty, M. 클레이캄프M. Kleykamp, D. R. 세갈D. R. Segal. 「The
Military and the Transition to Adulthood」. The Future of Children 20,
no. 1 (2010): 181-201.

이브야타르 키르시버그Evyatar Kirshberg, 탈 엔셀만Tal Enselman. 「Khevrot ha-
zanek (start-up) b'yisrael 2010-2015: mi-motza'im rishonim mitokh basis
ha-netunim al khevrot hazanek b'yisrael」(「2010-2015 이스라엘 스타트
업: 이스라엘 스타트업 관련 데이터베이스」). 중앙통계청, 2016년 9월 11일:
1-12. http://www.finance-inst.co.il/image/users/171540/ftp/my_files/
xx/29_16_278b.pdf?id=28551085.

리나트 코르벳Rinat Korvet, 야니브 펠드만Yaniv Feldman, 아나르 라본Anar Ravon.
「Temunat matzav: sichum shnat 2015 b'stzinat ha-startupim v'ha-hon
b'yisrael」(「현황 보고: 2015년 이스라엘의 스타트업 및 벤처캐피털 현황 요
약」).《긱타임》, 2016년 1월 6일. http://www.geektime.co.il/geektime-
zirra-2015-startups-report/.

킴 코벨Kim Kovelle. 「Tips to Teach Kids How to Build a Campfire」.《메트로페
어런트Metro Parent》, 2018년 7월 27일. http://www.metroparent.com/
daily/family-activities/camping/build-campfire-tips-teach-kids/.

로널드 크렙스Ronald Krebs. 「A School for the Nation? How Military Service Does Not Build Nations, and How It Might」. 《International Security 28》, no. 4 (2004): 85-124.

지바 쿤다Ziva Kunda, 샬롬 H. 슈와르츠Shalom H. Schwartz. 「Undermining Intrinsic Moral Motivation: External Reward and Self-Presentation」. 《Journal of Personality and Social Psychology 45》, no. 4 (1983): 763-171. http://psycnet.apa.org/doiLanding?doi=10.1037%2F0022-3514.45.4.763.

로렌스 커트너Lawrence Kutner. 「Neatness Has Its Price: Experts: Messy Rooms No Cause for Alarm」. 《개드스든 타임스Gadsden Times》, 1992년 3월 17일. https://news.google.com/newspapers?nid=1891&dat=19920317&id=HrZGAAAAIBAJ&sjid=8f0MAAAAIBAJ&pg=5859,1888167&hl=en.

자한 라크하니Jahan Lakhani, 앨릭스 헤이든Alix Hayden, 카렌 벤지스Karen Benzies. 「Attributes of Interdisciplinary Research Teams: A Comprehensive Review of the Literature」. 《Clinical and Investigative Medicine 35》, no. 5 (2012): E260-265.

LEAD. 「The Art of Human Diamond Polishing」. http://lead.org.il/en/.

다니엘 레프코비츠Daniel Lefkovitz. 《Words and Stones: The Politics of Language and Identity in Israel》. Oxford: Oxford Scholarship Online, 2011. http://www.oxfordscholarship.com/view/10.1093/acprof:oso/9780195121902.001.0001/acprof-9780195121902.

A. 클라인 라이히만A. Klein Leichman. 「From the Airforce to the Fitting Room」. 《Israel 21st Century》, 2015년 11월 30일. https://www.israel21c.org/from-the-air-force-to-the-fitting-room/.

닐 렘퍼트Nir Lempert. 시라 리벨리스와 인터뷰 중. 2017월 2월 12일, 텔아비브.

다나 S. 레빈Dana S Levin. 「'You're Always First a Girl': Emerging Adult Women, Gender, and Sexuality in the Israeli Army」. 《Journal of Adolescent Research 26》, no. 1 (2011): 3-29.

야길 레비Yagil Levy. 「The Essence of the Market Army」.《Public Administration Review 70》, no. 3 (2010): 378-389.

아미아 리블리히Amia Lieblich.《Transition to Adulthood during Military Service: The Israeli Case》. New York: State University of New York Press, 1989년.

타라 리플랜드Tara Lieblich. 「Krembo Wings: A Youth Movement Led by Children for Disabled Children」.《노카멜스》, 2012년 12월. http://nocamels.com/2012/12/krembo-wings-a-social-movement-led-by-children-for-disabled-children/.

Light of Education. 「A Light of Education—Springboard for Excellence」. http://www.ore.ngo/.

사미미안 다라쉬 리모르Samimian-Darash Limor. 「Practicing Uncertainty: Scenario-Based Preparedness Exercises in Israel」.《Cultural Anthropology 31》, no. 3 (2016). https://journal.culanth.org/index.php/ca/article/view/ca31.3.06.

야스민 루카츠Yasmin Lukatz. 시라 리벨리스와 인터뷰 중. 2017년 6월.

에드워드 루트웍Edward Luttwak.《Start-up Nation: The Story of Israel's Economic Miracle》. 댄 세너, 사울 싱어 편집. 53-58. New York: Hachette Book Group, 2009년.

오렌 마제르Oren Majer. 「Erika Landau—the Woman Who Taught Us All to Ask Questions」.《마커Marker》, 2011년 12월 22일. http://www.themarker.com/markerweek/markeryear/1.1596242.

존 마르코프John Markoff, 소미니 센굽타Somini Sengupta. 「Separating You and Me? 4.74 Degrees」.《뉴욕타임스》, 2011년 11월 21일. http://www.nytimes.com/2011/11/22/technology/between-you-and-me-4-74-degrees.html?_r=0.

루에프 마틴Ruef Martin.《The Entrepreneurial Group: Social Identities,

330

Relations, and Collective Action. Princeton》, NJ: Princeton University Press. 2010년.

수전 J. 매트Susan J. Matt. 《Homesickness: An American History》. Oxford: Oxford University Press, 2011년.

존 C. 맥스웰John C. Maxwell. 《Developing the Leader within You 2.0》. New York: Harper-Collins Leadership, 2018년.

오프라 메이슬리스Ofra Mayseless. 「Growing Up in Israel: Positions and Values of Israeli Youth in the Last Decade」. 《Educational Consult 5》 (1998): 87-102.

오프라 메이슬리스, 일란 하이Ilan Hai. 「Leaving Home Transition in Israel: Changes in Parent-Adolescent Relationships and Adolescents' Adaptation to Military Service」. 《International Journal of Behavioral Development 22》, no. 3 (1988): 589-609.

오프라 메이슬리스, 미리 슈아프Miri Scharf. 「What Does It Mean to Be an Adult? The Israeli Experience」. 《Exploring Cultural Conceptions of the Transitions to Adulthood: New Directions for Child and Adolescent Development》, 제프리 젠슨 아넷Jeffrey Jensen Arnett, 낸시 L. 갈람보스Nancy L. Galambos 편집, 5-21. New York: Jossey-Bass, 2003년.

켈리 맥고니걸Kelly McGonigal. 「How to Make Stress Your Friend」. TED 'Ideas Worth Spreading', 영상 파일, 2013년 6월. https://www.ted.com/talks/kelly_mcgonigal_how_to_make_stress_your_friend/transcript?language=en#t-530180.

콜레트 L. 미한Colette L Meehan. 「Flat vs. Hierarchical Organizational Structures」. 《스몰 비즈니스 크로니클Small Business Chronicle》, 2019년 2월 12일. http://smallbusiness.chron.com/flat-vs-hierarchical-organizational-structure-724.html.

갈리 메르코비치-슬로커Gali Merkovitch-Sloker. 「The Cyber Trend Takes Over

Youth: Israel Is Leading in the Cyber Field」,《마리브*Maariv*》, 2015년 12 월 29일. http://m.maariv.co.il/news/military/Article-519580.

타티아나 메스테키나Tatyana Mestechkina.「Parenting in Vietnam」,《Parenting across Cultures: Childrearing, Motherhood and Fatherhood in Non-Western Cultures》, 헬렌 셀린Helaine Selin 편집, 45-57. Dordrecht: Springer Netherlands, 2014년.

로라 M. 밀Laura M Miele.「The Importance of Failure: A Culture of False Successes」,《사이콜로지 투데이》, 2015년 3월 12일. https://www. psychologytoday.com/blog/the-whole-athlete/201503/the-importance-failure-culture-false-success.

이스라엘 국방부. Ha-keren v'ha-yichidia lle'hachavanat chayalim meshucharerim. https://www.hachvana.mod.gov.il/Pages/default. aspx.

크리스틴 무어만Christine Moorman, 앤 S. 마이너Anne S. Miner.「Organizational Improvisation and Organizational Memory」,《Academy of Management Review 23》, no. 4 (1998년 10월): 698-723.

이갈 모스코Yigal Mosko.「Meet the Woman Who Invented the Junkyard: An Interview with Malka Haas」,《마코 뉴스*Mako News*》, 2014년 9월 12일. http://www.mako.co.il/news-channel2/Friday-Newscast-q3_2014/ Article-1c57a4e4cca6841004.htm.

브석 모티Bsuk Moti.「Over 8 Million Residents in Israel; 70% Tzabars」,《마커》, 2014년 4월. http://www.themarker.com/news/1.1993939.

나하트.「Noar Hovev Tanach」. 2019년 3월 26일. http://nachatsite.wixsite. com/nachat.

모더카이 나오르Mordechai Naor 외.《The Youth Movements 1920-1960》. Jerusalem: Yad Yitzhak Ben-Tzvi, 1989.

로비 나단슨Roby Nathanson, 이타마르 가잘라Itamar Gazala.「Israeli Adolescents

in Their Transition to Adulthood: The Influence of the Military Service」.
《Educational Insights 5》, no. 1 (2002).

National Authority of Evaluation and Measurement in Education. 《Youth Movements in Israel: The Results of Relative Size Measurements of 2015》. Ministry of Education, 2016년 2월 29일.

래리 J. 넬슨Larry J Nelson. 「An Examination of Emerging Adulthood in Romanian College Students」. 《International Journal of Behavioral Development 33》, no. 5 (2009): 402-411.

프랭크 네스트만Frank Nestmann. 《Social Networks and Social Support in Childhood and Adolescence》. New York: Mouton de Gruyter, 1994년.

뉴스위크Newsweek. 「Soldiers of Fortune」. 《뉴스위크》 2009년 11월 13일. http://europe.newsweek.com/soldiers-fortune-77025?rm=eu.

테레사 노벨리노Teresa Novellino. 「Zeekit Intros Virtual Fitting Room with Rebecca Minkoff or Fashion Week」. 《뉴욕 비즈니스 저널New York Business Journal》, 2016년 9월 15일. http://www.bizjournals.com/newyork/news/2016/09/15/zeekit-virtual-fitting-room-rebecca-minkoff-and-9k.html.

자리 에릭 누르미Jari-Erik Nurmi. 「Tracks and Transitions—Comparison of Adolescent Future-Oriented Goals, Explorations, and Commitments in Australia, Israel, and Finland」. 《International Journal of Psychology 30》, no. 3 (1995): 355-375.

유리엘 오펙Uriel Ofek. 《Give Them Books: On Children's Literature & Juvenile Reading》. Tel Aviv: Sfirat Poalim, 1978년.

Omniglot: The Online Encyclopedia of Writing Systems & Languages. 「Hebrew」. http://www.omniglot.com/writing/hebrew.htm.

Organisation for Economic Cooperation and Development. 《Enhancing Market Openness, Intellectual Property Rights, and Compliance through

Regulatory Reform in Israel》. 2011.

——. 국내총생산 연구개발비 비중. https://data.oecd.org/rd/gross-domestic-spending-on-r-d.htm.

박현준. 「Becoming an Adult in East Asia: Multidisciplinary and Comparative Approaches」《Asian Journal of Social Science》 44 (2016): 307-315.

Partnership for a New American Economy. 「The 'New American' Fortune 500」. A Report by the Partnership for a New American Economy. 2011 년 6월. http://www.renewoureconomy.org/sites/all/themes/pnae/img/new-american-fortune-500-june-2011.pdf.

리오라 피마Leora Pima. 「Managing Schools under Continuous Terror and Trauma Conditions: Maintaining Sanity in an Insane Reality」. ShefiNet (2008년 10월). http://cms.education.gov.il/EducationCMS/Units/Shefi/HerumLachatzMashber/herum/Nihul-TerorTrauma-Pima.htm.

앤드류 피롤라 멜로Andrew Pirola-Merlo, 레온 만Leon Mann. 「The Relationship between Individual Creativity and Team Creativity: Aggregating across People and Time」. 《Journal of Organizational Behavior 25》, no. 2 (2004): 235-257.

스티븐 프레스필드Steven Pressfield. 《The Lion's Gate: On the Front Lines of the Six Day War》. New York: Penguin, 2015년.

Promovendum. 「Heitje voor karweitje: 10 tips voor kinderen!」 2015년 6월 3 일. https://www.promovendum.nl/blog/heitje-voor-karweitje-10-tips-voor-kinderen.

아이린 프루셔Ilene Prusher. 「Building Communities of Kindness」 《타임 Time》, 2015년 9월 13일. http://time.com/3270757/adi-altschuler-next-generation-leaders/.

크리스티 라코치Christy Rakoczy. 「Advantages of a Flat Organizational Structure」《Love to Know》, 2010년 8월. http://business.lovetoknow.com/wiki/

Advantages_of_a_Flat_Organizational_Structure.

마루시아 라바드Maroussia Raveaud. 「Becoming an Adult in Europe: A Socially Determined Experience」《European Educational Research Journal 9》, no. 3 (2010): 431-442.

F. G. 레스카인드F. G. Rejskind. 「Autonomy and Creativity in Children」《Journal of Creative Behavior 16》, no. 1 (1982): 58-67.

수전 리츠셔Susan Rittscher. 「Six Keys to Successful Networking for Entrepreneurs」《포브스》, 2012년 5월 31일. https://www.forbes.com/sites/susanrittscher/2012/05/31/six-keys-to-successful-networking-for-entrepreneurs/#40e3d82c580b.

아모스 로버츠Amos Roberts, 알렉스 드 종Alex de Jong. 「Kids Gone Wild」 SBS, 2016년 2월 23일. http://www.sbs.com.au/news/dateline/story/kids-gone-wild.

켄 로빈슨Ken Robinson. 「Do Schools Kill Creativity?」 TED 'Ideas Worth Spreading', 영상 파일, 2006년 2월. https://www.ted.com/talks/ken_robinson_says_schools_kill_creativity?language=en.

제니퍼 로체Jennifer Roche. 「What a Calligrapher Priest Taught Steve Jobs」《내셔널 카톨릭 레지스터National Catholic Register》, 2012년 1월 1일. http://www.ncregister.com/daily-news/what-a-calligrapher-priest-taught-steve-jobs.

해나 로신Hanna Rosin. 「The Overprotected Kid」《애틀랜틱Atlantic》, 2014년 4월. http://www.theatlantic.com/magazine/archive/2014/04/hey-parents-leave-those-kids-alone/358631/.

길버트 라일Gilbert Ryle. 「Improvisation」《Mind 85》, no. 337 (1976): 69-83.

Sagi-Alfasa, Einat. 「Key Children: Starting from Which Age Can He Return Independently from School」 Ynet Parents, 2014년 9월 19일. http://www.ynet.co.il/articles/0,7340,L-4571833,00.html.

가브리엘 살로몬Gavriel Salomon, 오프라 메이슬리스. 「Dialectic Contradictions in the Experience of Israeli Jewish Adolescents」. 《International Perspective on Adolescence》 제7장, 티모시 C. 유르단Timothy C. Urdan, 프랭크 파하레스Frank Pajares 편집, 149-171. Greenwich, CT: Information Age Publishing, 2003년.

마리나 산티Marina Santi 외. 《Improvisation: Between Technique and Spontaneity》. Newcastle upon Tyne: Cambridge Scholars Publishing, 2010년.

키스 소이어Keith Sawyer. 「Improvisational Creativity as a Model for Effective Learning」. 《Improvisation: Between Technique and Spontaneity》, 마리나 산티Marina Santi 편집, 135-152. Newcastle upon Tyne: Cambridge Scholars Publishing, 2010년.

테일러 소이어Taylor Sawyer, 샤드 디어링Shad Deering. 「Adaptation of the US Army's After-Action Review for Simulation Debriefig in Healthcare」. 《Society for Simulation in Healthcare 8》, no. 6 (2013): 388-397.

엘레인 F. 슈나이더Elaine F. Schneider, 필립 P. 패터슨Phillip P. Patterson. 「You've Got That Magic Touch: Integrating the Sense of Touch into Early Childhood Services」. 《Young Exceptional Children 13》, no. 5 (2010): 17-27.

잉그리드 슌Ingrid Schoon. 《Transitions from School to Work: Globalization, Individualization, and Patterns of Diversity》. Cambridge: Cambridge University Press, 2009년.

잉그리드 슌, 마크 라이온스 아모스Mark Lyons-Amos. 「Diverse Pathways in Becoming an Adult: The Role of Structure, Agency and Context」. 《London School of Economics and Political Science》 (2016): 1-34.

세스 J. 슈와르츠Seth J. Schwartz, 제임스 E. 코트James E. Cote, 제프리 젠슨 아넷Jeffrey Jensen Arnett. 「Identity and Agency in Emerging Adulthood: Two Developmental Routes in the Individualization Process」. 《Youth & Society 37》, no. 2 (2005): 201-229.

Scouts. 「Scouts Be Prepared」. http://scouts.org.uk/home/.

헬레인 셀린Helaine Selin. 《Science across Cultures: The History of Non-Western Science》, vol. 7. Dordrecht: Springer Netherlands, 2014년.

댄 세너, 사울 싱어 외. 《Start-up Nation: The Story of Israel's Economic Miracle》. New York: Hachette Book Group, 2009.

골란 샤하르Golan Shahar, 에스더 칼니츠키Esther Kalnitzki, 쉬무엘 슐만Shmuel Shulman, 시드니J. 블랏Sidney J. Blatt. 「Personality, Motivation, and the Construction of Goals during the Transition to Adulthood」. 《Personality and Individual Differences 40》 (2006): 53-63.

마이클 샤마이Michal Shamai, 숄 킴히Shaul Kimhi. 「Exposure to Threat of War and Terror, Political Attitudes, Stress, and Life Satisfaction among Teenagers in Israel」. 《Journal of Adolescence 29》, no. 2 (2006): 165-176.

캐롤라인 샤프Caroline Sharp. 「Developing Young Children's Creativity through the Arts: What Does Research Have to Offer?」. National Foundation for Education Research, 2001. https://www.nfer.ac.uk/publications/44420/44420.pdf.

타마르 샤비트 페사크Tamar Shavit-Pesach. 「Tiyul acharei tzeva: lamah anakhnu o'sim et zeh?」. 《클라리트Clalit》, 2014년 11월 4일. http://www.clalit.co.il/he/lifestyle/travel/Pages/why_do_you_travel.aspx.

이즈하르 샤이Izhar Shay, 시르 샤이Shir Shay. 시라 리벨리스와 인터뷰 중, 2016년 7월.

딘 A. 셰퍼드Dean A. Shepherd, 트렌튼 윌리엄스Trenton Williams, 마커스 울프Marcus Wolfe, 홀거 파첼트Holger Patzelt. 《Learning from Entrepreneurial Failure: Emotions, Cognitions, and Actions》. Cambridge: Cambridge University Press, 2016년.

모셰 셰이러Moshe Sherer. 「Rehabilitation of Youth in Distress through Army

Service: Full, Partial, or Non-Service in the Israel Defense Forces—problems and Consequences」, 《Child & Youth Care Forum 27》, no. 1 (1998): 39-58.

이타이 실로니Itay Shilony. 「Yisraelism: ha-kokhot ha-m'atzavim et tarbut ha-nihul b'yisrael」, Ramat Gan: Ilmor Ltd., 2016년.

Shnat Sherut for Everyone. 「Year of Service.」Shinshinim. http://www.shinshinim.org/.

에덴 쇼하트Eden Shochat. 「Google I/O Talk: Geekcon & Unstructured Innovation」, 《알레프Aleph》, 2014년 7월 30일. https://aleph.vc/google-i-o-talk-geekcon-unstructured-innovation-4c853eeee95#.tj5n0tgmw.

쉬무엘 슐만. 「The Extended Journey and Transition to Adulthood: The Case of Israeli Backpackers」, 《Journal of Youth Studies 9》, no. 2 (May 2006): 231-246.

쉬무엘 슐만, 베니 펠드만Benni Feldman, 시드니 블랏 외. 「Emerging Adulthood: Age-Related Tasks and Underlying Self Processes」. 《Journal of Adolescent Research 20》, no. 5 (2005): 577-603.

미첼 슬론Michelle Slone. 「Growing Up in Israel」. 《Adolescents and War: How Youth Deal with Political Violence》 제4장, K. 브라이언 바버K. Brian Barber 편집, Oxford: Oxford University Press, 2010년. http://www.oxfordscholarship.com.proxy-ub.rug.nl/view/10.1093/acprof:oso/9780195343359.001.0001/acprof-9780195343359-chapter-4.

Small Business BC. 「Five Benefits of Networking」. 2018년 1월 16일. http://smallbusinessbc.ca/article/five-benefits-networking/.

마크 스미스Marc Smith. 「Importance of Failure: Why Olympians and A-Level Students All Need to Fail」. 《가디언Guardian》, 2012년 8월 16일. https://www.theguardian.com/teacher-network/2012/aug/16/a-level-student-success-failure.

스페이스일Space IL. http://www.visit.spaceil.com/. 2019년 3월.

스타트업 네이션 파인더Start-Up Nation Finder. 「Start-Up Nation Finder: Explore Israeli Innovation」. https://finder.startupnationcentral.org/.

엘리 슈가맨Eli Sugarman. 「What the United States Can Learn from Israel about Cybersecurity」. 《포브스》, 2014년 10월 7일. http://www.forbes.com/sites/elisugarman/2014/10/07/what-the-united-states-can-learn-from-israel-about-cybersecurity/#9f0ae8c2ad05.

선이준, 케이 W. 악스하우젠Kay W. Axhausen, 더홍 리Der-Horng Lee, 셴펑 황 Xianfeng Huang. 「Understanding Metropolitan Patterns of Daily Encounters」. 《Proceedings of the National Academy of Sciences 110》 no. 34 (2013): 13774-79 https://static1.squarespace.com/static/55b64ce8e4b030b2d9ed3c6a/t/55c116f6e4b01e62831610a2/1438717686708/encounter.pdf.

오리 스웨드Ori Swed, 존 시블리 버틀러John Sibley Butler. 「Military Capital in the Israeli Hi-tech Industry」. 《Armed Forces & Society 41》, no. 1 (2015): 123-141.

사이먼 태거Simon Taggar. 「Individual Creativity and Group Ability to Utilize Individual Creative Resources: A Multilevel Model」. 《Academy of Management Journal 45》, no. 2 (2002): 315-330.

제롬 토그놀리Jerome Tognoli. 「Leaving Home」. 《Journal of College Student Psychotherapy 18》, no. 1 (2003): 35-48.

캐스린 타일러Kathryn Tyler. 「The Tethered Generation」. Holy Cross Energy Leadership Academy. HR Magazine, 2007년 5월 1일. https://www.shrm.org/hr-today/news/hr-magazine/pages/0507cover.aspx.

시라 자르파티Shira Tzarfati 외. 「Queen of the Yard: An Interview with Malka Haas.」 Hazman Hayarok, 2009년 1월 22일. http://www.kibbutz.org.il/itonut/2009/dafyarok/090122_malka_has.htm.

데이비드 츠리엘David Tzuriel. 「The Development of Ego Identity at Adolescence among Israeli Jews and Arabs」. 《Journal of Youth and Adolescence 21》, no. 5 (1992): 551-171.

유엔무역개발회의. 「World Investment Report 2018: Investment and New Industrial Policies」. Blue Ridge Summit, PA: United Nations Publications, 2018년.

유럽연합통계국. 「International Migration」. 2017년. https://unstats.un.org/unsd/demographic/sconcerns/migration/migrmethods.htm.

티모시 C. 우르단Timothy C. Urdan, 프랭크 파하레스Frank Pajares 외. 《International Perspectives on Adolescence》. Greenwich, CT: Information Age Publishing, 2003년.

미육군. 「Becoming a U.S. Military Officer」. http://www.goarmy.com/careers-and-jobs/become-and-officer.html.

미국 국무부. 「2014 Investment Climate Statement」. Diplomacy in Action, 2014년 6월. https://www.state.gov/e/eb/rls/othr/ics/2014/.

제리 유심Jerry Useem. 「The Secret of My Success」. 《United Marine Publications 20》, no. 6 (1979).

이소벨 반 델 퀍Isobel Van der Kuip, 잉그리드 베르힐Ingrid Verheul. 《Early Development of Entrepreneurial Qualities: The Role of Initial Education》. Zoetermeer: EIM, Small Business Research and Consultancy, 1998년.

수 와이트Sue Waite, 수 로저스Sue Rogers, 줄리 에번스Julie Evans. 「Freedom, Flow and Fairness: Exploring How Children Develop Socially at School through Outdoor Play」. 《Journal of Adventure Education and Outdoor Learning 13》, no. 3 (2013): 255-276. http://www.tandfonline.com/doi/abs/10.1080/14729679.2013.798590#.V2KVQrt97IU.

잉그리트 웨이크Ingrid Wakkee, 피터 그로네웨겐Peter Groenewegen, 폴라 잉글리스 단스킨Paula Danskin Englis. 「Building Effective Networks: Network Strategy and Emerging Virtual Organizations」. 《In Transnational and Immigrant Entrepreneurship in a Globalized World》 제4장, 벤슨 호니그 Benson Honig, 이스라엘 드로리Israel Drori, 바바라 카르미첼Barbara Carmichael 편집, 75-79. Toronto: University of Toronto Press, 2010년.

팀 워커Tim Walker. 「How Finland Keeps Kids Focused through Free Play」. 《애틀랜틱》, 2014년 6월 30일. http://www.theatlantic.com/education/archive/2014/06/how-finland-keeps-kids-focused/373544/.

제인 워터스Jane Waters, 샤론 비글리Sharon Begley. 「Supporting the Development of Risk-Taking Behaviours in the Early Years: An Exploratory Study」. 《Education 35》, no. 4 (2007): 365-377. http://www.tandfonline.com/doi/abs/10.1080/03004270701602632.

칼 E. 와익Karl E Weick. 「Introductory Essay—improvisation as a Mindset for Organizational Analysis」. 《Organization Science 9》, no. 5 (1998): 543-555.

갈리 와인렙Gali Weinreb. 「The Black Box: Who Are the Teenagers of 2012?」 (Ha'Kufsa Ha'Shehora: Mihem Bnei Hanoar Girsat 2012) 《글로브스Globes》, 2012년 6월. https://www.globes.co.il/news/article.aspx?did=1000759126.

바이츠만과학연구소. 「WISe」 2017년. https://www.weizmann.ac.il/entrepreneurship/wise-program.

키타라 웰스Ke'Tara Wells. 「Recess Time in Europe vs America」. 《클릭투휴스턴 Click2Houston》, 2016년 3월 10일. http://www.click2houston.com/news/recess-time-in-europe-vs-america.

로런스 E. 윌리엄스Lawrence E. Williams, 존 A. 바그John A. Bargh. 「Experiencing Physical Warmth Promotes Interpersonal Warmth」. 《Science 322》, no. 5901 (2008): 606-. http://www.ncbi.nlm.nih.gov/pmc/articles/

PMC2737341/.

루이스 D. 윌리엄스Louis D. Williams. 《The Israel Defense Forces: A People's Army》. New York: Authors Choice Press, 2000년.

세계경제포럼. 「The Future of Jobs: Employment, Skills and Workforce Strategy for the Fourth Industrial Revolution」. Global Challenge Insight Report, 2016년 1월.

──. 「2015-2016 국가 경쟁력 보고서」. 클라우스 슈왑Klaus Schwab 편집. Geneva: World Economic Forum, 2016.

──. 「2016-2017 국가 경쟁력 보고서」. 클라우스 슈왑 편집. Geneva: World Economic Forum, 2017.

World Finance. 「Israeli Innovation Drives Foreign Investment」. 에얄 엘리저 Eyal Eliezer 인터뷰. 2017년 2월 3일.

데이비드 인David Yin. 「Out of Israel, into the World」. 《포브스》, 2013년 12월 19일. https://www.forbes.com/sites/davidyin/2013/12/19/out-of-israel-into-the-world/#3ed5e9e2367d.

Yorumlar. 「The Importance of Business Networking for Entrepreneurs」. 《스타트업이스트Startupist》, 2014년 11월 7일. http://www.startupist.com/2014/11/07/the-importance-of-business-networking-for-entrepreneurs/.

후안 호세 자카레스Juan Jose Zacares, 에밀리아 세라Emilia Serra, 프란치스카 토레스Francisca Torres. 「Becoming an Adult: A Proposed Typology of Adult Status Based on a Study of Spanish Youths」. 《Scandinavian Journal of Psychology 56》, no. 3 (2015): 273-282.

암논 질버Amnon Zilber, 마이클 코먼Michal Korman. 「The Junkyard as Parable」. 《Magazine of the Design Museum Holon》, 2014년.